北京中经阳光税收筹划事务所·房地产智库
Beijing Zhongjing Suntax Planning Firm · Think-tank of Real Estate

房地产企业税收筹划八个实战方案暨房地产税务风险揭秘

Eight Practical Tax Planning Programs and Reveal the Tax Risk Secrets about Real Estate Enterprises

蔡　昌◎著

中国市场出版社
·北京·

图书在版编目（CIP）数据

房地产企业税收筹划八个实战方案暨房地产税务风险揭秘/蔡昌著. —北京：中国市场出版社，2014.1
ISBN 978-7-5092-1155-7

Ⅰ.①房… Ⅱ.①蔡… Ⅲ.①房地产业-税收筹划-中国 Ⅳ.①F812.423

中国版本图书馆 CIP 数据核字（2013）第 255453 号

房地产企业税收筹划八个实战方案暨房地产税务风险揭秘

蔡 昌 著

Fangdichan Qiye Shuishou Chouhua Ba Ge Shizhan Fang'an ji Fangdichan Shuiwu Fengxian Jiemi

---

出版发行：中国市场出版社
社　　址：北京月坛北小街 2 号院 3 号楼　　邮政编码　100837
出版发行：编 辑 部（010）68037344　读者服务部（010）68022950
　　　　　发 行 部（010）68021338　68020340　68053489
　　　　　　　　　　　　　68024335　68033577　68033539
　　　　　总 编 室（010）68020336
　　　　　盗版举报（010）68020336
邮　　箱：943341659@qq.com
经　　销：新华书店
印　　刷：河北省高碑店市鑫宏源印刷包装有限公司
规　　格：185 mm×260 mm　16 开本　　版　　次：2014 年 1 月第 1 版
印　　张：18　　印　　次：2014 年 1 月第 1 次印刷
字　　数：260 000　　定　　价：50.00 元

《房地产智库》编委会

《房地产智库》总序

行业现状

自20世纪90年代房地产市场化以来，房地产业已经成为我国国民经济的重要支柱产业之一。房地产涉及上下游60多个行业，它的发展对启动消费、扩大内需、拉动上下游产业发展和促进国民经济增长都起到经济杠杆作用。

自2007年以来，房地产行业的投资呈现爆发式增长，家电、纺织服装、食品饮料、商贸、有色金属等多个行业的知名企业都涉足其中，大量资金纷纷涌向房地产行业。除大家所熟知的海尔、海信、格力、格兰仕等家电巨头外，泰康人寿、阳光保险、安邦财险、中金公司、民生银行等金融机构也在房地产市场布下自己的棋子，就连一些民营企业也纷纷加入房地产开发大潮。一时间房地产市场热闹非凡，真可谓千军万马齐奔房地产。

丛书缘起

近年来，房地产价格的快速上涨，不仅影响到国民经济的增长速度与质量，还深刻地影响到社会民众的生活。国家已经并将继续推行房地产宏观调控，通过土地、财政、税收、金融等手段联合治理房地产业。因此，一方面，政府赋予房地产业严谨适度的经济调控，引导房地产业走向良性发展的轨道；另一方面，房地产企业应不断提升自身的管理水平，熟练掌握和运用现行财税、金融、管理、法律等政策，结合自身特点进行系统科学的管理，以实现房地产企业的长期战略目标。

但是，现实情况是，中国房地产市场化只有短短的20年时间，政府相关部门对房地产的管理还缺乏有效的手段，各地执法也是尺度不一。

我国房地产操盘人员储备不足，导致大量初学者加入，虽然也有一些具有实践经验的人士转行而来，但因缺乏房地产实操经验，亦不能很快展开工作。

对房地产的研究，市面上的图书主要集中在房地产策划和营销上，至于对其他环节的阐述，要么不充分，要么不够系统不够权威。读者难以找到自己理想的图书作为参考工具。

为了适应房地产发展形势，满足各类读者的需求，我们编写了这套《房地产智库》丛书，书目见下表。分别从财务、税收、法律、合同、管理等视角研究房地产企业的操作实务，直击房地产企业的管理软肋。我们希望通过这套丛书，促进房地产企业管理水平的全面提升。

表：《房地产智库》丛书书目

序号	分册名称	关键词
1	房地产业九大税种操作实务	税制精解
2	800个房地产企业税收疑难问题精解	热点答问
3	土地增值税实战与案例精解	土地增值税
4	房地产优秀企业管理制度及实操要点	制度精选
5	房地产业法律制度手册	法律制度
6	房地产合同范本与签订技巧	合同、要点
7	房地产企业税收筹划八个实战方案	税收筹划
8	房地产企业全程会计核算与税务处理	会计核算
9	房地产企业财税工具箱	常用图表
10	标杆房地产企业财税管理模式与财务分析技巧	财务分析

丛书特色

本套丛书具有较高的权威性和实用性，是房地产企业总裁、高管及房地产各类从业人员科学管理、理财节税的得力助手。本套丛书具有以下特色：

系统权威。本套丛书的出版，经过长期精心的策划准备，遴选出了优秀的编委会成员，他们均来自实践一线，有财税专家、一线政府官员、知名公开课程培训讲师、资深的房地产从业人员和大学教授。丛书涉及的操作技巧与案例分析均源于实践，经过大量真实案例的检验，得到了一线实操人员的广泛认可。图书编写过程中根据国家政策、形势变化，几易其稿，并经各方面专家层层把关，保证了丛书的权威性和系统性。

通俗实用。本套丛书编写前，经过大量的市场调研，收集了众多的宝贵意见和建议，贴近读者需求。本书注重案例分析方法的运用，大量的实务案例贯穿始终，实现“以简驭繁”的目标，适用于房地产企业的各类从业人员阅读，同时也可作为财税研究人员的参考读物。

注重时效。近年来我国房地产业的法律、税收、管理制度等方面的政策都发生了较大变化，本套丛书将新增的、调整的法律、税收、管理制度涵盖其中，力求做到时效性强，便于纳税人使用和借鉴，避免读者延用废止的政策，产生企业经营风险。

查阅方便。本套丛书以房地产企业开发流程为主线，从立项、征地、建设、预售、销售到清盘清算，环节全面，结构完整，脉络清晰，逻辑性强，几乎涵盖房地产项目开发的全过程、全业务、全领域，读者可以根据企业的项目进展，迅速找到目前环节存在的知识点和风险点，对症下药，具有一定的前瞻性和指导性。

诚挚致谢

在本套丛书编写过程中，国内多家政府机关、财政主管机构、税务主管机构、中介机构都给予了大力支持，并提供大量一手资料；活跃在房地产管理与培训一线的专家学者参与丛书的编写工作；众多知名房地产企业的总裁、高管、财务总监等为丛书提供了真实的操作案例和管理经验；阳光财税前沿地产大量会员为丛书提供了宝贵的建议和精彩的实战案例。在此，向这些作出贡献的机构、企业和人士表示诚挚的谢意。

本套丛书是房地产企业总裁、高管人员、财务经理、房地产实操人员的必备工具书，也可作为政府财政、税务主管机构以及对房地产业感兴趣的学者作研究的参考读物，更是有志于从事房地产实践人员的必备工具书。

限于时间和编者的学识水平，书中不足之处在所难免，希望广大读者在阅读本丛书时，将遇到的问题与改进意见及时反馈给我们，以便再版修订，谢谢大家。我们的联系邮箱是：suntax888@126.com。

作者

2012 年 6 月于北京

序 言

1

目前，税收筹划得到社会各界的广泛关注，被誉为21世纪的“朝阳产业”。税收筹划理论和实务都在不断发展，税收筹划已经成为企业总裁、经理人士、财务精英们的必修课。社会上一些税务师事务所、税务咨询中介、税务研究机构等纷纷开展税收筹划业务，为纳税人提供税收筹划实操方案。但笔者认为，税收筹划的理论研究刚刚起步，税收筹划的实践应用也处于探索阶段，还有很多理论与实务问题有待更深入地研究。

所谓税收筹划，是指纳税人或扣缴义务人在既定的税制框架内，通过对纳税主体（法人、组织或自然人）的战略模式、经营活动、投资行为等理财涉税事项进行事先规划和安排，以达到节税、递延纳税或降低纳税风险目标的一系列税务规划活动。税收筹划体现一种运作思想，蕴藏着一种大智慧，税收筹划是“文明人的智慧行为”，有“皇冠上的明珠”之美誉。

从另一角度观察，税收筹划又是纳税人的一项权利，其内涵深刻：第一，纳税人依法纳税，但同时又有避免多缴税的权利；第二，纳税人可以合理谋划涉税事项，尽其可能实现税负最小化；第三，纳税人维护其正当权益，采用经济手段抑或法律武器都是适宜的，为权利而斗争是伟大的行为。

2

随着社会经济环境的日趋复杂，企业的进取精神和竞争意识不断增强，企业家的眼界和思维得到空前的拓宽，其观察问题的角度和处理问题的态度都有微妙变化，越来越多的企业家意识到“外脑”的作用，其对专家顾问的需求越来越明显，尤其是对税务顾问的依赖，使税务顾问备受推崇、脱颖而出。借此机会，笔者对税务顾问做一些评议：

第一，税务顾问是一种稀缺的“外脑资源”。企业家、财务总监和税务经理面临着复杂的中国税制和浩如烟海的税收政策，总会有茫然无所适从的感觉，极易陷入纠缠不清的税务泥潭。从资源角度分析，任何一个企业都会存在稀缺资源，而专业化的税务顾问恰恰是许多企业不可或缺的竞争性核心资源。

第二，税务顾问的智慧在于化解“税务风险”。世间唯一不变的规则就是“变”。外部环境的变化给企业带来难以规避的潜在风险。当环境变化较小时，仅靠经验就足以指导行动；但当环境复杂、变化迅速之际，税务顾问以专业的审慎眼光洞察一切税务风险之源，其智慧就体现在帮助企业防范、化解税务风险，维护纳税人合法权益。

第三，税务顾问的作用在于引领企业成功。税务顾问的价值在于点拨企业，“策划税收”，引领企业走向成功。尤其是当企业处于组织机构调整、签订重要合同、产权变动以及国家政策重大调整等关键时期，税务顾问更是必不可少，彰显其“妙手点睛”之神效。

据笔者观察，税务顾问的业务范围主要涵盖下列内容：

第一，答疑解惑。税务顾问作为企业的好帮手，必须能够解答企业所面临的疑难问题，并对最新税收政策变化提出预警思路和措施。

第二，税务战略规划。针对项目投资及其商业模型，评估节税的可行性并制定长期战略规划，侧重于帮助企业建立起可持续发展的税务战略框架。比如，为投资项目设计财务规划及税务安排。

第三，税务风险检测。有人也把这项业务形象地称为“企业纳税健康检查”。税务顾问帮助企业找出经营环节存在的疏漏和不足，帮助企业进行税务风险识别和纳税检查，提醒纳税人规避源于方方面面的税务风险。

第四，税务鉴证。税务顾问从鉴证的角度，客观评价企业纳税的科学性、合法性，并撰写鉴证报告，帮助企业法律维权。

第五，税收筹划方案设计。对企业的各项经济交往和纳税事项，从纳税额最小、纳税时间最晚、纳税风险最低的角度出发，设计科学而合法的税收筹划方案。

3

英国著名经济学家凯恩斯曾说过："好的思路能改变历史"。笔者喜欢一些原汁原味的思想，大家所关注的税收筹划实战方案，是"原生态"的纳税问题解决方案，也属于一种大思路，体现着税务顾问的一些工作方法和业务成果。有鉴于此，我们研究税收筹划案例的目的在于剖析实战案例的操作精髓，帮助企业财务人员、税务顾问以及对税收筹划感兴趣的人掌握税收筹划的运作技巧，同时对企业总裁、总经理们也是有所裨益的，因为他们也在关心如何解决纳税难题。

蔡 昌

记于北京亚运村凯旋城

房地产企业涉税问题系统解决方案

纳税——令房地产企业头疼又不能回避的问题

房地产业连续10年被国家税务局列为税务专项检查重点行业，每年被查处的偷税金额之巨大，令人触目惊心；房地产业涉及税种多达16个，税制颇为复杂，综合税负率高达收入总额的15%～20%。

房地产企业的纳税决不是一个简单的问题，复杂的流程、多元化的业务、密集的资金链条、冗长的开发周期使税收渗透进房地产开发的每一流程与环节。

这些年，随着《企业所得税法》的颁布实施、《增值税暂行条例》、《营业税暂行条例》的修订，我国税收法规体系发生了很大的变化。与此同时，国家还出台了许多针对房地产企业的税收政策。

面对如此复杂的涉税环境，纳税成为房地产企业及其财务人员最为头疼的问题。

本书的目标——直击房地产企业最感兴趣的涉税问题，指导房地产企业正确纳税，合理节税

笔者长期从事房地产业税制研究、税务培训和税务顾问工作，对房地产企业的纳税问题深有感触。我们在实践中发现，一方面，房地产企业通过各种手段偷逃税，从而存在较大的税务风险；另一方面，很多房地产企业对税收政策理解有误或根本不熟悉最新政策，又造成糊里糊涂地多缴税。多年来研究、咨询和顾问的经历表明，房地产企业最为关心的是如何实现科学纳税、合法节税，本书所探讨的税收筹划实战方案正是大家最为关注的核心领域。

本书的特色——用实战案例诠释税收筹划、科学纳税的秘籍

做实务的同志经常感慨，税收政策看着很明白，具体操作时却很茫然，税收筹划更是一筹莫展。本书力图通过实战案例诠释税收筹划、科学纳税的方法与技巧，以实现理论与实务的融合与对接。

本书所精选的税收筹划方案，是针对房地产企业最为头疼又最感兴趣的税收筹划操作实务与涉税问题解决方案。这些实战方案源自国内多家大型房地产企业鲜活的税务实践，真实、生动、原汁原味，是房地产企业进行税收筹划难得的范本。

出于保护商业秘密的考虑，笔者对方案内容作了大幅度调整，方案中的企业名称均为虚构，旨在探索税收筹划的操作思路和规律，传播一种纳税设计理念和筹划思想，请勿对号入座，如有雷同或相似，纯属巧合。本书所精选的房地产企业税收筹划实战方案大多都是第一次公开出版，请大家尊重知识产权，请勿以任何形式引用、摘录、拷贝或用于商业目的。

本书以现行税法和《企业会计准则》为依据，实战案例挖掘行业特色，科学指导纳税，实现“以简驭繁”，具有较高的权威性和实用性。本书的另一特色是时效性，实战方案所引用的均为最新税收法律、法规。本书适合房地产企业的总裁、财务总监、会计主管及房地产投资者阅读，同时也可作为财税研究人员的参考读物。

在本书出版之际，特别感谢社会各界朋友多年来对我的支持和厚爱。在此，对所有关心、支持和帮助过我的人表达最诚挚的谢意！当然，书中疏漏在所难免，欢迎大家批评指正，不吝赐教。

作者

2013 年 7 月于北京

目　录

方案一

北京恒隆置业公司税收筹划方案

方案导读

房地产开发企业的税收筹划，一般着眼于土地增值税的清算与企业所得税的汇算清缴，即控制土地增值税及企业所得税的实际税负。北京恒隆置业公司的税收筹划有以下几个关键点：一是如何合理筹划政府拨付的财政补贴资金，二是如何合理处理利息费用，三是如何对开发成本和期间费用进行分摊筹划，四是如何对停车场进行税务处理，五是如何对物业公司进行税收筹划。这些税收筹划关键点贯穿于房地产开发的每一道流程，决定着房地产开发企业税收筹划的成败。

一 恒隆置业开发项目概况及财税分析

（一）“金锣湾”地产项目概况

1. 恒隆置业及“金锣湾”项目

北京恒隆置业房地产开发有限公司（以下简称恒隆置业）是一家房地产投资开发企业，自2004年注册成立以来，2007年上半年进行土地一级开发，至2011年中期开发完成“金锣湾商业中心”项目，该项目属于京西地区标志性、旗舰式商业地产项目，在项目规划、功能、业态及经营上都力求新意，成为京西地区国际性、现代化商业地产的典范，也成为都市核心商业圈的经典之作。

恒隆置业开发的项目名称为“金锣湾商业中心”，是旗舰式的商业地产项目。该项目总占地面积为49 422m²，建设用地面积为42 819m²，规划总建筑面积为87 172m²，其中地上建筑面积为64 227m²，地下建筑面积为22 945 m²，共分为A、B、C、D、E、F、G、H、J及地下室10个分区，停车位多达500余个。

2. 地产业务的延伸：全资子公司及其经营

（1）北京隆盛百货有限公司。

由恒隆置业注册创办的全资子公司——北京隆盛百货有限公司（以下简称“隆盛百货”）是一家大型购物广场，总经营面积为24 152m²，内设高中档百货、综合性娱乐场所、高档特色酒店、酒吧等，同时引进世界零售业巨头沃尔玛超市、苏宁电器等品牌店，能够满足各类不同消费群体的需求。

（2）北京隆盛物业管理有限公司。

恒隆置业创办的另一家全资子公司——北京隆盛物业管理有限公司（简称“隆盛物业”）是一家从事物业管理的配套服务公司。

（二）“金锣湾”项目经营用途及商业结构

“金锣湾”项目总投资53 176万元，总建筑面积为87 172m²，具体经营用途及商业结构如表1-1所示：

表1-1　“金锣湾”项目经营用途及商业结构一览表

用途及商业结构		建筑面积（m²）	备注
回迁部分		7 224.07	B座一、二、三层，H座一层
回购部分		9 725.24	A座二层、三层（县商贸局）
出售部分		3 228.55	A座一层、C座一层
自持物业部分	沃尔玛店	13 051.00	年租金：4 228 524元
	苏宁电器	5 500.00	年租金：2 910 875元
	地下车库	3 476.54	

续表

用途及商业结构		建筑面积（m²）	备注
	办公用房	1 382.18	
	其他物业	42 385.11	
	合计	63 736.06	
供电局		1 199.32	
合计		87 172.00	

二 “金锣湾”财税问题分析与筹划方案

（一）政府拨付款项的筹划方案

疑难问题

项目涉及政府财政拨款 8 580 万元（系预算内资金，性质为基础设施、新能源、供热补贴、市政配套基础设施、冬季施工补贴、停车场建设等），已在账簿中记入“资本公积”科目。

财政局拨付财政建设资金 8 580 万元，该拨付的财政资金系预算内资金，并需恒隆置业专款专用，截至 2011 年底全部拨付完毕。《财政局单位明细指标通知单》的基本格式及所载明的项目明细如表 1-2 所示：

表 1-2　　财政局单位明细指标通知单的基本格式与内容

财 政 局

单位明细指标通知单

单位名称：北京恒隆置业投资有限公司

现追加你单位 20××年预算指标，请专款专用，并增列相关科目。

资金性质：预算内

序号	预算科目代	预算科目名称	经费类型名称	指标金额	备注
		城市维护费 城市建设支出 其他支出	项目支出		金锣湾恒隆置业商业中心能源供热补贴、冬季施工补贴、市政基础设施建设、市政配套基础设施建设、停车场建设、工程款、土地一级开发费用补助
合计（大写）					

分析与筹划

从财政拨付资金性质来看，属于财政局预算内资金，专款专用，资金用途及使用范围为：土地的一级开发补助，市政基础设施建设、市政配套基础设施建设、工程款、项目建设能源供热补贴，冬季施工补贴等，其目的是为了促进城市建设，因此，属于财政拨款性质，按照《企业所得税法》及《企业所得税法实施条例》的规定，财政拨款属于不征税收入的范畴。《财政部、国家税务总局关于专项用途财政性资金企业所得税处理问题的通知》（财税〔2011〕70号）对企业取得的专项用途财政性资金有关企业所得税处理规定如下："企业从县级以上各级人民政府财政部门及其他部门取得的应计入收入总额的财政性资金，凡同时符合以下条件的，可以作为不征税收入，在计算应纳税所得额时从收入总额中减除：（一）企业能够提供资金拨付文件，且文件中规定该资金的专项用途；（二）财政部门或其他拨付资金的政府部门对该资金有专门的资金管理办法或具体管理要求；（三）企业对该资金以及以该资金发生的支出单独进行核算。"

根据上述财税政策，"金锣湾"项目所获得的财政拨付资金属于财政拨款，具体为"专项用途的财政资金"，完全符合不征税收入政策的要求，但恒隆置业目前缺少资金拨付文件，需要到财政部门获取原始文件或复印件，以作为预算内资金拨付证明。

（二）回迁房财税疑难问题及解决方案

土地征用费和拆迁补偿费构成房地产项目开发成本的重要组成部分，《国家税务总局关于印发〈房地产开发经营业务企业所得税处理办法〉的通知》（国税发〔2009〕31号）第二十七条规定，土地征用及拆迁补偿费支出是指为取得土地开发使用权（或开发权）而发生的各项费用，主要包括土地买价或出让金、大市政配套费、契税、耕地占用税、土地使用费、土地闲置费、土地变更用途和超面积补交的地价及相关税费、拆迁补偿支出、安置及动迁支出、回迁房建造支出、农作物补偿费、危房补偿费等。其中，直接以货币形式支付的成本支出，会计和税务处理基本一致，而以非货币性形式支付的拆迁补偿支出、安置及动迁支出、回迁房建造支出，由于其行为的特殊性，会计和税务处理存在差异，会直接影响到开发产品的计税成本。分析如下：

1. 视同销售确认收入正常计税

若房地产企业以自己的开发产品换取被拆迁人的土地使用权，在企业所得税处理上一般情况作为非货币性交易处理，即“以物易物”处理。根据国税发〔2009〕31号文件第七条的规定，企业将开发产品用于捐赠、赞助、职工福利、奖励、对外投资、分配给股东或投资人、抵偿债务、换取其他企事业单位和个人的非货币性资产等行为，应视同销售，于开发产品所有权或使用权转移，或于实际取得利益权利时确认收入（或利润）的实现。确认收入（或利润）的方法和顺序为：

（1）按本企业近期或本年度最近月份同类开发产品市场销售价格确定。

（2）由主管税务机关参照当地同类开发产品市场公允价值确定。

（3）按开发产品的成本利润率确定。开发产品的成本利润率不得低于15%，具体比例由主管税务机关确定。

值得注意的是，回迁房必须视同销售处理，需要计征营业税、城建税及教育费附加。

2. 计税成本的确认原则

国税发〔2009〕31号文件第三十一条规定，企业以非货币交易方式取得土地使用权的，按下列规定处理：换取的开发产品如为该项土地开发、建造的，接受投资的企业在接受土地使用权时暂不确认其成本，待首次分出开发产品时，再按应分出开发产品（包括首次分出的和以后应分出的）的市场公允价值和土地使用权转移过程中应支付的相关税费计算确认该项土地使用权的成本。如涉及补价，土地使用权的取得成本还应加上应支付的补价款或减除应收到的补价款。

因此，回迁房的成本应该按照回迁房的实际建安成本金额分配记入“开发成本——土地征用及拆迁补偿费”，具体账务处理为：

借：开发成本——土地征用及拆迁补偿费

贷：开发成本——建筑安装工程费

细致分析，其实回迁房并没有实现净所得，因为视同销售收入与确认的计税成本一致，因此也就没有增加所得，不需要缴纳企业所得税。但需要注意的是，回迁房计入“开发成本——土地征用与拆迁补偿费”的价值需要在所有开发土地上分摊。

（三）借款利息扣除问题及筹划方案

恒隆置业的借款总计 29 166 万元，工程余款为 4 000 万元，如表 1-3 所示。

表 1-3　　项目长期借款及负债一览表

单位：万元

项目	贷款方/资金提供方	金额	备注
个人借款	股东	7 666	
金融机构借款	北京银行	9 500	（1）2008-2009 年已还贷款 5 500 万元； （2）2012 年 8 月到期。
	中信达国有资产经营管理中心	12 000	（1）2014 年 8 月到期，借款期间逐期还本付息。 （2）2010 年 4 月 2 日再次把 2010 年第一季度贷款利息转为一年期贷款。
	鼎益国有资产经营管理中心	1 500	2010 年 2 月借入，1 年期。
工程余款	/	4 000	项目内容：空调、消防、建筑安装工程、钢结构、结构改造、电梯、配电设备等。

房地产企业因开发产品的特殊性，需要周期性地大量借款。而发生的借款利息支出不可避免地影响到企业所得税和土地增值税的税收负担。对于借款利息支出的处理，必须严格遵从利息费用的税务规定。恒隆置业如何才能合理合法地处理好借款利息问题，我们认为应关注以下几个重点问题：

1. *竣工前后的利息费用处理的差异*

（国税发〔2009〕31 号）第二十一条规定，企业为建造开发产品借入资金而发生的符合税收规定的借款费用，可按企业会计准则的规定进行归集和分配，其中属于财务费用性质的借款费用，可直接在税前扣除。《〈企业会计准则第17号——借款费用〉应用指南》规定，符合借款费用资本化条件的存货，主要包括企业（房地产企业）开发的用于对外出售的房地产开发产品、企业制造的用于对外出售的大型机械设备等。这类存货通常需要经过相当长时间的建造或者生产过程，才能达到预定可销售状态。即从事房地产开发业务的企业为开发房地产而借入资金所发生的借款费用，在房地产完工前，应计入有关房地产的开发成本；在房地产完工后，应计入财务费用。对于中信达国有资产经营管理中心与恒隆置业于2011年8月6日及2012年4月2日签订的《借款协议》，凡是在竣工后继续支付利息的，该利息不允许再资本化计入项目成本，而要计入财务费用当期扣除。

2. 完工前的利息支出不可在土地增值税前重复扣除

《土地增值税暂行条例实施细则》第七条规定，财务费用中的利息支出，凡能够按转让房地产项目计算分摊，并提供金融机构证明的，允许据实扣除，但最高不能超过按商业银行同类同期贷款利率计算的金额。而按照国税发〔2009〕31号文件和《企业会计准则第17号——借款费用》规定，从事房地产开发业务的企业为开发房地产而借入资金所发生的借款费用，在房地产完工前，应计入有关房地产的开发成本；在房地产完工后，应计入财务费用。纳税人在计算土地增值税扣除项目时特别要注意，在房地产完工前已计入有关房地产开发成本的利息支出部分已经在“开发土地和新建房及配套设施的成本”中，因此，这里所说的能够按转让房地产项目计算分摊，并提供金融机构证明的财务费用中的利息支出，是指在房地产完工后计入财务费用的部分，不包括在房地产完工前已计入有关房地产开发成本的利息支出部分。

3. 土地增值税前不能扣除非金融机构的借款利息

《土地增值税暂行条例实施细则》第七条规定，财务费用中的利息支出，凡能够按转让房地产项目计算分摊，并提供金融机构证明的，允许据实扣除，但最高不能超过按商业银行同类同期贷款利率计算的金额。对于此款规定，还应特别注意财务费用中只有提供了金融机构证明的利息支出才允许在土地增值税前扣除。换言之，房地产开发企业从非金融机构取得的借款利息，如果不能提供金融机构证明的，即使能够按转让房地产项目计算分摊并按规定计入财务费用，也不能在土地增值税前扣除。但是，按照《企业所得税法实施条例》第三十八条第二项规定，非金融企业向非金融企业借款的利息支出，不超过按照金融企业同期同类贷款利率计算的数额的部分，企业所得税前允许扣除。

另外，《关于土地增值税一些具体问题规定的通知》（财税字〔1995〕第048号）第八条第二项规定，对于超过贷款期限的利息部分和加罚的利息不允许扣除。而《企业所得税法实施条例》第三十八条第一项规定：非金融企业向金融企业借款的利息支出、金融企业的各项存款利息支出和同业拆借利息支出、企业经批准发行债券的利息支出，准予扣除。换言之，从事房地产开发业务的纳税人向金融企业借款的利息支出，即使是超过贷款期限的利息部分和加罚的利息，也准予在企业所得税前全额据实扣除。

（四）开发成本的结转与分摊筹划

1. 开发成本与期间费用的划分

对于一些开发支出，在处理时能进成本的尽量不进期间费用。这样可以加大开发成本，减少企业所得税和土地增值税。比如，一些期间费用（如管理费用）等，能计入间接开发费用的就要尽量计进去。

2. 各种类型房产的成本分摊筹划技巧

恒隆置业自持房产与回购房产、回迁房产在成本分摊时，考虑到自持房产需要每年按照房产余值缴纳房产税，因此，可尽量降低从开发产品结转来的相应成本，降低该资产的入账价值。自持房产部分在竣工时应结转为固定资产，其相应的账务处理为：

借：固定资产——不动产

　　贷：开发产品/开发成本

《国家税务总局关于企业处置资产所得税处理问题的通知》（国税函〔2008〕828号）规定：企业发生下列情形的处置资产，除将资产转移至境外以外，由于资产所有权属在形式和实质上均不发生改变，可作为内部处置资产，不视同销售确认收入，相关资产的计税基础延续计算。

（1）将资产用于生产、制造、加工另一产品；

（2）改变资产形状、结构或性能；

（3）改变资产用途（如，自建商品房转为自用或经营）；

（4）将资产在总机构及其分支机构之间转移；

（5）上述两种或两种以上情形的混合；

（6）其他不改变资产所有权属的用途。

根据国税发〔2009〕31号文件第七条规定，自2008年1月1日后，企业将开发产品用于捐赠、赞助、职工福利、奖励、对外投资、分配给股东或投资人、抵偿债务、换取其他企事业单位和个人的非货币性资产等行为，应视同销售，于开发产品所有权或使用权转移，或于实际取得利益权利时确认收入（或利润）的实现。

根据税法规定，自持房产部分在竣工时有开发产品或开发成本结转为固定资产时不视同销售，不缴纳企业所得税。

筹划思路如下：

（1）加大出售房产的成本分摊额，不仅可以降低自持房产的成本，还可以减少出售房产的企业所得税和土地增值税。

（2）出租房产的成本分摊也可以适当高一些，因为出租房产一般采取从租计税。

（3）中心环形穹顶：作为长期待摊费用处理，不构成房产价值。这样可以避免增加自持物业的入账成本，从而降低未来的房产税负担。

（4）停车场（地下车库）：根据产权的归属来确定成本的处理。国税发〔2009〕31号文件规定，企业单独建造的停车场所，应作为成本对象单独核算。利用地下基础设施形成的停车场，作为公共配套设施进行处理。恒隆置业的地下车库属于公共配套设施，因此可以将其成本全额扣除。

（五）隆盛为恒隆置业提供资金的税收筹划

隆盛给恒隆置业及“金锣湾”项目提供资金，适当收取利息，借以增加“金锣湾”项目的成本扣除。

（六）合同涉税疑难问题及解决方案

1. 利用广告位降低税负

恒隆置业与苏宁的《房屋租赁合同》第一部分第4条所载“本合同租赁物还包括附属的可免费使用的店招位、广告位（广告位为相对应的租赁区域的外立面及顶部的区域，双方确认的效果图为准），门前的共用的停车场、停车位”。此条款存在一定的误区，如果单独签订广告位租赁合同，则可以降低租赁收入的房产税，节约税金。

2. 代收款项的分解

上述合同的第一部分第8条所载“除租赁费外，甲方（恒隆置业）不另收取物业管理费、中央空调能源使用费及运行费、供暖费等其他任何费用”，此条款也存在一定的误区，这些费用属于代收代付性质的款项，不应该包含在租赁费用中，应该由隆盛物业管理公司独立收取。

（七）恒隆置业的物业提供给隆盛置业使用的处理

这一处理存在误区，因为双方属于不同的法人单位，产权划分不清，交易模式含糊，极易被视为“房产销售”或“房产租赁”来处理。我们认为，最好的处理模式是把双方的关系定位为“房产投资”，这样可以名正言顺地由隆盛置业来经营该资产，而不必负担税收。

（八）经营性自持房产的税收筹划

1. 售后返租模式的筹划

在售后返租模式下，存在两个出租关系：

第一个出租关系：购房者将房屋出租给恒隆置业，购房者按租金收入的5%缴纳营业税、按12%缴纳房产税。

第二个出租关系：恒隆置业再将房屋出租给商户，恒隆置业也要按租金收入的5%缴纳营业税、按12%缴纳房产税。

筹划方法：恒隆置业作为中介代理人，直接让购房者和商户签订租赁合同。

筹划后纳税情况如下：购房者的税款状况不变，而恒隆置业不再需要缴纳房产税，只需对代理所获取的租金差价收入缴纳5%的营业税。

2. 变房产出租为承包经营

房产税的计算分为从价计征和从租计征两种方法。从租计征税负较重，从价计征税负较轻。具体规定如下：

从价计征：按照房产原值一次减除10%至30%后的余值，乘以税率1.2%计算缴纳房产税。

从租计征：按照房产租金收入计算缴纳房产税，税率为12%。

筹划方法：恒隆置业以自己的名义领取营业执照和税务登记证，将房屋承租人招聘为经营者，将房屋的出租行为改变为自营行为再承包出去，并收取承包收入。则原有的房产就可以按从价计征方法征收房产税，避免导致较高的房产税负担，同时也合理规避了流转环节的营业税、城建税及教育费附加。

3. 合理分解租金

恒隆置业与沃尔玛签订的《房屋租赁协议》中，关于租金的条款部分列明协议项上的租金包括租金、物业服务费、空调系统及其他设施系统使用费、设施年检费等。由于租金收入涉及营业税及其附加税费、房产税等，税负较重，而物业管理费只需缴纳营业税及其附加税费，相比较而言，物业管理费的税负较轻。

筹划方法：恒隆置业可以把租金收入合理分解一部分为物业管理费收入，并尽量加大物业管理费（低税负）的比例，降低租金收入（高税负）的比例，这样就可以有效降低租赁行为的税负。即改由恒隆置业收取租金，隆盛物业管理公司收取物业管理费。

三　企业所得税及土地增值税清算筹划方案

（一）清算前的准备工作

1. 补缴营业税及附加

已经缴纳的营业税、城建税及教育费附加，允许实现税前扣除和土地增值税清算扣除。因此，恒隆置业尽快实现结转收入，并按确认的收入总额缴纳营业税、城建税及教育费附加，为项目清算作准备。

2. 妥善处理未取得发票的相关费用

项目开发所发生的费用中，有800万元没有发票。主要涉及工资、补贴（车补、餐补）、公关费用、股东借钱（只有白条）、股东分红（未缴纳个人所得税）。这些无票的费用，需要适当借助业务招待费、市场费用、广告费用、咨询费用、工程价款等补齐。

会计处理：通过“以前年度损益调整”或者“开发成本”等账户进行处理，调整计入房地产开发成本、开发费用或者期间费用。

3. 工程款及其发票处理

在土地增值税清算之前，必须取得合法的工程款发票以及其他费用发票。土地增值税清算对发票的要求更严格。

（二）土地增值税

1. 清算条件

国税发〔2006〕187号文件规定：土地增值税以国家有关部门审批的房地产开发项目为单位进行清算，对于分期开发的项目，以分期项目为单位清算。

《北京市地方税务局关于印发〈房地产开发企业土地增值税清算管理办法〉的通知》（京地税地〔2007〕134号）规定，下列房地产项目必须进行清算：

（1）全部竣工并销售完毕的房地产开发项目；

（2）整体转让未竣工的房地产开发项目；

（3）直接转让土地使用权的项目；

（4）纳税人申请注销税务登记的房地产开发项目。

京地税地〔2007〕134号文件第六条进一步规定，符合下列情况之一的，主管地方税务机关可要求纳税人进行土地增值税清算：

（1）纳税人开发的房地产开发项目已通过竣工验收，在整个预（销）

售的房地产开发建筑面积达到可销售总建筑面积的比例85%（含）以上的；

(2) 取得销售（预售）许可证满三年仍未销售完毕的；

(3) 经主管地方税务机关进行纳税评估发现问题后，认为需要办理土地增值税清算的房地产开发项目。

国税发〔2006〕187号文件规定：如果将开发的部分房地产转为企业自用或用于出租等商业用途时，产权未发生转移，则不征收土地增值税。在税款清算时不列收入，不扣除相应的成本和费用。上述规定明确了企业自用开发产品在征收土地增值税时不作为视同销售处理，在土地增值税的税款清算时不列为收入，也不扣除相应的成本和费用，即不需要填报《土地增值税纳税申报表》。

为了合理确定土地增值税的清算范围，可以编制土地增值税清算项目一览表（如表1-4所示）：

表1-4 房地产公司清算项目基本情况一览表

开发项目（分期开发项目单列示）	项目性质	完工时间	销售情况	是否清算	增值率情况	备注

2. 清算时的账务检查与调整

(1) 账务检查。

在土地增值税清算时，对于已经核算记录的成本、费用项目，应进行细致检查。在土地增值税清算中，确定清算项目的扣除额时，发生的各项成本应按实际发生额确认扣除，对无法提供合法有效凭证的，不予扣除，对于各项预提费用也不得包括在扣除项目金额中。

开发过程中发生的土地征用费、耕地占用税、拆迁地上地下建筑物、附着物的拆迁费用、拆迁户的安置及补偿费等支出可以据实扣除。

对于开发土地和新建房及配套设施的成本中的前期工程费、建筑安装工程费、基础设施费、开发间接费用等，按实际发生额据实扣除。若无法按清算要求提供开发成本核算资料的、虚报开发成本的、成本费用发生额明显偏离工程造价标准且无正当理由的，税务机关核定其工程造价成本，主要参照《分类房产单位面积建安造价表》。

对于成片开发分期清算项目的公共配套设施费用，在先期清算时应按实际发生的费用进行分摊。对于后期清算时实际支付的公共配套设施费用分摊比例大于前期的金额时，允许在整体项目全部清算时，按照整体项目重新进行调整分摊。

（2）账务调整。

对于已经核算记录的成本、费用项目，检查中发现记录有误或不妥的，可以适当调整，如间接费用的分摊，成本项目的重新划分，错账的更正等。这是清算过程中的一项基本工作，有助于正确计算扣除项目，合理进行土地增值税的筹划。

3. 土地增值税收入总额的确认

“金锣湾”项目按其最终状态划分有五种类型：出售、回购、回迁、供电局和自持。

其中，出售部分的收入以“诚意金”形式预收，诚意金累计余额（截至2012年5月31日）为16 222 648.75元（含2012年收到的诚意金8 962 695.75元，2012年3月退还诚意金10 000元），应于当期确认收入16 222 648.75元。

回购部分为政府委托县商贸局回购先后支付款项64 300 000元，当期应确认销售收入64 300 000元。

依据国税发〔2009〕31号文件第七条规定，回迁部分和供电局部分应作视同销售处理。依据已售和回购部分收入和建筑面积之间的关系计算出同类房地产的单位面积售价为6 216.145 9元/m^2，回迁部分面积为9 581.19m^2（含不分摊建筑面积2 357.12m^2），供电局建筑面积为1 199.32m^2。通过估算应确认回迁视同销售收入59 558 074.94元，供电局视同销售收入为7 455 148.10元。

4. 房地产开发费用

房地产开发费用指与房地产开发项目相关的销售费用、管理费用和财务费用。作为土地增值税扣除项目的房地产开发费用，不按纳税人房地产开发项目实际发生的费用进行扣除，而应按照《土地增值税暂行条例实施细则》的标准进行扣除。

《土地增值税暂行条例实施细则》（以下简称《实施细则》）规定，财务费用中的利息支出，凡能够按转让房地产项目计算分摊并提供金融机构证明的，允许据实扣除，但最高不超过按照商业银行同期同类贷款利率计算的金额。其他房地产开发费用按照《实施细则》第七条（一）、（二）项规定（即取得土地使用权所支付的金额和房地产开发成本，下同）计算金额之和的5%以内计算扣除。凡不能按转让房地产项目计算分摊的利息支出或不能提供金融机构证明的，房地产开发费用按《实施细则》第七条（一）、（二）项规定（即取得土地使用权所支付的金额和房地产开发成本，下同）计算金额之和的10%以内计算扣除。

（1）“金锣湾”项目建设过程中，建设期实际发生利息支出25 970 825.06元，其中，支付给金融机构的利息支出为25 820 825.06元，非金融机构借款的利息支出150 000.00元。该项目建设期间发生的利息支出已经资本化计入开发成本，未计入财务费用，因此该部分利息支出不需作调整。

（2）“金锣湾”项目实际发生的与房地产开发相关的期间费用为24 930 925.99元。财务费用中未包含可按转让房地产项目分摊的利息支出；所发生的期间费用均与“金锣湾”项目相关，且费用总额未超过《实施细则》第七条（一）、（二）项规定计算金额之和的10%（《实施细则》第七条（一）、（二）项规定计算金额之和的10%为35 656 913.35元）。因而，可扣除的房地产开发费用金额应按照实际发生额予以扣除，可计入金额为24 930 925.99元。

（3）“金锣湾”项目的开发费用总计可扣除24 930 925.99元。均为除利息支出以外的房地产项目开发期的三项期间费用。期间费用数据来源于企业各年度企业所得税清算报告。

分析与筹划

项目发生的开发费用未达到《实施细则》第七条（一）、（二）项规定计算金额之和10%的扣除限额35 656 913.35元。尚存在10 725 987.36元的开发费用空间，企业可考虑充分运用。

5. 关于自持比例的说明

恒隆置业的项目总面积为 87 470.36 平方米，其具体面积及比例如表 1-5 所示：

表 1-5　　　　项目类别划分面积及比例

项目	面积	比例
已售	3 228.55	3.69%
回购	9 725.24	11.12%
回迁	9 581.19	10.95%
自持房产	63 736.06	72.87%
供电局	1 199.32	1.37%

由表 1-5 可知，恒隆置业的项目自持比例较大，占到了整个项目总面积的 72.87%。

自持部分在清算中应以其开发成本结转为固定资产，产权未发生转移，其成本不作为计算土地增值税的扣除项目。

企业将大量自建房地产自持，转作固定资产。企业在后期的经营过程中将承担较重的房产税和物业相关税费。企业自有的房产每年需要缴纳房产税，增加企业的税收负担；依据国家目前对房产保有阶段的政策及态度，自持房产的未来持有成本会不断增加。

针对这种情况，企业可以考虑房产产权调整或产权关系的变更，寻求企业综合税负的最小化。

（三）企业所得税

1. 人防设施的税务处理

关于“金锣湾”的人防设施问题，借鉴《湖北省地方税务局关于房地产开发企业土地增值税清算工作若干政策问题的通知》的相关规定：对于房地产公司在开发产品中按政府规定建造的地下人防设施，其成本、费用可以扣除。对加以利用的地下人防设施，在扣除成本、费用的同时，对其取得的收入也应纳入核算增值额。《辽宁省大连市地方税务局关于进一步加强土地增值税清算工作的通知》也有相关规定：土地增值税扣除项目中的公共配套设施，是指根据政府或相关部门的要求，房地产开发项目中必须建造且无偿转让给相关单位或业主使用的、非营利性的公共事业设施。非营利性的公共事业设施主要是指：物业管理用房、人防设施、变电站、热力站、水厂、居委会、派出所、托儿所、幼儿园、学校、医院、邮电通讯、公共厕所、无偿供全体业主使用的车位、车库、会所等房产。

纳税人开发的，无偿供物业管理等部门使用的经营用房产、设施，如全体业主实际享有占有、使用、收益或处分该房产、设施权利的，允许计入公共配套设施；如房地产开发企业或物业管理部门实际享有占有、使用、收益或处分该房产、设施权利的，不允许计入公共配套设施，且在对整个项目进行土地增值税清算时，亦不得列入清算范围，其分摊的土地成本、各项开发成本、费用、税金等，不得在清算时扣除。

参照上述政策，在“金锣湾”项目的清算过程中，也将人防设施作为公共配套设施处理，即未将其单独分离出来，其对应的开发成本已在税前全部扣除。进一步分析，“金锣湾”项目的人防设施包含供电局使用和地下车库两部分，其中供电局使用部分的产权已转让，对这部分应视同销售计入销售收入，同时该部分的开发成本允许税前扣除。地下车库为非营利性质，可以作为公共配套设施，其开发成本可以税前扣除。

2. 回迁房开发成本的说明

国税发〔2009〕31 号文件第三十一条第一项规定：企业、单位以换取开发产品为目的，将土地使用权投资企业的，其换取的开发产品如为该项土地开发、建造的，接受投资的企业在接受土地使用权时暂不确认其成本，待首次分出开发产品时，再按应分出开发产品（包括首次分出的和以后应分出的）的市场公允价值和土地使用权转移过程中应支付的相关税费计算确认该项土地使用权的成本。

因为本项目中回迁房是作为拆迁补偿转让给回迁户所有的，且不涉及差价，所以本项目转让回迁房的行为可定义为以非货币性资产交换取得土地使用权，可以适用上述规定，即可以根据上述规定确认回迁房的开发成本。因此，本项目回迁房的开发成本应为该回迁房的市场公允价值，即回迁房开发成本为该回迁房确认的视同销售收入（52 936 266.37 元）。继续分析可知，回迁房部分涉及的收入与成本相同，不产生增值额，不需计算企业所得税。

3. 停车场的税务政策及处理模式

国税发〔2009〕31 号第十七条规定：企业在开发区内建造的会所、物业管理场所、电站、热力站、水厂、文体场馆、幼儿园等配套设施，按以下规定进行处理：

（1）属于非营利性且产权属于全体业主的、或无偿赠与地方政府、公用事业单位的。可将其视为公共配套设施，其建造费用按公共配套设施的有关规定进行处理。

（2）属于营利性的，或产权归企业所有的，或未明确产权归属的，或无偿赠与地方政府、公用事业单位以外其他单位的，应当单独核算其成本。除企业自用应按建造固定资产进行处理外，其他一律按建造开发产品进行处理。

国税发〔2009〕31 号文件第三十三条规定：企业单独建造的停车场所，应作为成本对象单独核算。利用地下基础设施形成的停车场所，作为公共配套设施进行处理。

在本项目中，将地下停车场作为公共配套设施进行处理是最为恰当的。因为目前地下停车场的产权归属和用途未明确，如果以后的产权归属和用途满足国税发〔2009〕31 号第十七条第一项的规定，则无需再进行税务调整；如果以后的产权归属和用途满足国税发〔2009〕31 号第十七条第二项的规定，则面临纳税调整问题，即需要补缴相关税款。若能满足将来的营利性收入能弥补所需补缴的税款，对企业来说将其作为营利性停车场也是一个正确的选择。

4. 广告费、业务宣传费及业务招待费等期间费用的确认与纳税调整

我们在 2008 年至 2011 年企业汇算清缴数据的基础上进行企业所得税匡算，根据汇算清缴报告，2012 年以前年度的期间费用已经确认并进行了纳税调整，并将其在历年亏损弥补中体现。

需要注意的是，在以前年度所得税汇算清缴时，由于企业在前几年没有确认收入，所以这些年份广告费、业务宣传费及业务招待费的抵扣限额为零。则企业发生的广告费、业务宣传费及业务招待费全部不允许抵扣，对企业十分不利。若能对其进行调整，列支可以扣除的广告费、业务宣传费及业务招待费，对企业将十分有利。

下面对企业广告费、业务宣传费及业务招待费的确认及纳税调整进行分析。国税发〔2009〕31号文第六条规定：企业通过签订《房地产销售合同》或《房地产预售合同》所取得的收入，应确认为销售收入的实现。按照《企业所得税法实施条例》规定，企业发生的与生产经营活动有关的业务招待费支出，按照发生额的60%扣除，但最高不得超过当年销售（营业）收入的5‰。企业每一纳税年度发生的符合条件的广告费和业务宣传费，除国务院财政、税务主管部门另有规定外，不超过当年销售（营业）收入15%的部分，准予扣除；超过部分，准予在以后纳税年度结转扣除。按照国税发〔2009〕31号文件有关规定，房地产企业只有取得的开发产品收入才可以确认为销售收入。

根据上述政策分析：恒隆置业发生的广告费和业务招待费支出在扣除限额之内，无需再进行纳税调整。

税法规定，业务招待费未超过扣除限额的可以结转至以后年度扣除，所以采用总的销售收入来计算可扣除限额。

5. 莫忘土地增值税额的扣除

“金锣湾”项目所计算缴纳的“土地增值税”允许在企业所得税清算时税前扣除。因此，必须先行清算土地增值税，而后清算企业所得税。

四　隆盛百货及物业公司的财税筹划方案

（一）隆盛的经营模式与现存问题分析

隆盛百货有限公司（简称“隆盛百货”）成立于2011年6月，自2011年7月起建账。隆盛百货主要存在以下三种经营模式：

1. 联营模式

隆盛百货依靠商业核心地位引入大型商家，采取联营形式进行合作，目前商户达100余家。基本运营模式及财务特征如下：

（1）由商家进货，不承担垫款和支付货款责任。消费者购买商品，由隆盛百货开具发票，一般为普通发票，特殊情况下只为个别大客户出具增值税专用发票；如果消费者不要发票，则视同销售处理，进行价税分解，计算应缴纳的增值税。

（2）根据每月销售情况，按照事前协商确定的扣点（分成）[1]计算需要返还商家的金额，一般此月由商家按此金额开具增值税专用发票，进行成本入账和冲抵增值税处理。

（3）隆盛百货替商家垫支一些水电费等费用，在结算时扣回。

（4）商家的售货员等雇员由隆盛百货招聘，进行培训和统一着装管理，但工资薪金由商家负担并支付。

（5）节假日期间搞促销活动，具体如何承担成本费用，最后通过调整扣点处理。

2. 租赁模式

隆盛百货以出租摊位的租赁模式引入一部分商家，大约有20～30家左右，基本运营模式及财务特征如下：

（1）替商家代收营业额，统一收款，但由商家为客户开具发票，销售税款由商家承担。

（2）隆盛百货与商家结算周期为一个月，进行结算时，确定一个以销售额为基础的扣点（分成），但以租金形式反映，并采取保底租金制，即如果扣点低于保底租金，则按保底租金计算。因此，这种模式的本质是以营业额为基础的一种浮动租金制。

3. 固定租金制

还有一部分引进的商家，采取固定租金制，如干洗店、娱乐岛等，为数不多。基本运营模式及财务特征如下：

---

[1] 不同商家的扣点（分成）存有差异，主要取决于和商家的谈判。

（1）隆盛百货不为商家代收营业额，商家独立经营。

（2）只向商家收取固定租金，按照租金收入缴纳营业税金及附加。

（二）隆盛百货的财务与税收筹划操作要点

1. 隆盛百货与恒隆置业之间的资金拆借

隆盛百货为恒隆置业提供资金拆借，收取利息，这样可以加大恒隆置业的利息支付。

2. 隆盛百货的抽点分成模式

隆盛百货的收益按照引入商家的净收益，采取收益分成制。这样可以不承担经营风险。而成本与进货由商家负责。

3. 联营代垫费用问题

代垫费用需要为商家开具普通发票，造成隆盛百货多支出营业税金及附加。

4. 无库存问题

隆盛百货与联营商家之间采取扣点分成制，只注重分成收益的获得，不考虑对库存的管理，联营商家的库存由商家自行管理，隆盛百货不予负责。因此，隆盛百货账面并无库存金额，所有的结算反映为商家开具发票的购进成本，并被隆盛百货的管理者称为“以销定购模式”。其税务部门曾对此问题提出质疑，财务部门给予回复，但存在风险，建议采用备查簿记录进销存信息。

5. 出租的筹划方案：变出租为承包经营

如果企业以自己的名义领取营业执照和税务登记证，将房屋承租人招聘为经营人，将房屋出租行为变为自营再承包出去，获取承包收入，那么原有的自持房产就可以按从价计征方法征收房产税，规避较高的房产租金和较高的房产税，也合理避免了流转环节营业税金及附加，从而减轻了企业的税收负担。

（三）物业公司的税收筹划操作要点

物业公司收取物业费，主要负责日常卫生与管理工作，以及负责维修和购买零星配件业务。

基于目前恒隆百货的基本情况，可以利用物业公司进行出租物业的租金筹划，操作原理是合理分解租金。

具体操作方法如下：由于租赁收入涉及营业税金及附加、房产税、企业所得税等，税负较重，而物业管理费只缴纳营业税及其附加，相比较而言，物业管理费税负较轻。因此，隆盛百货可以把租金收入合理划分成租赁收入和物业管理费收入，尽量加大低税负收入（物业管理费）的比例，降低高税负收入（租赁收入）的比例。这样就可以有效降低企业房产租赁的实际税负。具体操作步骤如下：

（1）利用现有的物业管理公司，提供承租方更多的物业管理服务。

（2）物业管理公司要取得尽可能高的物业管理资质，因为资质越高，允许收取的物业管理费的价格越高。

（3）由隆盛百货收取租金，由物业公司收取物业管理费。

附　件

（一）合同及相关财税资料一览表

序号	名称	备注
1	市场升级改造项目开发协议书	
2	商铺租赁承包经营合同	
3	商铺买卖合同	
4	房屋销售合同	
5	审计报告 2009	
6	审计报告 2010	
7	审计报告 2011	
8	财政局单位明细指标通知单（2009—2011）	
9	公司组织架构	

（二）财税政策与法规

1. 国家税务总局关于企业处置资产所得税处理问题的通知（国税函〔2008〕828 号）

2. 国家税务总局关于印发《房地产开发经营业务企业所得税处理办

法》的通知（国税发〔2009〕31号）

3. 中华人民共和国土地增值税暂行条例（国务院令第138号）

4. 中华人民共和国土地增值税暂行条例实施细则（财法字〔1995〕006号）

5. 财政部、国家税务总局关于土地增值税若干问题的通知（财税〔2006〕21号）

6. 财政部、国家税务总局关于土地增值税一些具体问题规定的通知（财税字〔1995〕048号）

7. 国家税务总局关于房地产开发企业土地增值税清算管理有关问题的通知（国税发〔2006〕187号）

8. 北京市地方税务局关于印发《房地产开发企业土地增值税清算管理办法》的通知（京地税地〔2007〕134号）

9. 国家税务总局关于印发《土地增值税清算鉴证业务准则》的通知（国税发〔2007〕132号）

10. 国家税务总局关于印发《土地增值税清算管理规程》的通知（国税发〔2009〕91号）

11. 国家税务总局关于关于土地增值税清算有关问题的通知（国税函〔2010〕220号）

12. 国家税务总局关于加强土地增值税征管工作的通知（国税发〔2010〕53号）

方案二

拓荒房地产开发公司税收筹划方案

方案导读

拓荒房地产开发公司（以下简称“拓荒公司”）的开发项目已经拉开建造大幕，在项目开发过程中还存在一些不确定性因素。为了控制财税风险、降低税收负担，本方案规划设计了多元化的税收筹划操作方案，从多个角度为开展税收筹划奠定了基础。本方案所涉及的筹划实操方法主要有隐性成本及成本规划、切割利润战略、成本分拆筹划、可售公共配套筹划、选择清算对象筹划等。

一 隐性成本及成本规划的税收筹划

（一）隐性成本的处理

在房地产企业的运营过程中，最难控制的莫过于“隐性成本”。尤其是开发前期会发生一些隐性成本，比如攻关费用等，无法取得合法票据，不能将开支纳入开发成本核算；还有一些成本费用支出，尽管能够取得发票，但涉税成本过高，例如业务招待费中列支的礼品，应扣缴个人所得税；房地产公司向其关联方融资，其利息费用无法计入开发成本。

税收筹划方案

对此类隐性成本等款项支出，应采用特别控制手段，即事前报批，再按部门汇总，经总经理审批后采用以下途径入账：其一，隐性成本的账务处理：隐性成本支出发生时应计入预付账款，开具正式发票后列入开发成本。其二，多渠道获取合法发票。

（二）成本规模的合理规划

1. 土方工程和零星工程

一些土方工程和劳务类零星工程，多由个人承担，可到税务局代开发票入账。

2. 新增部分咨询合同

房地产开发过程中，涉及一些业务难题，可向咨询机构咨询。咨询业务内容灵活多样，种类繁多，工作形式多样，建议新增咨询合同并开具相应的咨询费发票。对于属于开发前期的项目可行性研究咨询费用，可列入开发间接费用最终结转至开发成本。

3. 装修成本的规划

增补房地产开发项目的装修成本。即在原有装修合同的基础上，新增或补充部分与个人签订的装修合同，并代个人去税务局开具装修发票，营业税与个人所得税合计税负率约为7%。

4. 绿化成本的规划

绿化是房地产项目基础设施建设费中的一部分，由于苗木销售为增值税免税项目，发票便于取得。园林绿化无类似的成本费用作为参照，其成本费用金额较为宽泛，操作空间较大。

此外，由于开发成本的建安成本通过招标进行，透明度高，各地税务机关对本地的建安成本一般都设定上限，因此操作时应予以关注，但开发项目可由建筑商垫资建设，适当加大开发成本。对于施工方难以垫资的，可由开发企业的关联方对施工方融资。

二 组建房地产上下游多业态实体性公司，构建“切割利润”的税收筹划战略

（一）背景描述

在对拓荒公司调研时发现，由于近年来房地产价格普遍上涨，房地产开发周期长，土地成本、建安成本投入额与房地产销售收入额不相匹配，因而开发项目面临较高的增值额，会造成一定程度的企业所得税和土地增值税负担的加重。究其原因，我们认为这主要属于开发公司的业务框架设计问题，开发公司没有将其利润合理分解消化，利润切割不合理。

开发公司应如何设计业务框架呢？又将如何分解收入，切割利润进而控制税负呢？下面通过新组建若干“多业态实体性公司”或“多种经营关联公司”来彻底解决这一难题。

（二）税收筹划方案

考虑到拓荒公司的未来发展，建议成立多家业务相互关联、属于上下游产业的分支机构或关联公司来分解收入、切割利润，以达到控制项目公司整体税负的目的。

1. 组建商贸公司

拓荒公司主营业务是房地产开发，建材用量庞大，所以建议在拓荒公司下面组建一个以建材商品、设备销售为主的商贸公司，并由该商贸公司与拓荒公司签订购销合同，为项目公司供应各类建材商品及设备。组建商贸公司的目的在于帮助项目公司加大成本、切割利润，降低开发公司的土地增值税和企业所得税负担。同时，建材、设备购销资金也能安全回流，保障拓荒公司现金流充沛。

在我国对房地产业实施紧缩金融政策的背景下，设立融资不受限制的商贸公司能真正起到拓宽融资渠道的效果。

2. 拥有自己的建筑公司

项目开发周期长，拓荒公司每年都有一定量的房地产项目开发建设，

目前建筑施工都需要外包，建筑施工成本在整个开发项目中占开发成本的比例较大，开发公司在建筑工程期间要支付大量的流动资金，所以拓荒公司的旗下应拥有自己的建筑公司，这样既可以缓冲项目公司的资金压力（建筑施工单位是按建设进度收款，若是自己的建筑公司就可以先开票挂往来后付款），减轻拓荒公司资金压力；而且还能够控制工程进度，调节开发成本，切割项目公司的开发利润，控制项目清算环节的整体税负。

拓荒公司可以通过并购方式或新设方式筹建一家建筑安装企业。

目前建筑业工程项目大体可以分为三大类：总承包、专业承包、劳务分包，总共有八十五种资质。其中，总承包 12 项，诸如房屋建筑工程施工总承包、机电安装工程施工总承包、市政公用工程施工总承包等；专业承包 60 项，诸如钢结构工程专业承包、管道工程专业承包、土石方工程专业承包、消防设施工程专业承包、建筑智能化工程专业承包、环保工程专业承包、地基与基础工程专业承包等；劳务分包 13 项，诸如木工作业分包、砌筑作业分包、钢筋作业分包等。关于相关资质与此相对应，譬如，盖楼主体工程，需取得“房屋建筑施工总承包”资质；做装饰装修，需取得“建筑装饰装修专业承包”资质；安装小区监控，需取得“建筑智能化工程专业承包”资质，每个资质还有等级之分，所以拓荒公司应根据自己的具体需求收购或新设一家具有相应资质等级的建筑公司。

在收购过程中要注意被收购公司隐性债务、资质的有效性、税务风险以及其他法律风险等。

我们建议，拓荒公司应充分利用建筑公司的项目承包、工程施工等环节调节开发成本的投入力度，控制工程进度，以便合理加大项目公司的开发成本，切割项目公司的开发利润，控制项目清算环节的整体税负。

税负分析与测算

成立建筑公司的节税效果

成立建筑公司后，所有建安合同通过建筑公司来转包，可增大建安成本，控制土地增值税的税负。

开发公司某项工程应支付乙方建安成本 A 万元。通过税收筹划，成立自己的建筑公司后，开发公司与建筑公司签订B万元的建安合同，建筑公司再按A万元的价格转包给乙方。

税负测算结果：

(1) 减少土地增值税金额＝(A－B)×(1＋30％)×30％（这里假设土地增值税适用税率为30％）

(2) 增加的建筑公司营业税＝(A－B)×3.3％（建筑公司转包按差额缴纳营业税）

节税额＝(A－B)×(1＋30％)×30％－(A－B)×3.3％＝0.357(A－B)

结论：成立建筑公司可以达到节税的目的，节税效果取决于转包差价的大小。但在企业所得税方面，只是导致利润转移，没有产生节税效果。

3. 成立苗木公司

成立苗木公司，负责苗木的栽培种植，为拓荒公司等开发公司提供各类环境绿化苗木，以及承接园林景观工程，增加项目公司的基础设施费支出，切割房地产公司的利润，同时利用免税政策降低土地使用税负担。同时享受苗木公司的税收优惠政策，实现降低税负、实现利润最大化的目标。拓荒公司的开发项目属旅游项目，需要苗木绿化和景观设计及景观建设工程的量应该很多，所有苗木公司的成立有着深远的意义。

园林绿化无类似的成本费用作为参照，因此，绿化成本费用支出操作空间较大。

但值得注意的是，一家主营苗木种植的公司还可以从事苗木的销售和承接一些园林景观工程项目，其中有些业务属于免征流转税和享受所得税优惠的项目。在实际操作中，哪些属于免税项目、哪些属于征税项目，应该履行哪些报批或备案手续，在操作上应该把握好细节。

(三) 政策依据

1. 增值税处理

(1) 农业生产者销售自产的农产品免征增值税。《增值税暂行条例》第十五条规定，农业生产者销售的自产农产品免征增值税。《增值税暂行条例实施细则》第三十五条规定，条例第十五条所称农业是指种植业、养殖业、林业、牧业、水产业。农业生产者，包括从事农业生产的单位和个人。农产品，是指初级农产品，具体范围由财政部、国家税务总局确定。

要注意的是，按税法要求填开发票时，对属于征、免范围的农产品应分开开具发票。如果苗木公司在销售树苗时，另有养护费、绿化费、工程费等其他费用，税法规定养护费等不属于免征范围，开票时若统一并入树木款中开具，就不能享受免税优惠。

2. 营业税处理

《国家税务总局关于印发营业税问题解答（之一）》（国税函〔1995〕156号）规定，对绿化工程按照“建筑业－其他工程作业”项目征收营业税，提供苗木养护劳务属于服务业范畴，应按照“服务业－其他服务业”项目征收营业税。国税函〔2008〕212号文件明确规定，纳税人单独提供林木管护劳务行为属于营业税征收范围，其取得的收入中，属于提供农业机耕、排灌、病虫害防治、植保劳务取得的收入，免征营业税。

3. 企业所得税处理

《企业所得税法》第二十七条、《企业所得税法实施条例》第八十六条规定，企业从事农、林、牧、渔业项目的所得等可以免征、减征企业所得税。

《国家税务总局关于实施农、林、牧、渔业项目企业所得税优惠问题的公告》（国家税务总局公告2011年第48号）第七条关于购入农产品进行再种植、养殖的税务处理规定，企业将购入的农、林、牧、渔产品，在自有或租用的场地进行育肥、育秧等再种植、养殖，经过一定的生长周期，使其生物形态发生变化，且并非由于本环节对农产品进行加工而明显增加了产品的使用价值的，可视为农产品的种植、养殖项目享受相应的税收优惠。主管税务机关对企业进行农产品的再种植、养殖是否符合上述条件难以确定的，可要求企业提供县级以上农、林、牧、渔业政府主管部门的确认意见。

4. 成立工程管理公司

将现有的工程部或项目部独立出去，单独成立一家工程管理公司，利用该工程管理公司为项目建设提供工程管理服务，并开具正式发票给项目公司，项目公司收到发票后可以记入“开发成本——开发间接费用”。

房地产开发公司通过筹划，成立工程管理公司，工程管理公司向开发公司收取 A 万元工程管理费，并开具正式发票。

税负测算

(1) 减少土地增值税金额＝A×(1＋30％)×30％（假设土增税税率为 30％）

(2) 增加工程管理公司营业税＝A×5.5％

节税额＝A×(1＋30％)×30％－A×5.5％＝0.335A

结论：经过筹划，成立工程管理公司可达到节税的目的，节税效果取决于工程管理费的大小。但在企业所得税方面，只是导致利润转移，没有产生节税效果。

5. 成立销售中介公司

成立销售中介公司主要基于以下三点：一是代理服务费支出可增加拓荒公司企业所得税税前扣除项目，有利于利润分割。二是控制预收房款入账进度，推迟纳税义务发生时间，减轻资金压力。三是对销售中介公司采用企业所得税核定征收方式，进一步降低企业所得税负担。

筹划延伸

拓荒公司还可以成立诸如设计公司和装修装潢公司等实体性公司，同样是基于切割利润的考虑。

基于拓荒公司的现状，我们认为拓荒公司的税收筹划应立足于实现税后利润最大化，发挥其开发项目的规模优势，在拓荒公司周边成立与房地产相关联的上下游企业群，完善关联交易规则，切分项目公司利润，最终达到控制拓荒公司整体税负的目的。

三　沙滩治理成本的分摊

拓荒公司在前期为了促进项目的整体开发，进行了海滩综合治理，沙滩治理后，开发项目各个地块均将受益，需要进行沙滩成本的分摊。

1. 沙滩治理成本分摊原则与方法

紧邻沙滩的地块按照业态从右向左分别有主题公园、会展酒店、精品酒店、商业街、花园酒店、度假公寓和康体休闲社区，因此这些项目可以说是直接受益的；另外品牌折扣店和创意产业基地，也即受益公司涵盖了目前六家房地产开发公司。

根据税法规定，在成本分摊时，可以采用的方法有占地面积法、建筑面积法、预算造价法、层高系数法和其他合理的方法。在进行沙滩治理成本分摊时，应考虑如下因素：

（1）地理位置。离沙滩越近，越受益；直接与沙滩相邻的地块受益最多；非直接紧邻的同样受益。客户之所以能订购开发项目的商品房，主要看中的是海洋、沙滩等优越的海景环境。

需要注意的是，在位置这种因素下，无法确定合理的分摊系数，因此，在直接或间接受益的原则下，不以位置为主要考虑因素。

（2）占地面积法。在这里不考虑使用占地面积法的原因在于，有些开发项目未来将由企业自己持有物业，用于出租或经营，如企业规划的奥特莱斯项目，如果按照占地面积法，自持部分的沙滩治理成本将被迫由企业全额承担，增加了企业的资金压力。

（3）沙滩的治理成本按照受益地块的产权面积分摊，如果某地块为自持物业，根据合理性原则，也应适当分摊部分成本，但是公共停车场和公共绿地部分不分摊沙滩成本。

在税务处理时，根据开发产品的增值率适当增大或减小分摊的成本金额，有效控制各期增值率，使项目间整体税负最小即可。

2. 沙滩经营成本的负担原则

沙滩目前用于旅游经营，由于地段偏僻，配套不齐全，导致经营亏损，预计亏损经营在未来将是常态。未来房地产开发完毕后，沙滩治理要移交给当地政府。

因此，沙滩经营亏损部分也需要由不同的项目公司承担。

四 普通住宅优惠政策的税收筹划

纳税人建造普通标准住宅出售，增值额未超过扣除项目金额20%的，可以免征土地增值税。利用这一优惠政策应关注以下两点：

1. 符合普通标准住房的标准

河北省（拓荒公司所在地）对普通住宅标准规定如下：

（1）住宅小区建筑容积率在1.0以上；

（2）以单栋楼为单位，平均单套建筑面积在140平方米（含140平方米）以下；

（3）实际成交价格在同级别土地上住房平均价格的1.2倍以下。

其中，住房平均价格以当地市、县政府公布的同期数据为准。

2. 按规定履行报批手续

建造销售普通标准住房的，应于取得预售许可证10日内，填报《普通标准住房审核表》，持有关证明资料向房地产项目所在地主管地方税务机关办理普通标准住房的认定手续。否则，税务机关不予认定为普通住宅，也不能按照普通住宅项目享受土地增值税免税优惠。

五 选择清算对象的税收筹划

《土地增值税暂行条例实施细则》（财法字〔1995〕6号）规定：土地增值税以纳税人房地产成本核算的最基本的核算项目或核算对象为单位计算。《土地增值税清算管理规程》（国税发〔2009〕91号）规定：清算审核时，应审核房地产开发项目是否以国家有关部门审批、备案的项目为单位进行清算；对于分期开发的项目，是否以分期项目为单位清算；对不同类型房地产是否分别计算增值额、增值率，缴纳土地增值税。国税发〔2006〕187号文件规定：土地增值税以国家有关部门审批的房地产开发项目为单位进行清算，对于分期开发的项目，以分期项目为单位清算。开发项目中同时包含普通住宅和非普通住宅的，应分别计算增值额。

国家有关部门审批的房地产开发项目为单项工程的，以该单项工程为清算单位；国家有关部门审批的开发项目需要分期开发建设的，则应以分期开发的建设项目为清算单位。经国家审批为一个开发项目、但属于分期开发完成的，且会计核算对象为多个成本项目的，应以每个项目为一个清算单位；如果会计核算为一个成本对象，并且结构、用途、位置、开发起止时间大体一致的，可以作为一个清算单位；如果会计核算为一个成本对象，但是各单项建筑结构、用途、地理位置、开发起止时间不同的，也应分别划分为几个清算单位。

选择清算对象的税收筹划操作技巧如下：对可售的开发产品的增值额进行预估测算，分析判断是分开清算还是合并清算更合适，并进一步策划好合并清算的项目组合。一般情况下，不同开发产品的增值率是不同的，因此，将同一开发期经济类型相近的开发产品尽可能作为一个成本核算对象和清算对象，可以控制整体增值率及税收负担。

六 成本分拆的税收筹划

成本分拆的一个基本原则就是将成本向增值率高的清算项目倾斜。当同时建造住宅项目与商业地产时，基于商业地产的价格优势，一般会造成商业地产的增值率偏高，从而导致较高的累进税率。这种情况下，可以考虑以下成本分拆的税收筹划操作技巧：

（1）商业地产多分配商业广场或外便道的土地成本。

（2）商业地产和住宅项目分别签订建造合同，利用合同合理拆分成本项目。

（3）装修费用一般只分配给商业地产项目。

（4）对于建造的与住宅项目连在一起的底商，可以考虑按照“层高系数建筑面积法”分配建安成本。

操作技巧

层高系数建筑面积法

对同一项目中既包含住宅，又包含其他类型房产的，可以采用“层高系数建筑面积分摊法”作为成本分摊的计算方法。

（1）计算层高系数。

在纳税人同一项目（包含不同类型房地产）中，选取住宅层高为基数，设定为1；层高低于住宅的，以1为系数；其他的用房层高高于住宅层高的，按其他类别用房层高与住宅层高之比，计算出其层高系数。

某类型用房层高系数＝该类型用房层高/住宅层高

（2）计算层高系数面积。

$$\text{总层高系数面积} = \sum\left(\text{某类型用房层高系数} \times \text{某类型用房可售建筑面积}\right)$$

$$\text{某类型用房已售部分的层高系数面积} = \text{某类型用房层高系数} \times \text{某类型用房已售建筑面积}$$

（3）计算不同类型用房已售部分可分摊的房地产开发成本。＝房地产开发总成本/总层高系数面积×某类型用房已售部分的层高系数面积

（5）合理选用成本分摊方法。税法规定的成本分摊方法有占地面积法、建筑面积法、直接成本法、预算造价法等，根据项目的情况合理选择适当的成本分摊方法，以实现成本分拆的适当倾斜。

七 可售公共配套设施的税收筹划

房地产开发企业开发建造的与清算项目配套的居委会和派出所用房、会所、停车场（库）、物业管理场所、变电站、热力站、水厂、文体场馆、学校、幼儿园、托儿所、医院、邮电通讯等属于公共配套设施。

开发项目在开发过程中所发生的、独立的、非营利性的，且产权属于全体业主的，或无偿赠予地方政府、政府公用事业单位的公共配套设施支出，准予在计算企业所得税和土地增值税时扣除。

建成后有偿转让的，应计算收入，并准予扣除成本、费用。

对于可售的公共配套在土地增值税清算前不予处置，清算完成后，将这部分公共配套移交给有关联关系的物业公司管理，开发企业与物业公司签订托管协议，开发企业可不收取租金，约定全部收益归物业公司所

有，以弥补物业完善费和前期物业费的不足。由物业与业主签订有偿使用协议，第一次协议约定，一次性缴纳若干年的使用费（譬如20年），并可约定合同期满续约事宜，物业公司收取“使用费或管理费”。变出售为一次性出租，对于无产权的配套设施尤为适用，如地下车库，车位等。

对于准备自持的公共配套设施，例如学校和幼儿园，产权登记的时间应推迟到项目清算后进行。这样可以在清算时作为公共配套扣除成本。

八 房产税、土地使用税的税收筹划

预计拓荒公司的开发项目建造完工后，相关的房产税和土地使用税负担会很重。对此，我们提出以下创造性筹划设想：拓荒公司组建一个教育机构——拓荒商学院（或拓荒职业培训学校），将自持的部分房产和土地装到商学院（或职业培训学校）。这样可以按教育机构相关规定申请房产税及城镇土地使用税免税待遇。

推而广之，拓荒公司也可以组建幼儿园、托儿所，或者非营利性的医疗机构或养老院，就可以申请房产和土地享受房产税和土地使用税的优惠政策。

政策依据

《国家税务局关于土地使用税若干具体问题的解释和暂行法规》（国地税字〔1988〕15号）第十七条规定：企业办的学校、医院、托儿所、幼儿园，其用地能与企业其他用地明确区分的，可以比照由国家财政部门拨付事业经费的单位自用的土地，免征土地使用税。因此，学校用地性质不用变更为教育用地。

依据《财政部、国家税务总局关于房产税若干具体问题的解释和暂行规定》（财税地字〔1986〕8号）第十条规定：企业办的各类学校、医院、托儿所、幼儿园自用的房产，可以比照由国家财政部门拨付事业经费的单位自用的房产，免征房产税。

依据《财政部、国家税务总局关于教育税收政策的通知》（财税〔2004〕39号）第二条“关于房产税、城镇土地使用税、印花税规定”：对国家拨付事业经费和企业办的各类学校、托儿所、幼儿园自用的房产、土地，免征房产税、城镇土地使用税。

依据《国家税务总局关于进一步贯彻落实税收政策促进民间投资健康发展的意见》（国税发〔2012〕53号）第三条关于鼓励和引导民间资本进入社会事业领域的税收政策中的第十四款规定，企业办的各类学校、托儿所、幼儿园自用的房产、土地，免征房产税、城镇土地使用税。对学校、幼儿园经批准征用的耕地，免征耕地占用税。

依据《中华人民共和国民办教育促进法》第十一条规定，举办实施学历教育、学前教育、自学考试助学及其他文化教育的民办学校，由县级以上人民政府教育行政部门按照国家规定的权限审批；举办实施以职业技能为主的职业资格培训、职业技能培训的民办学校，由县级以上人民政府劳动和社会保障行政部门按照国家规定的权限审批，并抄送同级教育行政部门备案。

九 精装修公寓家具和家电的税收筹划

对于未来要精装修出售的开发项目，由拓荒公司签订装修装饰补充合同，在合同中将家具和家电作为装修内容的一项业务。

补充合同约定家具、家电由拓荒公司（甲方）进行招标，装修装饰公司负责采购，家电销售方开具票据给装修装饰公司。

然后由装修装饰公司全额向拓荒公司（甲方）开具全额工程发票，发票中包含家具和家电款项，工程票在未来清算时可以全额计入成本，税前扣除。

或者由拓荒公司成立一家商贸公司，但是名义上不能和拓荒公司有直接的关联关系。在进行工程材料和家具家电采购时，约定由承包方或施工方必须从商贸公司处采购。

如此操作就能顺利解决甲供材和精装修中家具家电的票据问题，并且能保证了材料的质量。

方案三

欣源房地产项目转让税收筹划方案

方案导读

欣源房地产开发公司属于典型的房地产开发企业。房地产企业以从事房地产开发、经营、管理和服务为其主要职能，是国民经济活动中的具有综合性影响的基础性行业。房地产开发跨越生产和流通两个领域，其经营内容广泛，投资主体复杂，由于房地产开发周期长，我国商品房的平均经营周期约为5年，这一特点决定了会计核算的跨期摊配较为常见，收入、成本的确认直接影响着各期损益的计量。因此，只有建立精细的财税管理模式才能适应房地产业多样化业务的需要。

房地产企业占用资金量大、开发周期长，呈现出明显的融资多元性，房地产业融资渠道主要有：(1) 预收购房定金或预收建设资金；(2) 预收代建工程款；(3) 各类银行贷款；(4) 发行企业债券；(5) 与其他经济实体联合开发；(6) 通过资本市场发行股票筹资。

房地产企业由于业务范围广、经营活动复杂，涉及多个纳税环节，因此，税收筹划需要引入转化技术，系统规划，从多个角度设计税收筹划方案。本方案主要涉及项目转让的税收筹划，分析比较了在建项目买断、合作建房、股权转让和整体收购等四种税收筹划方案，为项目转让提供了节税指南。

一 欣源—逸美合作开发概况及约束条件

（一）欣源公司与逸美公司概况

欣源房地产开发公司（以下简称欣源公司）成立于1999年12月，公司注册资本为5 000万元。其主要经营范围为：房地产开发经营，建筑材料、五金交电的批发、零售、代购代销等。欣源公司成立以来，主要从事房地产开发业务，曾开发项目有春安花园、潇湘岭秀一期等。2000—2006年间曾享受企业所得税两免三减半税收优惠政策。

逸美投资有限公司（以下简称逸美公司）成立于2005年10月，公司注册资本8 000万元，自成立之日起，享受军队转业干部办企业免征营业税优惠政策。其主要经营范围为：房地产开发经营；高科技产业、基础设施、文化艺术品、旅游产业、能源产业、文化餐饮娱乐业、医药业的投资；投资咨询；普通货物运输、仓储服务等。

（二）合作开发房地产项目的经营约束

1. 基本业务模式

潇湘岭秀二期由欣源公司和逸美公司合作开发，其中欣源公司出地、逸美公司出资金。潇湘岭秀二期项目报批以及房地产开发所需的施工许可证、预售证等与商品房产权证、土地使用证等由欣源公司负责办理；房地产所需资金、房地产开发、商品房销售等由逸美公司负责（如图3-1所示）。

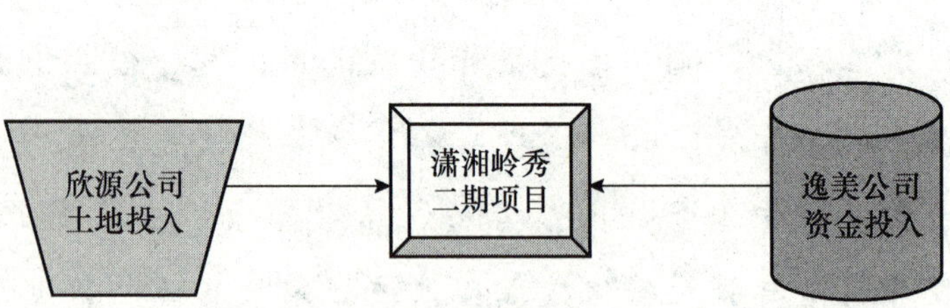

图3-1 房地产合作项目

2. 成本分摊

潇湘岭秀二期的成本由欣源公司和逸美公司共同投入，双方以其各自投入的成本作为衡量本项目总收益的依据。

潇湘岭秀二期的土地成本及前期各种费用支出是在双方合作前发生的投资，是欣源进行合作的基础，这部分界定为欣源公司的开发成本。

潇湘岭秀二期在开发中发生的各种成本费用，由逸美公司出资，这部分作为逸美公司的开发成本。

二 欣源—逸美面临的财税疑难问题

（一）税费负担的约定问题

欣源公司和逸美公司就整个合作项目的税费负担按照以下要求合理划分：营业税及所得税按照各自获取的收入按照税收政策的规定自行缴纳。土地增值税按照合作各方成本分摊比例负担。合作前发生的土地增值税、印花税由逸美公司负担，作为投资开发的成本项目[1]。

这一约定其实会对项目产生一定程度的影响，因为欣源公司是土地投入方，所以房地产开发项目的会计主体相应也为欣源公司。双方约定的税费缴纳可能只是一种理想。

（二）收入分配的约定问题

收入按双方确定的投资比例分配。商品房销售收入在销售收到房款时按比例分配，欣源与逸美按实收销售额开出收款专用发票，据此各自缴纳营业税和附加税。办理房屋产权证时由欣源公司负责开具销售不动产发票。

这一约定必须通过一定的运作模式才能达到，在现行操作模式下很难达到这一目的。由于欣源公司负责开具销售不动产发票，欣源公司应该全额缴纳房屋销售的营业税和附加税，而逸美公司只是作为投资者的身份参与开发，逸美公司只能以税后利润分配的形式获取投资收益回报。

[1] 在欣源公司提供的《欣源与逸美合作方式》中，提及项目所涉及的主要税费及承担者。

（三）财税疑难问题剖析

通过综合观察和分析，我们认为欣源—逸美合作开发项目定位不妥。如果在投资前能够把土地使用权办理在逸美公司名下，可能不会遇到如此麻烦。也可以顺理成章地使营业税、附加税及企业所得税实现在逸美公司，且享受营业税减免税优惠政策。

如果土地使用权在欣源公司一方，后期欣源公司在报批项目之前把土地使用权出让给逸美公司，也可以将营业税、附加税及企业所得税实现在逸美公司。只是比原来多缴纳一道土地使用权转让环节的营业税而已。

如果完全按照欣源公司内部的税费负担和收入分配的约定来操作，可能没有一个可行的模式。针对目前状况，我们认为，应该对欣源—逸美的合作开发项目进行模式选择，寻找或创造适当的合作模式，实现合作开发项目财税优化的目的。

三 欣源—逸美公司合作开发财税优化方案

（一）方案一：在建项目买断模式

双方签订合同，由逸美公司全部买断欣源—逸美的合作开发项目。双方签订一个整体项目转让合同。即欣源—逸美项目在投入建造期间，欣源公司将在建工程整体转让给逸美公司，逸美公司对合作开发项目的投入主要采取债权形式投资，欣源公司支付逸美公司利息费用，合理扩大欣源公司的借款费用，将一部分利润转移给逸美公司[1]。

逸美公司已经支付的对外合同价款约定为对欣源公司的借款（欣源和逸美需要签订合作开发项目投资合同，约定合作开发项目的合作方式及资金投入方式），2010 年合作项目签订合同 5 项，合同总价款为 193.13 万元，

[1] 加大债权投资力度，主要考虑到逸美公司在买断在建项目过程中，可以少支付资金，以抵债形式取得项目。

截至2010年5月31日已经支付64.8万元。签订的合同及已经支付的合同价款情况如表3-1所示：

表3-1　　逸美公司对外已签合同及至2010年5月31日支付情况　　单位：万元

项目 时间	合同名称	合同总价款	已支付价款
2010.2.20	建设工程勘察合同	23.85	15.00
2010.3.23	广告合同	25.00	5.00
2010.3.24	建设工程施工图设计合同	120.28	24.00
2010.3.23	房交会参展合同	17.00	17.00
2010.3.28	模型制作合同	7.60	3.80
合计	/	193.73	64.80

在欣源—逸美合作开发项目在建进度不超过30%时，将在建项目[1]转让给逸美公司。根据财税〔2003〕16号文件规定，欣源公司需要作为不动产转让业务缴纳营业税和附加税。具体处理要求如下：单位和个人转让在建项目时，不管是否办理立项人和土地使用人的更名手续，其实质是发生了转让不动产所有权或土地使用权的行为。对于转让在建项目行为应按以下办法征收营业税：

（1）转让已完成土地前期开发或正在进行土地前期开发，但尚未进入施工阶段的在建项目，按“转让无形资产”税目中“转让土地使用权”项目征收营业税。

（2）转让已进入建筑物施工阶段的在建项目，按“销售不动产”税目征收营业税。

显然，当完工进度不超过30%时进行在建项目转移，可以实现70%营业税和企业所得税转移到逸美公司实现。

在建项目整体资产转让的企业所得税按以下办法处理：

企业整体资产转让原则上应在交易发生时，将其分解为按公允价值销售全部资产和进行投资两项经济业务进行所得税处理，并按规定计算确认资产转让所得或损失。总之，在建项目整体转让要视同按公允价值销售全

[1]　在建项目是指立项建设但尚未完工的房地产项目或其他建设项目。

部资产和投资两项业务进行所得税处理，缴纳企业所得税和营业税。

需要注意的是，要办理相关转让手续和变更备案手续。按照《城市房地产转让管理规定》（中华人民共和国建设部令第96号）第十条规定：按照出让合同约定已经支付全部土地使用权出让金，并取得土地使用权证书；按照出让合同约定进行投资开发，属于房屋建设工程的，应完成开发投资总额的25%以上。按照城市房地产开发交易管理相关政策规定：房地产转让或者变更，应当向县或者市建设行政主管部门办理变更登记，并持变更后房屋所有权证书办理土地使用权变更登记，经同级土地主管部门核实，由同级人民政府变更土地使用权证书。且转让房地产开发项目，转让人和受让人应当在土地使用权变更手续办理完毕之日起三十日内，持转让合同及有关证明文件到建设行政主管部门办理备案手续。

（二）方案二：合作建房模式

欣源公司出地、逸美公司出资金，双方合作建房；房屋建成后，采取风险共担、利润共享方式分配收益。此种合作方式，因为核算及房地产相关手续均以欣源为主，发票的开具和产权的办理均没有问题。

根据《财政部、国家税务总局关于股权转让有关营业税问题的通知》（财税〔2002〕191号）规定：以无形资产、不动产投资入股，与接受投资方利润分配，共同承担投资风险的行为，不征收营业税，并且对股权转让不征收营业税。《财政部、国家税务总局关于土地增值税一些具体问题的通知》（财税〔1995〕48号）规定：对于以房地产进行投资、联营的投资联营的一方以土地（房地产）作价入股进行投资或作为联营条件，将房地产转让到所投资、联营的企业中时，暂免征收土地增值税。所以，对于欣源公司来说，土地使用权投资不视作转让无形资产，不征收营业税。合作建房按项目核算，双方分得的收益属于税后收益。在不变更相关手续的情况下，核算以欣源公司为主体。

考虑到逸美公司的税收优惠，可以有以下两种筹划考虑：

一是将逸美公司的投入资金以借贷方式给欣源公司使用，这样可以多实现欣源公司利息的扣除，而逸美公司的利息收入免征营业税。如果按照欣源公司提供的预计投资额1.45亿元的70%测算，按照6%的年利率计算，借款利息匡算如下：

借款利息＝1.45×70%×6%＝609(万元)

欣源企业所得税节约金额＝609×25%＝152.25(万元)

二是逸美公司为欣源公司提供设计、咨询、人力等劳务服务，收取欣源公司的劳务费，以此加大扣除力度。

对于该合作建房项目，具体应缴纳的税负计算如下：

营业税:33 412.175×5.55%＝1 854.375 7(万元)

印花税:33 412.175×0.05%＝16.706 1(万元)

土地增值税:11 332.877×40%－22 079.298×5%＝3 429.185 9(万元)

扣除额:16 984.076×(1＋30%)＝22 079.298 8(万元)

增值额:33 412.175－22 079.298 8＝11 332.876 2(万元)

增值比例:11 332.876 2/22 079.298 8×100%＝51.32%

预交所得税:33 412.175×15%×25%＝1 242.83(万元)

所得税补缴额＝9 473.929×25%－1 242.83＝1 125.65(万元)

项目净收益为＝9 473.929×(1－25%)＝7 105.45(万元)

欣源应分收益＝7 105.45×20%＝1 421.09(万元)

逸美应分收益＝7 105.45×80%＝5 684.36(万元)

纳税总额＝1 854.375 7＋16.706 1＋3 429.185 9＋1 242.83
＋1 125.65＝7 668.75(万元)

（三）方案三：股权转让模式

欣源公司成立一家房地产合营企业，然后把项目全部移交该合营企业，独立核算。在房产建设完毕后销售之前，合营企业转让全部股权给逸美公司。逸美公司先投入的资金分别以借款方式和投资方式投入合营公司。则合营公司发生的股权转让行为，仅就转让收益缴纳所得税，不缴纳营业税。然后由逸美公司吸收合并该合营企业，并统一对外经营（基本操作流程如

图 3-2 所示)。

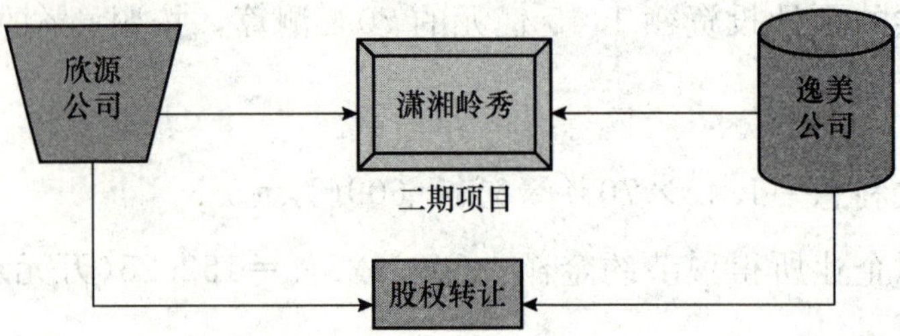

图 3-2　股权转让操作模式

操作步骤:

第一步:欣源公司成立一家房地产合营企业,欣源公司以土地出资,逸美公司以资金投入。双方的股份划分比例根据投入情况确定。

欣源公司向合营企业转让土地,按"转让无形资产"缴纳营业税。土地成本为 2 484.055 3 万元,组成计税价格为 2 484.055 3×(1+15%)÷(1-5%)=3 007.014 2 (万元),则:

应缴纳的营业税及附加税=3 007.014 2×5.55%=166.889 3(万元)

双方的股份比例按照分别投入的土地及资金比例划分:

欣源公司持股比例=土地公允价值/投资总额

逸美公司持股比例=资金投入金额/投资总额

第二步:逸美公司分别以股权和债权的形式投入。

先期签订的合同部分(见表 3-1),以股权形式投入,相应的账务处理为(单位:万元):

借:长期股权投资——合营企业　193.73

　贷:银行存款　64.8

　　应付账款　128.93

对于后期由逸美公司投入的资金部分,分别以股权投资形式和债权投资形式[1]投入合营公司(包括前期预付给建筑公司的建设资金由逸美支付),相应的账务处理分别为:

[1] 逸美公司反映为债权投资的数额不宜过大,要控制欣源公司和逸美公司对合营公司的投资比例。

借：长期股权投资——合营公司

　　长期债权投资——合营公司

　贷：银行存款

第三步：欣源公司转让股权给逸美公司，逸美公司购并欣源公司。相应的会计处理为：

（1）欣源公司：

借：银行存款

　　其他应收款——合营公司

　贷：长期股权投资

此处可能产生一定的投资转让损益，进行控制，一般不宜产生损失。

对于欣源公司转让股权行为，不涉及营业税和增值税等流转税及附加税。只对股权转让所得并入应纳税所得额，缴纳所得税。

（2）逸美公司：

借：长期股权投资

　贷：银行存款

　　　其他应收款——合营公司

逸美公司对合营公司进行合并，并办理相关项目变更手续。

第四步：逸美公司拥有该房地产项目，并进一步经营。

按照正常企业经营模式开展经营，并按规定进行会计处理和依法纳税。

其中对外业务中，与建筑公司签订工程施工合同，前期可由逸美公司预付建设资金，与房产销售公司签订代售房合同，仅收取手续费0.6%，按代理业5%的税率缴纳营业税。

（四）方案四：整体收购模式

对于欣源—逸美的合作开发项目，我们认为，不论采取什么方式，其最终要解决的是土地项目主体的变更问题。如果主体不变更，经营以欣源为主，逸美只是资金的来源渠道；如果要以逸美为主，房地产业的开发首先要有土地，因此，就存在土地的变更或土地项目的变更。

在此理念下，我们提出如下大手笔税收筹划方案，采取资本运作模式，即采取逸美整体收购欣源的资本运作模式，则这样土地项目的变更就可以顺理成章，而且还可以享受逸美相关税收减免优惠政策。

下面我们分析逸美整体收购欣源的可行性：

（1）此次合作开发项目，正常运作税负达到上千万元之多，而欣源公司2009年末净资产也仅为3 000多万元。2009年末欣源公司资产总额为6 300.048 2万元[1]，负债总额为3 288.332 3万元，资产负债率为52.20%。

（2）关于欣源公司的品牌，可能也是决策需要考虑的一个重要因素。我们认为，等该合作项目运作完毕，可以继续考虑欣源公司的注册登记及利用问题。

（3）采纳该方案，有必要对欣源公司的财务状况进行分析，尤其是往来账款、长期负债状况，以及公司决策层采纳收购方案的可能性与决策意向。

四 对其他筹划事宜的思考

除上述财税优化方案中提到的运作模式外，根据欣源公司、逸美公司的现状和合作项目，还可采取以下税收筹划方法：

1. 成本的合理规划与安排

欣源公司可以合理调节公司成本，选取适宜的成本计算方法、核算程序、存货发出计价方法等，因为这些因素都会对开发成本产生影响，并最终影响企业损益及税金，应引起管理层及财务部的高度重视，因为在企业财税操作中，合理的会计成本几乎都可以作为计税基础。

如方案中提到的有双方相互拆借资金，逸美公司以债权投资方式让渡资金使用权，并收取合理利息，调节房地产开发成本。

2. 提供劳务服务

由于欣源公司与逸美公司有着多方面的密切联系，可以考虑由逸美公司为欣源公司提供劳务服务（包括技术服务、技术咨询等），签订合法的合

[1] 具体运作之前还要考虑资产转移问题，剥离出一部分资产不予全部并入逸美公司。

同，收取一定的价款，适当采取转让定价策略。

3. 合理设计薪酬方案

对于特殊的人员，还可以以兼职形式，相互提供服务。对于发放的劳务报酬，按照劳务报酬所得计算缴纳个人所得税。从税负角度考虑，兼职劳务可以到税务机关代开发票，合理实现税前扣除。对于年终奖金，也可以合理实现筹划节税，具体操作可参照国税发〔2005〕9号文件。

五 欣源—逸美项目转让方案比较及操作细则[1]

（一）方案一：在建项目买断模式

【基本思路】

逸美公司买断欣源—逸美的合作开发项目，双方需要签订一个在建项目整体转让合同。即在欣源—逸美合作开发项目投入建造期间，欣源公司将在建工程整体转让给逸美公司，由逸美公司全盘接管。

【操作细则及税收测算】

对于在建项目买断模式，具体操作步骤如下（金额单位：万元）：

第一步：合作开发项目前期投入期间，逸美公司主要以债权形式投资。

欣源—逸美双方签订合作开发合同，明确双方的投资合作方式。对于欣源公司的土地使用权投入，以及已由逸美公司支付的合同款（见表3-1），分别计入项目开发成本中。

借：开发成本——在建项目	1 841.49
贷：无形资产——土地使用权	1 647.76[2]
长期应付款	193.73

逸美公司的账务处理为：

---

[1] 本税收筹划操作方案比较及操作细则是在上述主题方案基础上，根据实务操作要求所拟定的更为详细的税收筹划运作步骤及操作要点。这里仅比较方案一和方案四。

[2] 欣源公司投入土地时，土地价格为450元/平方米。土地开发面积为36 616.985平方米，则土地使用权投资价值为：450×36 616.985=1 647.76（万元）。转让时暂估价值为458元/平方米。

借：长期债权投资——欣源公司 193.73

贷：银行存款 64.8

应付账款 128.93

第二步：逸美公司继续对合作项目投资。

房屋建设工程出让的，按《城市房地产转让管理规定》（中华人民共和国建设部令第96号）规定，在建项目转让时，应完成开发投资总额的25%以上。欣源—逸美该合作项目总预计投资总额为1.45亿元，则在建项目转让时，最小投资额为：14 500×25%＝3 625（万元）。

逸美公司的账务处理为：

借：长期债权投资——欣源公司 3 625

贷：银行存款（各种应付款等） 3 625

第三步：转让在建项目，并实现相关转让环节税金。

转让时的土地评估单位价值为458元/平方米，则土地评估价值为：

458×36 616.985＝1 677.06(万元)

转让时评估项目总价值，估测应该比前期投入的持平或略有增加。设定增值率为5%，则在建项目转让时的评估价值为：(1 677.06＋193.73＋3 625)×(1＋5%)＝5 495.79×(1＋5%)＝5 770.58（万元）。

欣源公司的账务处理为：

借：银行存款 1 951.85

长期应付款 3 818.73

贷：开发成本——在建项目 5 466.49

营业外收入 304.09

相关转让环节税收计算如下：

营业税及其附加税＝5 770.58×5.55%＝320.27(万元)

企业所得税＝ 304.09×25%＝76.02(万元)

相关总税负＝320.27＋76.02＝396.29(万元)

第四步：逸美公司后期投入，最后实现房产销售，收回投资。

该环节利用逸美公司的税收优惠政策，享受营业税减免，收益全部实现在逸美公司，若所得税也享受优惠政策，则该环节总税负为0。

（二）方案二：整体收购模式

【基本思路】

采取逸美公司整体收购欣源公司的操作模式，则这样土地项目的变更就可以顺理成章，而且还可以享受相关税收减免优惠政策。

【操作细则及税收测算】

对于整体收购模式，具体操作步骤如下：

第一步：通过企业分立进行资产剥离。

欣源公司剥离一部分优良资产，进行企业分立，成立一家房地产开发公司——新欣源房地产开发公司。资产剥离过程中，若资产评估增值，需要就增值部分缴纳企业所得税[1]。

第二步：逸美公司整体收购欣源公司。

按照2009年末的资产负债表进行测算，欣源公司的资产负债率为52.20%，超过50%，可以实现整体收购方案。

企业合并过程中，若被并企业的净资产没有实现增值，则仅对增值部分征收所得税。

这里设定净资产增值率为10%～20%，则相应的税负计算如下：

2009年末，欣源公司净资产为3 011.72万元，增值率10%的情况下，净资产增值额为：3 011.72×10%＝301.17（万元），则应纳所得税为：301.17×25%＝75.29（万元）。

若增值率为20%，则应纳所得税为：3 011.72×20%×25%＝150.59（万元）。

这里还可以考虑利用免税合并优惠政策，按照《财政部、国家税务总局关于企业重组业务企业所得税处理若干问题的通知》（财税〔2009〕59

[1]　在第二步中综合反映增值所形成的企业所得税负担。因为不论在企业分立中，还是在企业合并中，凡是涉及净资产增值都要计算缴纳企业所得税。

号）规定：企业股东在合并发生时取得的股权支付金额不低于其交易支付总额的85%，以及同一控制下且不需要支付对价的企业合并。对于特殊性纳税处理可以选择按以下规定处理：

（1）合并企业接受被合并企业资产和负债的计税基础，以被合并企业的原有计税基础确定。

（2）被合并企业合并前的相关所得税事项由合并企业承继。

（3）可由合并企业弥补的被合并企业亏损的限额＝被合并企业净资产公允价值×截至合并业务发生当年年末国家发行的最长期限的国债利率。

（4）被合并企业股东取得合并企业股权的计税基础，以其原持有的被合并企业股权的计税基础确定。

所以，如果企业股东在合并发生时取得的股权支付金额不低于其交易支付总额的85%，则企业合并就适用特殊性税务重组，可以不缴纳企业所得税。

第三步：逸美公司后期投入，最后实现房产销售，收回投资。

该环节利用逸美公司的税收优惠政策，享受营业税减免，收益全部实现在逸美公司，若所得税也享受优惠政策，则该环节总税负为0。

（三）两个方案的风险剖析与评价

【从税负角度评价】

从上述两个方案的分析比较来看，在建项目买断模式和整体收购模式各有优劣，前者总税负为396.29万元，而后者在净资产增值率为20%的情况下，税负也仅为150.59万元。从税负角度评价，后者更为节税。

但是，后者存在较多非税成本，即企业分立、合并需要经过工商手续，也存在评估成本和操作成本。而前者相对比较简单，易于操作。

按照正常情况经营，欣源应该缴纳营业税1 854.38万元，在建项目买断模式下缴纳营业税320.27万元，节约率为：(1 854.38－320.27)/1 854.38×100%＝82.73%。对于整体收购方案，由于不存在欣源公司和逸美公司的中间交易环节，没有营业税支出。两种操作模式下，所得税基本都实现在逸美公司。

【从风险角度评价】

对于在建项目买断模式，存在一定的风险。尤其是在建项目需要投入25%以上才可以实现转让，转让时要经过资产评估，转让后需要变更手续，但这些都是正常业务，通过谨慎操作也很容易成功。但项目买断模式一定要在双方项目转让合同中严格界定交易前提及交易条件，增强项目交易的实践操作性。

对于整体收购模式，财税及经营风险较小，因为企业并购是经常发生的事情，且并购之后不存在两个法律主体，所以许多后期的运作是理所当然、水到渠成的事情。但整体收购模式的操作较为复杂，时间跨度大，涉及的环节多。

【从后期发展角度评价】

在建项目买断模式几乎不会对后期两家企业的发展产生重大影响，而整体收购模式可能会使欣源公司丧失品牌价值。如采用后者，我们建议先行资产剥离，成立新欣源公司，不仅能够降低并购资产的数额，并能使企业知名度和品牌价值在一定程度上得以延续。

附件 1

国家税务总局关于印发《营业税问题解答（之一）的通知》

国税函〔1995〕156 号

十七、问：对合作建房行为应如何征收营业税？

答：合作建房，是指由一方（以下简称甲方）提供土地使用权，另一方（以下简称乙方）提供资金，合作建房。合作建房的方式一般有两种：

第一种方式是纯粹的“以物易物”，即双方以各自拥有的土地使用权和房屋所有权相互交换。具体的交换方式也有以下两种：

（一）土地使用权和房屋所有权相互交换，双方都取得了拥有部分房屋的所有权。在这一合作过程中，甲方以转让部分土地使用权为代价，换取部分房屋的所有权，发生了转让土地使用权的行为；乙方则以转让部分房屋的所有权为代价，换取部分土地的使用权，发生了销售不动产的行为。因而合作建房的双方都发生了营业税的应税行为。对甲方应按“转让无形资产”税目中的“转让土地使用权”子目征税；对乙方应按“销售不动产”税目征税。由于双方没有进行货币结算，因此应当按照实施细则第十五条的规定分别核定双方各自的营业额。如果合作建房的双方（或任何一方）将分得的房屋销售出去，则又发生了销售不动产行为，应对其销售收入再按“销售不动产”税目征收营业税。

（二）以出租土地使用权为代价换取房屋所有权。例如，甲方将土地使用权出租给乙方若干年，乙方投资在该土地上建造建筑物并使用，租赁期满后，乙方将土地使用权连同所建的建筑物归还甲方。在这一经营过程中，乙方是以建筑物为代价换得若干年的土地使用权，甲方是以出租土地使用权为代价换取建筑物。甲方发生了出租土地使用权的行为，对其按“服务业—租赁业”征营业税；乙方发生了销售不动产的行为，对其按“销售不动产”税目征营业税。对双方分别征税时，其营业额也按照暂行条例实施细则第十五条的规定核定。

第二种方式是甲方以土地使用权乙方以货币资金合股，成立合营企业，合作建房。对此种形式的合作建房，则要视具体情况确定如何征税：

（一）房屋建成后如果双方采取风险共担，利润共享的分配方式，按照营业税“以无形资产投资入股，参与接受投资方的利润分配，共同承担投资风险的行为，不征营业税”的规定，对甲方向合营企业提供的土地使用权，视为投资入股，对其不征营业税；只对合营企业销售房屋取得的收入按销售不动产征税；对双方分得的利润不征营业税。

（二）房屋建成后甲方如果采取按销售收入的一定比例提成的方式参与分配，或提取固定利润，则不属营业税所称的投资入股不征营业税的行为，而属于甲方将土地使用权转让给合营企业的行为，那么，对甲方取得的固定利润或从销售收入按比例提取的收入按“转让无形资产”征税；对合营企业按全部房屋的销售收入依“销售不动产”税目征收营业税。

（三）如果房屋建成后双方按一定比例分配房屋，则此种经营行为，也未构成营业税所称的以无形资产投资入股，共同承担风险的不征营业税的行为。因此，首先对甲方向合营企业转让的土地，按“转让无形资产”征税，其营业额按实施细则第十五条的规定核定。因此，对合营企业的房屋，在分配给甲乙方后，如果各自销售，则再按“销售不动产”征税。

附件2

财政部、国家税务总局关于土地增值税一些具体问题规定的通知（节选）

财税〔1995〕48号

对于以房地产进行投资、联营的，投资、联营的一方以土地（房地产）作价入股进行投资或作为联营条件，将房地产转让到所投资、联营的企业中时，暂免征收土地增值税。对投资、联营企业将上述房地产再转让的，应征收土地增值税。

附件3

财政部、国家税务总局关于股权转让有关营业税问题的通知

财税〔2002〕191号

各省、自治区、直辖市、计划单列市财政厅（局）、国家税务局、地方税务局，新疆生产建设兵团财务局：

近来，部分地区反映对股权转让中涉及的无形资产、不动产转让如何征收营业税问题不够清楚，要求明确。经研究，现对股权转让的营业税问题通知如下：

一、以无形资产、不动产投资入股，与接受投资方利润分配，共同承担投资风险的行为，不征收营业税。

二、对股权转让不征收营业税。

三、《营业税税目注释（试行稿）》（国税发〔1993〕149号）第八、九条中与本通知内容不符的规定废止。

方案四

天源置地集团税收筹划方案

方案导读

本方案为全程的税收筹划运作：首先，考虑战略税收筹划的方向，做好收益规划、土地战略规划；其次，考虑房产自营与销售的差异性，做好税收筹划；最后，开启房地产自持经营的多种商业模式。本方案还给出关于房地产企业的36个税务风险点。

一　天源置地集团基本情况分析

天源置地集团（以下简称“天源集团”）从建筑工程施工起步，经过二十余年发展，逐步形成了集住宅、商业和写字楼开发于一体的颇具行业影响的企业集团。目前，集团下辖八家子公司和两家参股公司。天源集团以超前的发展战略，在不断创新中前进，发展成为一家奉献精品地产、具有核心竞争力的现代化企业。

天源集团的税务政策及纳税状况如下：集团开发的地产项目缴纳5.5%的营业税及附加、25%的企业所得税，以及预缴1%的土地增值税。其他如印花税、土地使用税、房产税等按照正常情况缴纳。根据《天源集团各公司2009年度纳税统计表》分析可知，2009年度天源集团缴纳税收总额为3.067 6亿元，其中营业税及附加为2.109 8亿元，占68.78%；企业所得税为0.548 5亿元，占17.88%；土地增值税为0.355 5亿元，占11.59%。这三大税占集团纳税总额的98.25%。对比中国房地产业税负结构比率，未来天源集团项目清算期间需缴纳更多的企业所得税和土地增值税。

面对激烈的资源竞争、繁重的税收负担和不确定的环境，天源集团亟须规划其财务战略，开展税收筹划，以全新的思维应对宏观经济之变局。

二 天源集团财务战略构想与筹划

（一）收益规划

天源集团作为母公司，全资控股或者参股其他项目公司，是典型的以投资为核心业务的控股公司。利润的分配依赖项目运作的效果，有时甚至需要等待很长时间才能分回投资利润。由于天源集团没有直接投资项目，形成无收入或无持续收入的局面，因此无法实现其所耗成本费用的抵税效应。出于这种考虑，天源集团后期再征用土地，宜直接投资开发项目，或者享有近期的利润分配或及时的分红额，以实现成本与收益的配比。

（二）土地战略规划

从税收的角度分析，天源集团购买土地进行开发经营涉及税种的多寡及税负率的大小受其经营环节、开发项目增值率等因素的影响。因此，天源集团应根据旗下子公司的控股情况、业务状况以及未来发展趋势，充分考虑税收因素的影响，进行周密的土地战略规划。具体建议如下：

1. 控制集团购买土地数量，减少土地流转环节

土地流转的环节越多，所需缴纳的税收就越多。因此，天源集团总部征地开发所形成的收入只要能将集团的成本费用消化掉即可，并不必要大量购地与频繁开发，而保证集团仅行使控股母公司职能即可。反之，如果以天源集团名义征地太多，可能会因各种因素而不能实现全面开发，就会形成一定的土地闲置和浪费，而如果再将土地转让给其旗下的任一子公司完成后期开发，都会形成土地流转环节的税收。

2. 征地主体的确定及“多点布局”战略

根据土地的具体用途决定征地主体，这是防止未来土地流转引致税务风险的一项重要举措，具体战略建议如下：

(1) 预计各子公司存在的收益差异，考虑确定征地主体，决策的基本原则是盈亏互抵、实现收益均衡。

(2) 土地的摆放最大程度地遵循“多点布局”原则，即同时设置多个开发基地，根据税负差异的区位状况，采取合作开发或兼并收购等模式多点运作，联合开发。

(3) 天源集团实现借壳上市后，可以充分发挥资本运营技术，在母公司和各子公司之间探索“合作开发”、“联合持股”、“债权投资”等方式构建“资金渗透—股份增补转退”联动机制，充分发挥资本运营的效能。

(三) 房产销售与自营模式的战略选择

1. 自营房产与销售房产的税收负担比较与分析

表 4-1　　自营房产与销售房产的税收负担比较

项目	房产自营（以出租为代表）	房产销售
营业税	5%（按照租金收入缴纳）	5%（按照销售价款缴纳）
城建税及附加	7%+3%（以营业税额为基数计算）	7%+3%（以营业税额为基数计算）
土地增值税	/	根据增值率划分，税率分别为30%、40%、50%、60%。
印花税	0.1%（以租赁时财产租赁合同的千分之一计算）	0.05%（转让时按照产权转移书据所列金额的万分之五计算）
城镇土地使用税	北京市纳税等级划分六级，每平方米的年税额分别为：一级土地 30 元；二级土地 24 元；三级土地 18 元；四级土地 12 元；五级土地 3 元；六级土地 1.5 元。	/
房产税	12%（以房产租金收入作为税基计算）	/
企业所得税	25%	25%

开发房产的目的主要有两个：一是通过转让或销售而获取开发利润，二是为了持有房地产而用于赚取租金或增值。以下进行销售房产与自营房产的优劣比较分析：

（1）销售房产的优势分析。

第一，减少印花税的支出。销售行为的印花税税率为万分之五，大大低于自营行为的千分之一。

第二，在利润率较低的情况下，有利于实现集团总体税负的下降。若项目利润低，选择销售行为，虽然要缴纳土地增值税，但税负很低。同时，企业所得税的支出也会很少。而在这种情况下，若选择自营行为，虽然不需缴纳土地增值税，但需缴纳房产税和城镇土地使用税，特别是出租业务，房产税为出租收入的12%。因此，在利润较低的情况下，应选择销售行为。

（2）自营房产的优势分析。

第一，延迟营业税的缴纳及相关现金流出。虽然销售与自营产生的营业税涉及的税目不同，但从较长的期间来看，销售取得的销售收入与自营取得的自营收入是一致的，只不过这个期间有长有短，可能是20年，也可能是30年。因此，相应的营业税支出，销售行为是在销售时一次性缴纳，而自营行为是在较长期间内分次缴纳的。从这一点上看，自营有利于延迟营业税的缴纳和控制现金流。

第二，在利润率较高的情况下，自营行为有利于降低总体税负。若项目的利润率很高，选择销售行为不可避免会产生大量的土地增值税和企业所得税支出。在这种情况下，若选择自营行为，不需缴纳土地增值税，同时也不会形成销售收入而缴纳大量的企业所得税。自营房产（出租业务）会取得一定的利润，但这部分利润一般长期均衡流入企业，企业所得税自然会分期递延。

2. 房产自营与房产销售模式选择的决策建议

（1）对于销售还是自营的选择，关键取决于开发项目的利润率状况。基本决策规律是：利润高的选择自营模式，利润低的选择销售模式。但对于具体项目，还需要经过相应严密的税负测算结果来决策。这里根据收益折现原理，构建销售与自营的 NPV 决策模型如下：

销售房产的价格为 P，数量为 Q，房产的单位建造成本为 C，开发期间的费用总额为 F，房产销售缴纳的土地增值税为 M，房产自营预计每年的收益额为 L，销售不动产营业税税率为 T_1，企业所得税税率为 T_2。则有：

$$NPV\text{销售} = PQ(1-T_1)-[PQ(1-T_1)-CQ-F]T_2-M-(CQ+F)$$

$$NPV\text{自营} = \sum[L(1-T_2)(1+r)-n]-(CQ+F)$$

（2）在销售与自营模式的选择时，除考虑税负因素之外，还要考虑宏观政策的变动趋势、现金流状况、市场风险等因素。我们经过细致测算，目前房地产行业平均来看，自营模式所负担的税收相对于销售模式所负担的税收要低一些。但是，我国目前房产税制改革如箭在弦，未来的改革趋势必然会增加持有房产环节的税收，如物业税、房产税等。因此，在确定自营房产比例时应将这一因素考虑进去，未雨绸缪，以防未来风险。

（四）自持物业框架下的经营战略规划

1．提升自持物业的商业运营价值与战略转型

随着时代的发展，自持物业出现更多的经营形态，如写字楼、豪华酒店、购物中心、娱乐中心、大型会所、餐饮中心、工业厂房、仓库等。自持物业体现着地产公司的增值潜力和可持续发展能力。

长期持有物业是商业地产发展的战略方向。目前，房地产业尤其是商业地产领域，逐渐意识到开发项目“卖掉就走”战略的弊端，开始实施“长期自持物业”的战略转型，并快速发展物业管理公司，延长价值链，不断提升利润空间。但需要注意的是：对于自持物业，最忌急功近利，不要幻想在短期内实现大额利润。

2．减少出租方式，亟须调整业态结构比重

现行房产税制规定，企业自用的房产按房产原值扣除10%～30%后的房产余值，每年按1.2%的税率计征房产税；出租房产则按照租金收入的12%计征房产税。房屋的租金一般是根据租赁市场的行情予以确认，因此，与历史成本基础的从价计征相比，从租计征的税负明显偏高。且房产出租

除缴纳房产税外，还要缴纳营业税、印花税、城镇土地使用税等其他税费，使得房产出租行为的综合税负非常高。因此，建议自持物业在现行房产税制下进行经营模式的整合与调整，适当减少出租经营结构总量，增加联营或者自营形式的业态结构总量。总之，合理调整业态结构比重极为关键、极为重要。

3. 变出租为承包经营

如果企业以自己的名义领取营业执照和税务登记证，将房屋承租人招聘为经营人，将房屋出租行为变为自营再承包出去，获取承包收入，那么原有的自持房产就可以按从价计征方法征收房产税，规避较高的房产租金和较高的房产税，也合理避免了流转环节营业税及其附加，从而减轻了企业的税收负担。

4. 合理分解租金

由于租赁收入涉及营业税及其附加、房产税、企业所得税等，税负较重，而物业管理费只缴纳营业税及其附加，相比较而言，物业管理费税负较轻。因此，房地产企业可以把租金收入合理划分成租赁收入和物业管理费收入，尽量加大低税负收入（物业管理费）的比例，降低高税负收入（租赁收入）的比例。这样就可以有效降低企业房产租赁的实际税负。具体操作步骤如下：

（1）房地产企业投资成立一家物业管理公司。

（2）该物业管理公司要取得尽可能高的物业管理资质，因为资质越高，允许收取的物业管理费的价格越高。

（3）由房地产企业收取租金，由物业公司收取物业管理费。

5. 售后返租模式选择的筹划

在售后返租模式中，房地产企业将其开发的商铺或商务楼、宾馆、度假村等物业划小面积，分散出售给投资者（购买者）。随后，房地产企业再与投资者（购买者）签订返租合同，交由房地产企业统一经营或统一招租，租赁期限 3 至 10 年不等。在返租期内，投资者可获得房地产企业每年以购房总价款的 8%至 10%甚至更高利率支付的租金。返租期满后，投资者可自由处理所购物业：或转租，或转卖，或自主经营，或要求房地产企业原价回购。

在售后返租模式下，存在两种操作方式。

方式一：转租方式。

首先，投资者（购房者）将房产出租给房地产企业。投资者（购房者）需要缴纳营业税和房产税，分别按租金收入（购房者购房价格的8%）的5%和12%计算缴纳。

其次，房地产企业再将房产出租给使用者。房地产企业同时也需要缴纳营业税和房产税，也是分别按租金收入的5%和12%计算。

同样是将房产出租给使用者，转租方式存在两个出租关系，也就需要缴纳两遍营业税和房产税。因此，降低购房者和房地产企业总体税负的关键是简化出租关系。房地产企业应采取合理的筹划，将两个出租关系转变为一个出租关系。

最有效的方法是将购房者与房地产企业的出租关系转变为代理关系，同时将房地产企业与使用者的出租关系转变为购房者与使用者的出租关系。房地产企业采取的这一方式，具体操作与纳税情况如下：

方式二：购房者需要按出租收入（购房者购房价格的8%）计算缴纳营业税和房产税，税率分别为5%和12%。

房地产企业需要按超过购房价格8%以外的租金收入计算缴纳营业税，税率为5%。

这样一来，不仅规避了按返租价格计征的房产税，而且将按返租价格计征的营业税转变为按照超过返租价格以外的租金收入计算缴纳的营业税。购房者和房地产企业的总体税负将得到很大幅度的降低。

6. 多经营模式并举：实现最优资产组合

在宏观经济调控之下，房地产业的可持续经营能力面临挑战，依靠内生资金提升业绩、扩展规模的企业更容易得到投资者的亲睐。而内生资金主要来源于自持物业产生的源源不断的收益。自持物业不同经营模式的最优资产组合将成为房地产企业现金流的“稳定器”。比如，天源集团可以开展酒店经营、超市经营等不同业态营运模式，兼顾现金流均衡、税收负担及资产增值的多重效应。

7. 房产金融产品化是未来房地产业发展的长远趋势

实现房产金融产品化，将会降低房产的经营风险，增加收益及其稳定性，实现地产业的长远发展。通过发行公司债券、通过股票市场融资，通过房地产信托完成房地产业的金融产品化，是未来的战略发展之路。

（五）销售方式选择的纳税战略筹划

1. 销售方式的税务及风险情况比较

房地产业开发产品完成后，对外销售方式主要有三种：直接销售方式、向购买者投资方式和转让子公司股权方式。三者涉及的税种和税负情况比较如表 4-2 所示。

表 4-2　　不同销售方式下的税负与风险比较

销售方式	征税情况	税负状况	适用范围	操作过程与风险
直接销售	营业税、城建税及教育费附加、土地增值税、印花税、企业所得税	最高	所有情况均适用	操作简便，无操作风险
向购买方投资	1. 企业所得税 2. 土地增值税 3. 印花税	较高	开发产品为商业地产。可在开发后确定购买者，但购买者为法人企业。开发产品可分割转让	操作复杂，操作风险较高
转让子公司股权	1. 印花税 2. 企业所得税	较低	开发产品为商业地产。开发前必须确定购买者。开发产品须整体转让	操作简便，有一定操作风险

三种销售方式的纳税情况、优劣状况分析如下：

（1）直接销售方式。

直接销售方式涉及的税种较多，税负较重，但是它适用于所有情况。

（2）向购买方投资方式。

向购买方投资方式，即房地产企业将开发完成的产品以实物资产的形式投入到购买方（企业），取得购买方（企业）的股权后，再将所持有的股权按照双方确定的售价转让给购买方（企业）的股东，同时收回资金的运作方式。

该方式选择范围受限，一般不适用于自然人购买的住宅产品，而比较适合于企业购买的商业地产，如写字楼、商务用房、酒店等。从税收角度考虑，通过向购买方投资方式进行销售，需要缴纳土地增值税、企业所得税和股权转让环节的企业所得税，但不需要缴纳营业税[1]。

这种方式下，虽然房地产企业不用缴纳营业税，但视同销售产生的企业所得税和股权转让产生的企业所得税存在双重纳税问题，多征的企业所得税有可能大于少缴的营业税。因此，一般情况下，房地产企业不宜采用向购买方投资方式进行销售。

（3）转让子公司股权方式。

即房地产企业先投资成立子公司，通过子公司完成项目的开发，然后再将子公司的股权转让给购买方（企业），同时收回资金。开发产品一般不能为住宅物业，适合于商业地产的运作，如写字楼、商务用房、酒店等，且这种开发产品适合于整体转让。

从税收角度分析，通过转让子公司股权方式进行销售，只需要缴纳股权转让环节的企业所得税，而不需要缴纳营业税和土地增值税。而作为房地产企业来讲，营业税和土地增值税是其面临的负担最重的两个税种。因此，采用转让子公司股权方式比直接销售方式要减少大量的税款支出，从而能为企业带来大量额外的收益。

2. 销售方式选择的战略筹划策略

对于直接销售方式、向购买方投资方式以及转让子公司股权方式，在其适用范围、税负情况以及操作过程等方面均有很大的不同。天源集团应

[1] 现行税法规定，以不动产投资入股，参与接受投资方利润分配，共同承担风险的行为，不征收营业税。在投资后转让其股权的行为也不征收营业税。具体参见《财政部、国家税务总局关于股权转让有关营业税问题的通知》（财税〔2002〕191号）。

根据项目的实际情况，选择合理方式进行操作，既要追求税负的最低化，又要保证操作环节的安全性。

（六）上市运作的涉税规划

“买壳上市”是一种周期短、成本低、收益大的资本运作手法，有利于企业成功获得法律上市资格，并通过资本市场融资，为企业的长远发展提供资金保障。企业上市带来资产的增值收益，但高收益必然伴随着高风险，“买壳上市”必须规避运作中的相关涉税风险。

1. 买壳的税负控制

买壳上市可分为“买壳—借壳”两步走，即先收购控股一家上市公司，然后利用这家上市公司，将买壳者的资产和业务通过配股、收购等机会注入上市公司。“买壳上市”必须先买壳，买壳涉及印花税、投资溢价所得税等税负。

2. “买壳上市”的反收购涉税控制

天源集团“买壳上市”运作过程中，先买壳，买壳后再借壳上市，即将自身的业务和资产并入上市公司，一般采取反向收购的方式来完成。资产重组过程中，一般会涉及并购重组的税务问题。按照财税〔2009〕9号文件规定，采取股权置换方式实现并购重组一般免征所得税。

3. 上市后确定最佳资本结构

（1）企业要想提高权益资本的收益水平，就应当提高负债比率。而负债比率的提高是以息税前投资收益率大于债务利息率为前提的。

（2）随着负债比率提高，企业的财务风险也随之增加。企业在利用债务融资时需要综合考虑，既要最大可能地减轻税负，又要使资金成本最低，寻求一个负债最佳规模，从而达到最优资本结构。

（七）节税模式下的薪酬战略设计

现代公司竞争与发展的关键是人才。公司应该建立相对健全的薪酬体系以激励员工、吸引优秀人才。由于收入存在明显的税收调节效应，因此，天源集团在制定自己的薪酬激励方案时，必须考虑税收问题，即将薪酬激励与税收筹划加以综合权衡，实现薪酬效能最大化。

1. 为职工提供福利性支出

采用非货币福利办法，提高职工福利待遇，如免费为职工提供宿舍（公寓）；免费提供交通便利；定期提供教育福利、外出学习考察机会等。上述开支由企业替个人支付，且实现税前扣除，以加大企业所得税的扣除力度，同时减少个人所得税。

2. 车辆使用模式

（1）公车私用。

公司拥有车辆的产权，车辆的使用权让渡给高管或员工。与车辆花费有关的全部费用，均可进入公司的账务。这种处理方法从节税角度分析，对公司和个人较比较合适。

（2）私车公用。

私车公用，允许单位以现金、报销等形式向职工个人支付的收入，均视为个人取得公务用车补贴收入。《国家税务总局关于个人所得税有关政策问题的通知》（国税发〔1999〕58 号）规定：个人因公务用车制度改革而取得的公务用车补贴收入，扣除一定标准的公务费用后，按照“工资、薪金所得”项目缴纳个人所得税。公务费用扣除标准由当地政府制定，如当地政府未制定公务费用扣除标准，按交通补贴全额的 30%作为个人收入扣缴个人所得税（具体参见《关于个人因公用车制度改革取得补贴收入征收个人所得税问题的通知》（国税函〔2006〕245 号））。

3. 成立工会以外的群团组织

集团铸造“企业文化”，营造沟通氛围，成立工会以外的群团组织，开展活动，增加期间费用。比如摄影协会、企业文化与体育协会等。

4. 加大股东及持股高管人员工资薪金额度，减少分红额

由于工资薪金与分红额的税收待遇存在极大差异，酌情转化部分分红额，增加股东及持股高管人员的工资薪金额度，降低企业所得税和个人所得税的联合税负。

三 天源集团财税难题解决方案

（一）投资溢价问题的处理

天源集团以购买股权的形式对外投资，存在典型的投资溢价问题。例如，昆山川水、世颂地产等项目，都存在不同程度的投资溢价。投资溢价的弊端在于虽然集团投资额能够予以反映，但在项目清算时不能将投资额反映在项目的投入成本中，对项目清算起不到任何增加成本费用抵减企业所得税和土地增值税的效果。因此，我们认为，未来再进行股权投资时，可以考虑多支付些后期合作费用，避免溢价收购项目股权，即通过投资费用化模式增加项目的成本费用，不仅可以实现费用抵减所得税，而且控制项目增值率降低土地增值税。

（二）两方合同，三方付款问题

天源集团在购买材料交易中，存在典型的“两方合同一三方付款”问题。譬如，天源集团把工程项目承包给施工方，但施工方把其中的材料转包给另外一家材料供应商，并由该供应商开具材料价款发票，而施工方只按施工价款开具建筑业发票。发票开具与传递没有问题，但发票与合同却存在明显矛盾。因此，购买交易存在较大的税务风险，必须根治这种现象。

例证：北京建瑞天源房地产开发有限公司（委托方）在朝阳区建造的“财富国际中心发展项目西塔标段”的高档写字楼项目就委托北京京源建筑装饰工程有限公司（受托方）实施精装修工程，受托方与康利工艺石材有限公司（供应商）签订工程石材采购合同（具体合同文本见《北京市建筑工程材料采购合同》，合同编号：CY－008），委托方、受托方以及供应商还就此石材供应签订三方结算协议（具体合同文本为《限定单价材料——石材供应货款直接支付三方协议》）。但我们认为，由于仅由三方合同约定三方结算事宜，而不顾原来的工程施工合同和采购合同的条款，势必造成合同与结算的脱节导致业务活动、财务程序与合同严重不符。因此，存在较大的财务结算风险与税务风险。

处理方略：签订彻底的三方合同，即把工程合同、采购合同、结算合同统一签订在一份相对清晰完整的合同之中，明确各方当事人的权力、责任和义务。这样，就可以实现各收各的款、各做各的事、各开各的票、各缴各的税，彻底厘清责权利关系。因此，当天源集团存在工程项目“转包”、“分包”现象，第三方材料供应，以及结算代收代付款项时，就容易产生重复纳税问题。三方（或多方）合同的作用就在于减少业务活动、财务程序与合同严重脱节的问题，彻底规避财税风险，合理消除重复纳税问题。

四　天源集团税务风险因素分析与防范策略

（一）房地产业税务风险涉及的主要方面

天源集团属于房地产行业，是一个税务风险偏高的特殊行业，其特点是生产周期长、投资数额大、市场风险不确定。它的开发经营活动不同于一般的建设单位或施工企业，也不同于一般的工商企业，它集房地产开发建设、经营管理和服务为一体。因此，在财税运作过程中税务风险偏高，面临的税务风险如表 4-3 所示：

表 4-3　　房地产开发企业 36 项税务风险揭秘

风险源	风险表现
1. 收入方面	（1）销售收入（包括预收收入）长期挂往来账，或隐匿收入，或不作/不及时作账务处理，或直接冲减开发成本。 （2）分解售房款收入，将部分款项开具收款收据，隐匿收入。 （3）在境外销售境内房产，隐匿销售收入。 （4）私建违建阁楼、车库、仓库，对外销售使用权开具收款收据，隐匿收入。 （5）价外收费等按合同约定应计入房产总值的未按规定合并收入。多以代收费用的形式挂往来账户；或者在代建工程、提供劳务过程中节约的材料、报废工程和产品的材料等留归企业所有，不确认实现收入。 （6）无正当理由，以明显偏低价格将商品房销售给本公司股东及相关联企业及个人。 （7）产品已完工或者已经投入使用，预收款不及时结转销售，不按完工产品进行税务处理，仍按预征率缴纳所得税。 （8）将开发产品用于捐赠、赞助、职工福利、奖励、对外投资、分配给股东或投资人、以房抵偿债务、换取其他单位和个人的非货币性资产

续表

风险源	风险表现
	等。在开发产品所有权或使用权转移时，未按视同销售申报纳税。 (9) 开发的会所等产权不明确，就转给物业，不按开发产品进行税务处理，或者将不需要办理房地产证的停车位、地下室等公共配套设施对外出售不计收入。 (10) 整体转让"楼花"不作收入。即开发商将部分楼的开发权整体转让给其他具有开发资质的企业，按照约定收取转让费，却不按规定作收入，而是挂往来账，甚至私设账外账。 (11) 按揭销售，首付款实际收到时或余款在银行按揭贷款办理转账后不及时入账，形成账外收入，或将收到的按揭款项记入"其他应付款"等科目。 (12) 售后返租业务，以冲减租金后实际收取的款项计收入。 (13) 旧城改造中，房地产企业拆除居民住房后，补偿给搬迁户的新房，对偿还面积与拆迁面积相等的部分、超面积部分以及差价收入没有合并收入计算缴纳所得税。 (14) 以房抵工程款、以房抵广告费、以房抵银行贷款本息、以动迁补偿费抵顶购房款等业务，不计收入。 (15) 以房换地、以地换房业务未按非货币交易准则进行处理。 (16) 与部队、村委会等单位联建商品房，隐匿收入。 (17) 采取包销方式，未按包销合同约定的收款时间、金额确认收入。一些开发企业与包销商签订包销合同，约定一定的包销金额，包销商负责销售，开发商负责开票。有的包销商在销售过程中，采取部分房款由开发商开具发票、其余房款直接以现金收取或开具收款凭据，隐瞒销售收入。 (18) 签订精装修商品房购销合同，对装修部分的房款开据建筑业发票，少缴营业税。
2. 成本费用方面	(19) 发生销售退回业务，只冲记收入，不冲回已结转成本。 (20) 从外地虚开材料采购发票，或到税负较低的地区申请代开发票，或者使用假发票入账。 (21) 多预提工程费用，虚列开发成本。 (22) 在结转经营成本时，无依据低估销售单价，虚增销售面积，多摊经营成本。 (23) 滚动开发项目，故意混淆前后项目之间的成本，提前列支成本支出。如有的企业将正在开发的未完工项目应负担的成本费用计入已经决算或即将结算的项目，造成已完工项目成本费用增大，减少当期利润。 (24) 向关联企业支付高于银行同期利率的利息费用；或向关联企业支付借款金额超过其注册资金50%部分的利息费用，未按规定调增应纳税所得额。 (25) 将开发期间财务费用列入期间费用，多转当期经营成本。 (26) 有的开发企业将拥有土地使用权的土地进行评估，按增值巨大的评估价作为土地成本入账。

续表

风险源	风险表现
	(27) 巧立名目虚列成本。如利用非拆迁人员的身份证，列支拆迁补偿费。 (28) 虚构施工合同，骗开建安发票。 (29) 白条列支成本现象比较严重。
3. 其他方面	(30) 故意拖延项目竣工决算和完工时间，少缴土地增值税。由于房地产企业利润率高，而土地增值税预征率相应较低，故意拖延项目竣工决算时间，躲避土地增值税结算，延迟纳税。 (31) 少计商业网点、公建收入，或错用预征率，少缴、不缴土地增值税。 (32) 虚列劳务用工人数，偷逃个人所得税。 (33) 未按规定缴纳开发期间的土地使用税。 (34) 将未出售的商品房转为自用、出租、出借，未缴纳房产税。 (35) 未按规定申报缴纳契税。 (36) 联建、集资建房、委托建房业务，不按相应政策规定缴纳营业税。

(二) 天源集团三大税种的税务风险因素分析与防范

1. 营业税纳税风险分析

营业税是对房地产企业有偿转让不动产而征收的一种税。对于房地产企业来说，影响营业税纳税风险的主要因素有以下几种：

(1) 开发产品的处理方式。

房地产企业对开发产品有两种不同的处理方式，一种是对外销售，一种是长期持有。营业税是对有偿转让行为进行征税，因此，如果企业选择对外销售则应缴纳营业税，而持有开发产品，则无需缴纳开发环节的营业税。

(2) 开发产品的销售价格。

营业税是按销售收入作为计税依据，因此，企业确定的销售价格越高，企业缴纳的营业税也就越多。

(3) 开发产品的转让方式。

开发产品的转让方式一般有三种：

一是有偿转让方式，需按转让所得计算缴纳营业税；

二是受托代建方式，即房地产企业受购买者的委托而建设项目，建设完成后移交给购买者，这种方式需按收取的代建费计算缴纳营业税；

三是投资入股方式，即房地产企业将开发完成的产品以实物资产的形式投入到购买企业。根据规定，以不动产投资入股，参与接受投资方利润分配，共同承担风险的行为，不征营业税。

以上这三个因素是决定房地产企业营业税税负的关键因素，因此也是税务风险控制的关键环节，必须进行税负测算和方案选择以降低税收负担及纳税风险。

2. 土地增值税纳税风险分析

土地增值税是对房地产企业转让房地产所取得的增值额征收的一种税。对于房地产企业来说，影响土地增值税纳税风险的主要因素有以下几种：

(1) 开发产品的处理方式。

根据土地增值税政策的规定，对外销售需计算缴纳土地增值税，而如果房地产企业对开发产品长期持有，则无需缴纳土地增值税。

(2) 开发产品的销售价格。

土地增值税是按房地产增值额作为计税依据，而开发产品的销售价格直接决定了增值额的大小，因此，企业确定的销售价格越高，企业缴纳的土地增值税也就越多。

(3) 开发产品的转让方式。

对于在营业税中涉及的三种不同的转让方式，土地增值税政策的规定是：有偿转让方式和投资入股方式需计算缴纳土地增值税，而受托代建方式无需缴纳土地增值税。

(4) 开发产品的成本。

开发产品的成本越低，企业取得的增值额就越大，缴纳的土地增值税也就越多。

(5) 共同成本的分摊方法。

对于企业同时拥有销售物业和经营性物业的情况下，共同成本的分摊方法则决定了销售物业成本的大小，从而决定了销售物业土地增值额以及土地增值税的大小。

3. 企业所得税纳税风险分析

企业所得税是对房地产企业经营所得和其他所得而征收的一种税。对于房地产企业来说，无论是销售还是持有，无论是有偿转让还是受托代建或投资入股，均需计算缴纳企业所得税。因此，开发产品的处理方式和转让方式都不会对企业所得税税负产生影响。

由于企业所得税是对企业经营所得征收的，因此，影响经营所得的收入以及成本水平就是影响企业所得税的关键因素。另外，由于房地产企业在经营过程中是按照预计毛利额计算缴纳企业所得税，因此，影响预计毛利额的因素也将影响企业最终企业所得税纳税总额的大小。总之，企业所得税纳税风险影响因素主要有以下几种：

（1）开发产品的销售价格。

企业确定的销售价格越高，企业的经营所得就越大，缴纳的企业所得税也就越多。

（2）开发产品的成本。

企业开发产品的成本越大，企业的经营所得就越小，缴纳的企业所得税也就越少。

（3）开发产品的预售时间和进度。

开发产品预售时间越早，按预售收入预缴企业所得税的时间就越早。同样，开发产品预售收入越大，预缴的企业所得税也就越多。

（4）开发产品的竣工时间。

税法规定，开发产品竣工后，企业应对预缴的企业所得税进行清算，一般情况下，企业在清算时要补缴很大一笔企业所得税。因此，开发产品竣工的时间越早，清算补缴税款的时间也就越早。

对于房地产企业而言，营业税、土地增值税以及企业所得税是最主要的纳税支出项目，因此，这三大税种的税务风险即是房地产企业总体税务风险的深刻反映。

三大税种的纳税风险因素分析如图 4-1 所示。

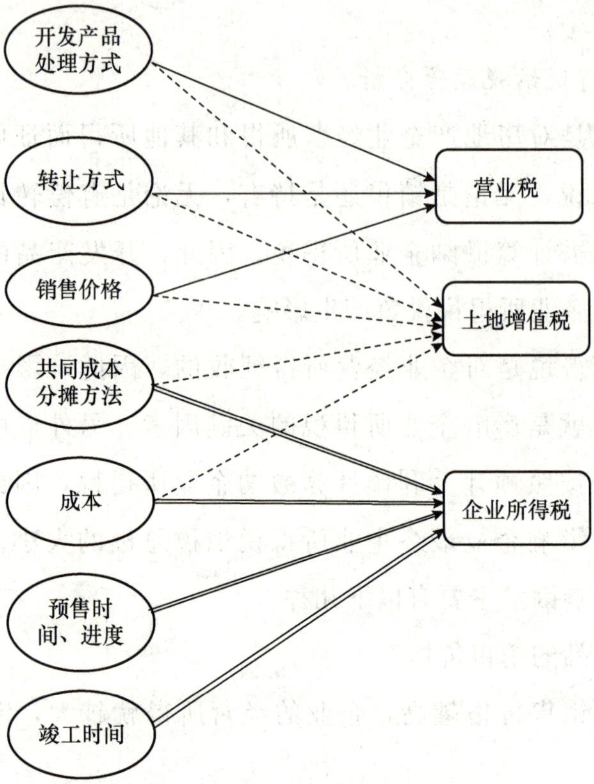

图 4-1 三大税种的纳税风险因素分析

从图 4-1 可以看出，图中的七个因素是影响房地产企业纳税风险及纳税结果的关键因素。这七个因素是天源集团在开发项目过程中必须予以重点关注的。天源集团纳税风险的降低与税收筹划的关键就是对这些因素进行具体选择，确定一个最优的组合，以达到实现综合税负最小化的目的。

附件：

相关财税法规与数据资料

（一）财税法规

1. 财政部、国家税务总局关于企业资产损失税前扣除政策的通知（财税〔2009〕57 号）

2. 国家税务总局关于调整个人取得全年一次性奖金等计算征收个人所

得税方法问题的通知（国税发〔2005〕9号）

3. 国家税务总局关于个人因公用车制度改革取得补贴收入征收个人所得税问题的通知（国税函〔2006〕245号）

（二）数据资料（存目）

4. 北京天源集团手册

5. 天源集团控股结构图

6. 北京市建筑工程材料采购合同（合同编号：CY－008）

7. 限定单价物料——石材供应货款直接支付三方协议

8. 天源集团各公司纳税统计表

方案五

天勤宏博房地产公司税收筹划方案

方案导读

本方案从财税风险识别角度探讨房地产企业的税务规范问题，其中涵盖以下方面：

1. 做账规范问题：(1) 发票违规问题；(2) 内部控制制度问题；(3) 凭证书写不规范问题。

2. 账务处理问题：(1) 开发间接费用的账务处理问题；(2) 固定资产折旧账务处理问题；(3) 临时售楼处及办公场所房产税问题。

3. 重大涉税风险及解决方案：(1) 成本分摊问题；(2) 拆迁补偿费及拆迁还房的税务问题。

本方案主要集中在收入、成本、费用等损益确认方面深入分析税收筹划操作方法，并从税负测算角度衡量开发项目的土地增值税及所得税税负率。

第一部分　总报告

一　宏博御景项目概况及主要指标

(一) 宏博御景项目概况

宏博御景项目总占地 11.54 公顷，建设规模 22.8 万平方米，计划总投资3.53亿元人民币，总建设工期3年，分三期开工建设。目前一期已经建完，二期三期在建。

（二）重要项目数据及经济指标

1. 规划建筑面积

项目建筑控制规模约：228 000平方米，其中住宅面积：202 400平方米，商业用房面积：25 600平方米。

2. 总投资

宏博·御景住宅小区总投资3.53亿元人民币。

3. 总建设工期

总建设工期3年。

4. 其他技术指标

建筑层数：6～18层；

建筑控制高度：18～52米；

容积率：2.40；

居住户数：1 472户；

住宅停车泊位：1 000辆。

二　财税风险识别及对策

（一）做账规范问题提示

1. 发票违规问题

经过调查，我们发现违规发票的类型如下：

（1）发票单位名称为个人（通讯费、燃油费发票除外）。

（2）无公章的发票。

（3）收据（除资金往来外，都必须取得正规发票）、白条。

（4）假发票。

（5）大额的办公用品发票无明细。

2. 内部控制制度问题

（1）要建立规范的财务制度。

（2）应确定审批权限。

（3）支出单、报销单、借款单可以采用自制凭证、格式统一；经手、出纳、审核、审批等相关人员必须签字或盖章。

3. 凭证书写不规范

（1）使用旧的科目名称（例如："现金"应为"库存现金"；"应付工资"应为"应付职工薪酬"等）。

（2）凭证如果在过账前发现错误，可以重新补充，但不可以涂抹。如果过账后发现错误，采用红字更正法、补充登记法等进行更正。

（3）相关人员签名或盖章。

提示：以上问题，需要逐一检查，务必符合会计处理的要求。

（二）账务处理问题

1. 开发间接费账务处理问题

风险分析

企业把应记入"开发间接费"中的费用误记入"管理费用"中，导致账务处理错误。

错误影响

期间费用多计，开发成本少计。不影响所得税，影响土地增值税，导致增值额多计，多缴土地增值税。

解决方案

首先，调整账务处理。

其次，成立项目部门，把项目部门的工资、福利费、办公费、水电费、低值易耗品等统一调整记入"开发间接费——其他"中。

参考政策

开发间接费：与项目开发直接相关、但不能明确属于特定开发环节的成本费用性支出；以及与项目推广销售有关但发生在楼盘开盘前的费用支出。

（1）工程管理费。

A. 行政管理费：直接从事项目开发的部门的人员的工资、奖金、补贴等人工费以及直接从事项目开发部门的行政费。五级明细参考“管理费用”明细科目。

a. 工资指开发企业内部独立核算单位现场管理机构行政、技术、经济、服务等人员的工资、奖金和津贴。

b. 福利费指按上项人员工资总额的一定比例（目前为14%）提取的职工福利费。

c. 折旧费指开发企业内部独立核算单位使用属于固定资产的房屋、设备、仪器等提取的折旧费。

d. 修理费指开发企业内部独立核算单位使用属于固定资产的房屋、设备、仪器等发生的修理费。

e. 办公费指开发企业内部独立核算单位各管理部门办公用的文具、纸张、印刷、邮电、书报、会议、差旅交通、烧水和集体取暖用煤等费用。

f. 水电费指开发企业内部独立核算单位各管理部门耗用的水电费。

g. 劳动保护费指用于开发企业内部独立核算单位职工的劳动保护用品的购置、摊销和修理费，供职工保健用营养品、防暑饮料、洗涤肥皂等物品的购置费或补助费，以及工地上职工洗澡、饮水的燃料等。

B. 在建工程抵押费：评估费、公证费、抵押登记手续费、财产保险费。

C. 其他。

（2）营销费用：项目开盘前发生的广告、策划、样板间、售楼中心建设，售楼书、模型等所有营销推广费用。

A. 媒介广告费：电视、广播、互联网、报纸、杂志、公交、电子屏、车站、路牌广告。

B. 样板间：临时样板间的建造、设计、装修以及清洁、保安、维修费用。

C. 其他。

（3）周转房摊销指不能确定为某项开发项目安置拆迁居民周转使用的房屋计提的摊销费。

（4）利息支出指开发企业为开发房地产借入资金所发生而不能直接计入某项开发成本的利息支出及相关的手续费，但应冲减使用前暂存银行而发生的利息收入。开发产品完工以后的借款利息，应作为财务费用，计入当期损益。

（5）其他。

组织结构与税收之间的关系密切，也可以通过组织结构的调整影响税收和财务结果。组织结构调整见附件一：《房地产组织架构及职责》。

2. 固定资产折旧账务处理问题

风险分析

企业的固定资产从2006年开始没有计提折旧额，账务处理错误。

错误影响

少计成本费用，多缴所得税和土地增值税。

解决方案

补提折旧。项目工程部的折旧费，记入“开发间接费用”；管理部门的折旧费记入“管理费用”中，销售部门的折旧费记入“销售费用”中。

制定固定资产折旧表。

3. 临时售楼处及办公场所问题

解决方案

临时售楼处及办公场所的建造成本，应计入开发成本中，由各期按照建筑面积分摊。

参考政策

临时设施的处理：

一般由建设单位或总包单位提供。具体处理如下：(1) 边远地区或工期较长的大型项目，施工所需的临时设施一般由建设单位提供，或由建筑企业作为承包工程进行建设，建成后产权归建设单位所有，而建造费用直接由建设单位支付，并分摊计入建设成本。(2) 由建筑单位向建设单位或总包单位收取临时设施包干费，负责搭建施工所需临时设施。

临时设施一般按照工程项目的工期进行摊销。

售楼处的处理：

(1) 如果售楼处有单独的工程概预算，可单独作为成本对象进行核算，作为自建固定资产处理；

(2) 如果以后作为物业管理用房，因为产权属于全体业主，可作为“开发成本——公共配套设施费”核算；

(3) 售楼处（接待处)、样板房的装修费用，无论数额大小，均计入建造成本。

(三) 重大涉税风险及解决方案

1. 成本分摊问题

风险分析

各期之间成本分摊不准确，各期的住宅与商业之间成本分摊不准确，会导致成本核算项目的增值额不准确，无法通过税务局的清算审查。

解决方案

首先，合理确定成本核算项目，划分各期、分期核算、每期的商业与住宅分别核算。

其次，选择正确的成本分摊方法，按照成本核算项目计算各个成本项目的成本、增值额、增值率、应交土地增值税。

参考政策

成本项目分摊方法一览表

项目	分摊方法
取得土地使用权所支付的金额	按占地面积分摊
开发成本	按建筑面积分摊
利息	按资金占用额及资金占用时间分摊

2. 关于拆迁货币性补偿及还房的土地增值税与营业税问题

风险分析

企业按 1∶0.8 的比例拆迁还房，并没有纳入销售收入总额中，少缴纳了营业税；也造成土地增值税少计相关收入与成本。

解决方案

营业税的处理：对偿还面积与拆迁建筑面积相等的部分，由当地税务机关按同类住宅房屋的成本价核定计征营业税；对超出拆迁建筑面积的部分，则应按《营业税暂行条例实施细则》第二十条规定的顺序确定计税营业额，缴纳营业税。即对于超出拆迁建筑面积的部分，是按照公允价值或市场价格计征营业税的。

土地增值税的处理：按照《国家税务总局关于房地产开发企业土地增值税清算管理有关问题的通知》（国税发〔2006〕187 号）第三条第一款规定确认收入，同时将此确认为房地产开发项目的拆迁补偿费。房地产开发企业支付给回迁户的补差价款，计入拆迁补偿费；回迁户支付给房地产开发企业的补差价款，应抵减本项目拆迁补偿费。

参考政策

根据《关于土地增值税清算管理有关问题的通知》（国税函〔2010〕220 号）规定，房地产企业用建造的本项目房地产安置回迁户的，安置用房视同销售处理，按国税发〔2006〕187 号文件第三条第一款的规定确认收入，即房地产开发企业将开发产品用于抵偿债务、换取其他单位和个人的非货币性资产等行为，发生所有权转移时应视同销售房地产，其收入可以按本企业在同一地区、同一年度销售的同类房地产的平均价格确定，也可以按由主管税务机关参照当地当年、同类房地产的市场价格或评估价值确定。同时将此确认为房地产开发项目的拆迁补偿费。房地产开发企业支付给回迁户的补差价款，计入拆迁补偿费；回迁户支付给房地产开发企业的补差价款，应抵减本项目的拆迁补偿费。

《国家税务总局关于个人销售拆迁补偿住房征收营业税问题的批复》（国税函〔2007〕768 号）规定，房地产开发公司对被拆迁户实行房屋产权调换时，其实质是以不动产所有权为表现形式的经济利益交换。房地产开发公司将所拥有的不动产所有权转移给了被拆迁户，并获得了相应的经济利益。

1. 纳税义务发生时间

房地产开发企业在办理拆迁补偿房产时，营业税的纳税义务发生时间目前没有明确规定，一般认为拆迁补偿的营业税纳税义务发生时间应该为补偿房产竣工并与被拆迁户办理交接手续时。

2. 计税依据

根据《营业税暂行条例》、《国家税务总局关于外商投资企业从事城市住宅小区建设征收营业税问题的批复》（国税函发〔1995〕549 号）、《国家税务总局关于以房屋抵顶债务应征收营业税问题的批复》（国税函〔1998〕771 号）及国税函〔2007〕768 号的规定，纳税人在房地产开发过程中给予拆迁户补偿或安置的房屋，不论其以何种方式结算价款，以及拆迁人取得房屋作何用途，均应属于营业税的征税范围，应按“销售不动产”税目缴纳营业税。基于拆迁房屋行为的特殊性，在营业税的计税依据上，应区分以下两种情形：

（1）根据国税函发〔1995〕549 号和《营业税暂行条例》的有关规定，对偿还面积与拆迁建筑面积相等的部分，由当地税务机关按同类住宅房屋的成本价核定计征营业税，对最终转让时未作价结算的住宅区配套公共设施（如居委会用房、车棚、托儿所等），凡转让收入已包含在住宅房屋转让价格中并已征收营业税的，不再征收营业税。

（2）对超出拆迁建筑面积的部分，则应按《营业税暂行条例实施细则》第二十条规定的顺序确定计税营业额，一是可以按纳税人最近时期发生同类应税行为的平均价格核定；二是可以按其他纳税人最近时期发生同类应税行为的平均价格核定；三是按下列公式核定：营业额＝营业成本或者工程成本×(1＋成本利润率)÷(1－营业税税率)。

三 收入成本费用等损益确定

（一）房产视同销售

房地产开发企业将开发产品用于职工福利、奖励、对外投资、分配给股东或投资人、抵偿债务、换取其他单位和个人的非货币性资产等，发生所有权转移时应视同销售房地产，其收入按下列方法和顺序确认：

（1）按本企业在同一地区、同一年度销售的同类房地产的平均价格确定；

（2）由主管税务机关参照当地当年、同类房地产的市场价格或评估价值确定。

（二）拆迁补偿费及拆迁换房的处理

根据《关于土地增值税清算有关问题的通知》（国税函〔2010〕220号）规定：

（1）房地产企业用建造的本项目房地产安置回迁户的，安置用房视同销售处理，按《国家税务总局关于房地产开发企业土地增值税清算管理有关问题的通知》（国税发〔2006〕187号）第三条第一款规定确认收入，同时将此确认为房地产开发项目的拆迁补偿费。房地产开发企业支付给回迁户的补差价款，计入拆迁补偿费；回迁户支付给房地产开发企业的补差价款，应抵减本项目拆迁补偿费。

（2）开发企业采取异地安置，异地安置的房屋属于自行开发建造的，房屋价值按国税发〔2006〕187号第三条第一款的规定计算，计入本项目的拆迁补偿费；异地安置的房屋属于购入的，以实际支付的购房支出计入拆迁补偿费。

(3) 货币安置拆迁的，房地产开发企业凭合法有效凭据计入拆迁补偿费。

(三) 临时售楼处及办公用房产税问题

风险分析

企业的售楼处及办公室为临时建筑，地方税务局在稽查过程中，要求企业缴纳房产税。

解决方案

企业参照下文规定，与地方税务局协商，争取免征房产税。

参考政策

《关于房产税和车船使用税几个业务问题的解释与规定》（财税地字〔1987〕第003号）第一条规定，对房产的解释如下：房产是以房屋形态表现的财产。房屋是指有屋面和维护结构（有墙或两边有柱），能够遮风避雨，可供人们在其中生产、工作、学习、娱乐、居住或者储藏物资的场所。《财政部、国家税务总局关于房产税若干具体问题的解释和暂行规定》（财税地字〔1986〕第008号）第二十一条规定，凡是在基建工地为基建工地服务的各种工棚、材料棚和办公室、食堂、茶炉房、汽车房等临时性房屋，不论是施工企业自行建造还是由基建单位出资建造交施工企业使用的，在施工期间，一律免征房产税。但是，如果在基建工程结束以后，施工企业将这种临时性房屋交换或者估价转让给基建单位的，应当从基建单位接收的次月起，依照规定征收房产税。

为此，售楼处（不论是永久性或临时性的）若符合上述房产定义，均应按规定缴纳房产税，但如果其符合财税地字〔1986〕第008号文件规定的免税条件，则可以免缴房产税。

（四）前期费用问题

风险分析

目前宏博御景项目的前期开发费用空白，是不正常的情况。产生此情况的原因有以下两种：一是企业把本应记入“前期工程费”的款项支出记入“管理费用”中；二是有大部分的前期工程费没有发票。

解决方案

调整账务处理；补前期费用的发票，并说明延迟开票的原因。

参考政策

前期工程费：在取得土地开发权之后，项目开发前期的水文地质勘察、测绘、规划、设计、可行性研究、筹建、“三通一平”等前期费用。具体见附录所附成本费用明细表格。

（五）政府补助土地返还偿款问题

情况分析

政府共补助土地返还款 7 300 万元，现已到账 5 700 万元。目前企业对此部分补偿款没有缴纳企业所得税。

解决方案

土地返还款的会计处理：从款项的性质来看，由于其无偿性，应该定性该类款项为一笔政府补助收入（政府补助是指企业从政府无偿取得货币性资产或非货币性资产，但不包括政府作为企业所有者投入的资本）。因此，在企业按照正常竞拍程序竞得土地后，已按确定的竞拍价格全额缴纳了土地出让金，并取得了全额发票，其竞拍金额就是其土地成本总额。对于政府另外给予的返还，从票据上来说不是原发票的折让冲回，开具的多是各种名目的财政扶持资金形式的返还。所以企业取得的各种名义的土地返还款不应当直接冲减土地成本，而应作为一项政府补助收入处理。

根据《企业会计准则第16号——政府补助》规定，与资产相关的政府补助，应当确认为递延收益，并在相关资产使用寿命内平均分配，计入当期损益；与收益相关的政府补助，用于补偿企业以后期间的相关费用或损失的，确认为递延收益，并在确认相关费用的期间，计入当期损益，用于补偿企业已发生的相关费用或损失的，直接计入当期损益。

借：银行存款

　贷：递延收益

借：递延收益

　贷：营业外收入

土地返还款的税务处理：对于土地返还款是否征税问题，财税〔2008〕151号及财税〔2011〕70号两份文件对其在企业所得税前的扣除进行了严格的规定。

财税〔2008〕151号文第一条规定："企业取得的各类财政性资金，除属于国家投资和资金使用后要求归还本金的以外，均应计入企业当年收入总额。"同时还规定："对企业取得的由国务院财政、税务主管部门规定了专项用途并经国务院批准的财政性资金，准予作为不征税收入，在计算应纳税所得额时从收入总额中减除。"而企业收到政府的土地返还款，通常不可能属于由国务院财政、税务主管部门规定专项用途并经国务院批准的财政性资金，所以不能作为不征税收入，均应按规定计入当年应纳税所得额，征收企业所得税。这对于刚组建还没有进入正常运营轨道的企业来说，无疑是一笔不小的负担，同时也显得不尽合理。

对此，财税〔2011〕70号文件规定，企业从县级以上各级人民政府财政部门及其他部门取得的应计入收入总额的财政性资金，凡同时符合以下条件的，可以作为不征税收入，在计算应纳税所得额时从收入总额中减除。其条件为：

(1) 企业能够提供资金专项用途的专项拨付文件；

（2）财政部门或其他拨付资金的政府部门对该资金有专门的资金管理办法或具体管理要求；

（3）企业对该资金以及以该资金发生的支出单独进行核算。

不征税收入用于支出所形成的费用，不得在计算应纳税所得额时扣除；用于支出所形成的资产，其计算的折旧、摊销不得在计算应纳税所得额时扣除。

通常情况下，如果不事先与政府进行有效沟通和精心筹划，很难满足上述要求。如无法满足上述三个条件，则土地返还款应当于收到当年并入企业应纳税所得额计算缴纳企业所得税。

特别提醒

对于房地产企业来说，要积极做好筹划，主动与税务部门沟通，避免将土地返还款做成冲减土地成本，造成多缴土地增值税。

企业应积极与政府部门沟通，取得政府部门的配合和理解，通过合法途径使土地返还款满足财税〔2011〕70号文规定条件。对于符合财税〔2011〕70号文规定条件的企业，要注意文件的时限性，为2011年1月1日起开始执行。

（六）注册资本抽逃问题

风险分析

企业注册完公司后不久，即将注册资金抽走挪作他用，在财务上则形成其他应收款一直挂账无法处理。与股东之间的往来款项额度大，时间超过一年。可能涉及行政处罚甚至刑事处罚。

解决方案

抽逃注册资本的合规风险是可以规避的，但需要完备的法律文件，并经公司相关权力部门通过（股东会）。操作方法如下：

（1）公司董事会或股东会通过关于公司向股东贷款的董事会决议。

（2）如果股东是自然人，公司与自然人股东之间签署书面的《借款协议》，并约定借款利息；如果股东为企业法人，则通过银行进行委托贷款，并签署《借款协议》约定借款利息。

（3）依据借款协议，公司向股东支付款项。

参考政策

依照《公司法》的有关规定，公司享有股东投资形成的全部法人财产权，股东以出资方式将有关财产投入到公司后，该财产的所有权发生转移，成为公司财产，公司依法对其财产享有占有、使用、收益、处分的权利。公司借款给股东，是公司依法享有其财税所有权的体现，根据最高人民法院的相关司法解释，自然人股东与公司之间的这种关系属于民间借贷关系，合法的民间借贷关系受法律保护，公司对合法借出的资金依法享有相应的债权，借款的股东依法承担相应的债务。

具体格式参见附件二：《借款合同范本》。

（七）销售收入及营业税问题

风险分析

企业存在大量收入没有开发票，或者开了发票隐瞒收入的问题。隐瞒收入，少缴纳营业税。

解决方案

在土地增值税清算前，把所有的已售款项开具房地产销售发票，把账面上的预收账款结转收入。在清算前，交齐所有的应缴纳的营业税金及附加，以实现在土地增值税前的合法扣除。

操作提示

结转收入与成本时注意已售收入与已售成本的配比。

单位成本＝总成本/可售建筑面积

已售成本＝单位成本×已售建筑面积

参考政策

国税函〔2010〕220号规定：土地增值税清算时，已全额开具商品房销售发票的，按照发票所载金额确认收入；未开具发票或未全额开具发票的，以交易双方签订的销售合同所载的售房金额及其他收益确认收入。销售合同所载商品房面积与有关部门实际测量面积不一致，在清算前已发生补、退房款的，应在计算土地增值税时予以调整。

（八）向非金融企业及自然人融资的借款利息处理

风险分析

企业存在向非金融机构和自然人借款，支付超过银行同期存款利率的利息情况。因为没有正式的民间借贷的协议，企业所得税前不允许扣除。

解决方案

第一，与非金融机构和自然人签订借款协议，规定利率和利率的支付方式。

第二，如果向非金融机构借款，去地方税务局代开发票，缴纳营业税金；如果向自然人借款，支付利息时需要代扣代缴个人所得税。

第三，凭完税凭证和发票在企业所得税前扣除。

参考政策

国税函〔2010〕220号文件。

（九）房地产开发费用的扣除问题

（1）财务费用中的利息支出，凡能够按转让房地产项目计算分摊并提供金融机构证明的，允许据实扣除，但最高不能超过按商业银行同类同期贷款利率计算的金额。其他房地产开发费用，在按照“取得土地使用权所支付的金额”与“房地产开发成本”金额之和的5%以内计算扣除。

（2）凡不能按转让房地产项目计算分摊利息支出或不能提供金融机构证明的，房地产开发费用在按“取得土地使用权所支付的金额”与“房地产开发成本”金额之和的10%以内计算扣除。

全部使用自有资金，没有利息支出的，按照以上方法扣除。上述具体适用的比例按省级人民政府此前规定的比例执行。

（3）房地产开发企业既向金融机构借款，又有其他借款的，其房地产开发费用计算扣除时不能同时适用上述（1）、（2）项所述两种办法。

（4）土地增值税清算时，已经计入房地产开发成本的利息支出，应调整至财务费用中计算扣除。

附件二：《借款合同范本》。

（十）地下车库的问题

风险分析

企业的车库存在两种情况，一是使用地下人防工程；二是住宅楼地下车库。

销售车库企业收款开具了收款收据。

使用人防工程或者地下室改建的车库，属于小区的配套设施，产权归全体业主所有，不能出售。

解决方案

配套设施的成本计入房产地开发成本中。

收取的款项定义为物业管理公司的车库管理费，计入物业管理公司的收入中。超过一个营业周期的管理费收入可以递延，所得税可以分期确认收入，营业税需要在收款当月按全部收款额确认收入，缴纳营业税金及附加。

提示： 收取的车库管理费用是事实收入，应当将收据换成正式的服务业发票。对于房地产开发企业来说，千万不能隐瞒收入，否则会造成偷税逃税。

参考政策

1. 会计准则规定

根据《企业会计准则第21号——租赁》第二十六条："对于经营租赁的租金，出租人应当在租赁期内各个期间按照直线法确认为当期损益；其他方法更为系统合理的，也可以采用其他方法。"

2. 税法基本规定

(1)《中华人民共和国企业所得税法实施条例》(以下简称《实施条例》第十九条："租金收入，按照合同约定的承租人应付租金的日期确认收入的实现。"

(2)《国家税务总局关于贯彻落实企业所得税法若干税收问题的通知》(国税函〔2010〕79号)进一步明确规定了租金收入确认问题，即"应按交易合同或协议规定的承租人应付租金的日期确认收入的实现。其中，如果交易合同或协议中规定租赁期限跨年度，且租金提前一次性支付的，根据《实施条例》第九条规定的收入与费用配比原则，出租人可对上述已确认的收入，在租赁期内，分期均匀计入相关年度收入"。

3. 政策解读

(1) 适用条件。提醒注意的是，可以分期均匀确认收入的租金必须同时具备两个条件：一是合同或协议规定租赁期限为跨年度；二是租金为提前一次性支付。只有同时符合这两个条件的租金收入才可以在租赁期内分期均匀确认当期损益。国税函〔2010〕79号仅仅限定跨期合同租金提前一次性支付这一种情形适用分期均匀确认收入，对跨期后收取租金的规定并没有发生变化，仍然适用《实施条例》第十九条规定。此外文件表述为"出租人可对上述已确认的收入"，意味着企业对收入的确认可以有选择权。

(2) 确认原则。国税函〔2010〕79号文件对租赁期跨期且提前一次性支付的租金收入纳税义务发生时间的确认实际上是对《实施条例》第十九条的实质性改变，而与企业所得税法总体原则即权责发生制和收入与费用配比原则相一致，即《实施条例》第九条所规定的“企业应纳税所得额的计算，以权责发生制为原则，属于当期的收入和费用，不论款项是否收付，均作为当期的收入和费用；不属于当期的收入和费用，即使款项已经在当期收付，均不作为当期的收入和费用”。由于现实生活中租金合同约定租赁期跨年度且租金提前一次性支付的情形比较普遍，如果按照合同约定应付租金的日期来确认所得税纳税义务发生时间，无疑是将纳税人各期应负担的纳税成本提前予以了确认，国税函〔2010〕79 号文件的出台很好地解决了这一现实矛盾，也体现了税法与会计的趋同和衔接。但是国税函〔2010〕79 号文仅仅对提前收取的租金收入确认政策进行了调整，而利息、特许权使用费仍然坚持按照实施条例所规定的合同约定的时间确认纳税义务发生时间。

（十一）甲供材问题

风险分析

企业存在甲供材情况，是企业与材料供应商直接签订的买卖合同，并直接付款给供应商。

解决方案

方式一：发票开具及营业税处理

由于建设方在发出材料时是通过预付账款核算的，没有进入工程成本，因此，施工方应按含甲供材金额开具建筑业发票，并全额缴纳营业税。

此种方式施工企业按含甲供材金额开具建筑施工发票给建设方并确认收入，但甲供材由于是建设方购买提供给施工方的，施工方无法取得发票入成本。采用这种核算方法需要事先征得税务机关的同意，以免施工企业加重企业所得税负担。

方式二：发票开具及营业税处理

由于建设方在发出材料时就直接计入了工程成本，因此，施工方在最终开具建筑业发票时，只能按不含甲供材金额开票，如果按含甲供材金额开票就会导致甲供材料在建设方重复计入成本的情况。但是根据营业税的相关规定，无论怎样开票，甲供材都要并入施工方的计税营业额征收营业税，即施工方都必须按含甲供材的金额缴纳营业税，负税义务与方式一致。

操作建议

企业最好采用方式一处理，注意不能重复入账，把所有的甲供材的发票从企业账务中清理出来，改为建筑安装业的发票入账。因此而导致施工方税负重的问题可以双方协商解决。

参考政策

《中华人民共和国营业税暂行条例实施细则》第十六条

除本细则第七条规定外，纳税人提供建筑业劳务（不含装饰劳务）的，其营业额应当包括工程所用原材料、设备及其他物资和动力价款在内，但不包括建设方提供的设备的价款。

第七条　纳税人的下列混合销售行为，应当分别核算应税劳务的营业额和货物的销售额，其应税劳务的营业额缴纳营业税，货物销售额不缴纳营业税；未分别核算的，由主管税务机关核定其应税劳务的营业额：

（一）提供建筑业劳务的同时销售自产货物的行为；

（二）财政部、国家税务总局规定的其他情形。

附件三：《委托付款合同》。

（十二）没有办理结算的施工费的发票问题

风险分析

企业一定要在土地增值税清算前，取得与开发项目有关的相应票据，否则，土地增值税前不可以扣除。以后再发生的各项费用，也不允许扣除。

参考政策

房地产开发企业在工程竣工验收后，根据合同约定，扣留建筑安装施工企业一定比例的工程款，作为开发项目的质量保证金，在计算土地增值税时，建筑安装施工企业就质量保证金对房地产开发企业开具发票的，按发票所载金额予以扣除；未开具发票的，扣留的质保金不得计算扣除。

解 读

《建设工程质量保证金管理暂行办法》第二条规定：

建设工程质量保证金（保修金）（以下简称保证金）是指发包人与承包人在建设工程承包合同中约定，从应付的工程款中预留，用以保证承包人在缺陷责任期内对建设工程出现的缺陷进行维修的资金。

同时，第七条规定，全部或部分由政府投资的工程项目，发包方可以预留5%的质量保证金，用于缺陷责任期内的维修责任，其他工程参照适用该标准。

根据《营业税暂行条例实施细则》第二十四条第二款规定，所谓索取营业价款凭据的当天，是指书面合同确定的收款日期，而发票开具时间，应当与纳税义务发生时间一致。因此，质量保证金在建设方没有支付给建筑安装企业前，不应该开具发票。

开具发票，清算可以扣除且可以加计扣除20%；未开具发票，则不得计算扣除。清算的政策较为严厉。而企业所得税处理则较为宽松：国税发〔2009〕31号文件第三十二条第二款规定，对未结算的工程款可以按照工程合同金额的10%预提成本。

操作建议

要改变这一困境，开发商应尽可能让利于建筑承包商，即便先支付部分税金也可，索取全部发票入账，方可无清算之忧。

（十三）企业为员工报销手机费

风险分析

公司存在大量的私人手机费报销问题，一部分是实报实销形式，一部分是购买电话卡形式，记入“管理费用”中。企业所得税前不允许扣除，涉及纳税调整。

解决方案

以定额电话卡补贴部分，视同发放的通讯补贴，记入“福利费”。实报实销的通讯费分成两部分，公司规定限额内的记入“管理费用——通讯费”或者“开发间接费”中；超额部分需要计入个人工资总额，代扣代缴个人所得税。

制定个人手机费报销的文件。明确报销的范围与报销的限额。

参考政策

企业发放的通讯补贴应计入职工福利费，按规定比例在税前扣除。对实报实销未作规定。

附件四：《手机费报销制度》。

（十四）私车公用的问题

风险分析

企业把员工私车的相关费用计入了管理费用。企业所得税前不允许扣除。

解决方案

企业与个人签订私车公用的协议，注明车辆的相关费用由企业负担。

参考政策

河北省冀地税函〔2009〕9号规定：企业借用个人的车辆，企业与个人之间必须签订租赁协议，如租赁协议中明确规定该车发生的汽油费、修理费由企业负担的，则相关的汽油费、候车费支出可以在税前扣除。

附件五：《私车公用协议》。

（十五）销售佣金的问题

解决方案

销售收入（含视同销售收入）5%限额内佣金可以在所得税前扣除，记入“销售费用”中；超过限额部分，可以以市场咨询费、调查费等，记入“前期工程费”中。

（十六）拆迁补偿款白条问题

风险分析

货币性补偿部分金额700万元，无合法发票，无法计入开发成本，在土地增值税及企业所得税前扣除。

解决方案

制作补偿款清单和花名册，由收到补偿款的个人签名确认。计入房地产开发成本中的“土地使用及拆迁补偿费”，争取在土地增值税前扣除。

（十七）招待费超标问题

风险分析

企业招待费超标有两种原因：一种是真实发生的招待费很多；二是有记入“管理费用——办公费”中的隐性业务招待费（主要是大额购物卡）。

解决方案

把计入“管理费用——办公费”中的业务招待费调整入“管理费用——招待费”中。

企业所得税汇算清缴时调增应纳税所得额。

$$\left(\text{销售商品收入}+\text{提供劳务收入}+\text{转让无形资产使用权的收入}+\text{财产经营性租赁收入}+\text{视同销售收入}\right)\times 0.5\%$$

=业务招待费税前扣除限额

招待费实际发生额×60%=业务招待费税前扣除限额

适用二者孰低原则。

应纳税所得额调增额=实际入账的业务招待费
−业务招待费税前扣除限额

操作建议

因为房地产企业在建设期间是没有收入的，根据费用与收入的配比原则，没有收入的情况下，招待费要全额调增，并且调增后在以后期间不可以转回，所以，增加了企业的税负。

企业在日后的经营中可以注意一下费用的发票获取时间与入账期间，以实现费用的企业所得税前扣除。

参考政策

《中华人民共和国企业所得税法实施条例》规定：企业发生的与生产经营活动有关的业务招待费支出，按照发生额的60%扣除，但最高不得超过当年销售（营业）收入的5‰。

企业发生非货币性资产交换，以及将货物、财产、劳务用于捐赠、偿债、赞助、集资、广告、样品、职工福利或者利润分配等用途的，应当视同销售货物、转让财产或者提供劳务，但国务院财政、税务主管部门另有规定的除外。

《关于企业所得税执行中若干税务处理问题的通知》（国税函〔2009〕202号）规定：企业在计算业务招待费、广告费和业务宣传费等费用扣除限额时，其销售（营业）收入额应包括《实施条例》第二十五条规定的视同销售（营业）收入额。

（十八）个人所得税问题与组织职工旅游问题

风险分析

企业出资购买一辆奔驰轿车，落户在股东个人名下，属于隐性分红，应按照股息、红利所得代扣代缴个人所得税。

企业组织职工旅游，免收的旅游费，应纳入工资总额，与当月工资合并，代扣代缴个人所得税。纳入工资总额以后，可以在企业所得税前扣除。

解决方案

这两种情况都需要代扣代缴个人所得税。

操作提示

企业出资买车，应落户企业。这样还可以将用车的费用全部作为公司费用处理，以实现企业所得税前扣除。

职工集体活动，可以采取年会的形式，计入管理费用中，并相应的具备会议举办地点、参加人员、会议内容等记录。

参考政策

《国家税务总局关于企业为股东个人购买汽车征收个人所得税的批复》（国税函〔2005〕364 号）规定：企业购买车辆并将车辆所有权办到股东个人名下，其实质为企业对股东进行了红利性质的实物分配，应按照“利息、股息、红利所得”项目征收个人所得税。考虑到该股东个人名下的车辆同时也为企业经营使用的实际情况，允许合理减除部分所得；减除的具体数额由主管税务机关根据车辆的实际使用情况合理确定。上述企业为个人股东购买的车辆，不属于企业的资产，不得在企业所得税前扣除折旧。

《企业财务通则》第四十六条规定：企业不得承担属于个人的下列支出：（一）娱乐、健身、旅游、招待、购物、馈赠等支出。（二）购买商业保险、证券、股权、收藏品等支出。（三）个人行为导致的罚款、赔偿等支出。（四）购买住房、支付物业管理费等支出。（五）应由个人承担的其他支出。

《关于企业加强职工福利费财务管理的通知》（财企〔2009〕242号）规定：按照《企业财务通则》第四十六条规定，应当由个人承担的有关支出，企业不得作为职工福利费开支。

四 房地产项目清算及纳税筹划方案

（一）项目总预算

收入总额：84 984万元；

成本总额：54 827万元；

期间费用总额：2 478万元；

营业外收入总额：7 300万元。

（二）项目成本分摊及结转的财税处理

项目清算前，应取得项目开发的法定凭证，保证开发成本足额计入。在进行成本分摊时，尽量使成本向商铺倾斜，且在成本分摊和结转前进行预测、分析与规划。

（三）项目主要税金的测算与节税筹划

1. 营业税及附加

销售收入涉及的营业税及附加为：8.5亿×5.5%＝0.46（亿元）

2. 土地增值税

土地增值税的清算表及具体规划建议与结论见《土地增值税测算规划方案》。

3. 企业所得税

项目清算涉及的企业所得税为7 146万元。详见《企业所得税纳税规划表》。

第二部分　分报告

一　宏博御景项目土地增值税测算与规划方案

（一）税负测算的前提及影响因素

宏博御景土地增值税税负测算的主要影响因素如下：

1. 项目分期

不同期次的项目，土地增值税的清算时间有所区别，按照《国家税务总局关于房地产开发企业土地增值税清算管理有关问题的通知》（国税发〔2006〕187号）规定：土地增值税以国家有关部门审批的房地产开发项目为单位进行清算，对于分期开发的项目，以分期项目为单位清算。

2. 项目增值率

对于增值率不同的房地产项目，必须分开进行清算。尤其是项目拥有不同性质的房产类别时，一般对不同性质的房产因其增值率不同而必须分别独立清算。

3. 项目竣工与销售状况

下列房地产项目必须进行清算：

（1）全部竣工并销售完毕的房地产开发项目；

（2）整体转让未竣工的房地产开发项目；

（3）直接转让土地使用权的项目；

（4）纳税人申请注销税务登记的房地产开发项目。

符合下列情况之一的，主管地方税务机关可要求纳税人进行土地增值税清算：

（1）纳税人开发的房地产开发项目已通过竣工验收，在整个预（销）售的房地产开发建筑面积达到可销售总建筑面积的比例85%（含）以上的；

(2) 取得销售（预售）许可证满三年仍未销售完毕的；

(3) 经主管地方税务机关进行纳税评估发现问题后，认为需要办理土地增值税清算的房地产开发项目。

国税发〔2006〕187号文件规定：如果将开发的部分房地产转为企业自用或用于出租等商业用途时，产权未发生转移，则不征收土地增值税。在税款清算时不列收入，不扣除相应的成本和费用。上述规定明确了企业自用开发产品在征收土地增值税时不作为视同销售处理，在土地增值税的税款清算时不列收入，也不扣除相应的成本和费用，即不需要填报《土地增值税纳税申报表》。

(二) 税负测算要求及清算前准备工作

1. 补缴营业税及附加

已经缴纳的营业税、城建税及教育费附加，允许实现税前扣除和土地增值税清算扣除。因此，宏博御景项目应核实销售收入，并按确认的销售收入以及视同销售收入计算缴纳营业税、城建税及教育费附加，为项目清算作准备。

2. 妥善处理未取得发票的相关支出

项目开发所发生的成本费用中，有一部分没有发票。主要涉及劳务报酬、公关费用、股东借钱、股东分红（未缴纳个人所得税）。这些无票的费用，需要适当借助业务招待费、市场费用、广告费用、咨询费用、工程价款等补齐。

此外，在土地增值税清算之前，必须取得合法的工程款发票以及其他费用发票。在房地产调控期间，土地增值税清算对发票的要求更严格，没有发票或发票不合法的一律不得作为扣除项目在土地增值税前扣除。

3. 清算前的账务检查与调整

(1) 账务检查。在土地增值税清算时，对于已经核算记录的成本、费用项目，应进行细致检查。在土地增值税清算中，确定清算项目的扣除额时，发生的各项成本应按实际发生额确认扣除，对无法提供合法有效凭证的，不予扣除，对于各项预提费用也不得包括在扣除项目金额中。

开发过程中发生的土地征用费、耕地占用税、拆迁地上地下建筑物、附着物的拆迁费用、拆迁户的安置及补偿费等支出可以据实扣除。

开发过程中的发生的利息支出，在土地增值税计算时需要特别注意扣除的税收政策。《国家税务总局关于关于土地增值税清算有关问题的通知》（国税函〔2010〕220号）规定：（一）财务费用中的利息支出，凡能够按转让房地产项目计算分摊并提供金融机构证明的，允许据实扣除，但最高不能超过按商业银行同类同期贷款利率计算的金额。其他房地产开发费用，在按照“取得土地使用权所支付的金额”与“房地产开发成本”金额之和的5%以内计算扣除。（二）凡不能按转让房地产项目计算分摊利息支出或不能提供金融机构证明的，房地产开发费用在按“取得土地使用权所支付的金额”与“房地产开发成本”金额之和的10%以内计算扣除。……（四）土地增值税清算时，已经计入房地产开发成本的利息支出，应调整至财务费用中计算扣除。

对于开发土地和新建房及配套设施的成本中的前期工程费、建筑安装工程费、基础设施费、开发间接费用等，按实际发生额据实扣除。若无法按清算要求提供开发成本核算资料的、虚报开发成本的、成本费用发生额明显偏离工程造价标准的且无正当理由的，税务机关核定其工程造价成本，主要参照《分类房产单位面积建安造价表》。

对于成片开发分期清算项目的公共配套设施费用，在先期清算时应按实际发生的费用进行分摊。对于后期清算时实际支付的公共配套设施费用分摊比例大于前期的金额时，允许在整体项目全部清算时，按照整体项目重新进行调整分摊。

(2) 账务调整。对于已经核算记录的成本、费用项目，检查中发现记录有误或不妥的，可以适当调整，如开发间接费的分摊，成本项目的重新划分，错账的更正等。这是清算过程中的一项基本工作，有助于正确计算扣除项目，合理进行土地增值税的筹划。

（三）土地增值税税负测算及纳税规划

1. 税负测算过程及结果

依据土地增值税清算的相关规定，在结合宏博御景项目财务状况和纳税情况的基础上，进行土地增值税税负测算。税负测算的具体方案及其比较如表5-1《土地增值税纳税规划表》所示。

方案说明

第一种方法：分为一期、二期、三期进行清算，每一期住宅和商铺分别清算。

第二种方法：分为一期、二期（上述中二期、三期合并）进行清算，每一期住宅和商铺分别清算。

每一种方法都分别测算了两种方案：

方案一按照企业目前核算情况清算；

方案二按照预期目标方案清算。

调整思路

开发成本项目不全，没有前期费用及拆迁补偿费，补充相应的成本。

开发费用因无法取得合法票据，按前两项成本之和的10%加计扣除。

商铺的销售收入高，开发成本偏低，增值率高，适当的开发成本向商铺转移。充分用好普通住宅的税收优惠政策。

2. 方案分析与纳税规划

方案一：

预计缴纳土地增值税4 556万元。

方案二：

一期商铺的开发成本为1 158元/平方米，明显偏低，主要是因为一些前期费用及拆迁补偿费没有计入到成本里。应增加商铺的开发成本到2 000元/平方米，可节约土地增值税43.48万元。

一期住宅的开发成本为1 163元/平方米，明显偏低，原因同上。应增加住宅的开发成本到1 365元/平方米，可节约土地增值税354万元。

二期、三期住宅的开发成本偏高，出现了负的增值额，这种情况非常不合理。主要原因是奥运会期间，项目跨度长，成本高。二、三期的住宅的开发成本应控制在1 800元/平方米，增值率为3.92%，免征土地增值税。

二期、三期的商铺售价高，成本偏低，增值额非常大。因为商铺的层高高于普通住宅，外立面、走廊地面的装修高于普通住宅，灯光照明、消防等设施都高于普通住宅的标准，应提高商铺的成本，把成本适当向商铺转移，增加商铺的开发成本至3 300元/平方米，可节税土地增值税2 352万元。

选择方案二共可节约土地增值税2 750万元。

税务规划结论

建议企业选择方案二，一期先清算（住宅与商铺分开清算），二期、三期合并清算（住宅与商铺分开清算）。一期已完工，进入清算阶段，建议财务人员清查成本明细、金额、发票、合同，要保证四者统一，在符合税法相关规定的前提下，执行税务规划方案。二期及三期未完项目，按照税务规划方案执行，做好项目之初的筹划，避免一期中成本项目划分不明确，各期成本分摊不合理等情况的出现。

二　宏博御景所得税测算与规划方案

（一）税负测算影响因素及应纳税所得额分析

企业所得税的税负影响因素主要有应税收入、扣除项目、以前年度亏损等因素。

应纳税所得额＝（收入总额－不征税收入－免税收入）－准予扣除项目－以前年度亏损

准予扣除项目＝成本＋期间费用＋税金及附加＋损失＋其他扣除项目

应纳所得税额＝应纳税所得额×企业所得税率

（二）企业所得税税负测算及纳税规划

1. 税负测算过程及结果

依据企业所得税的相关规定，在结合宏博御景项目财务状况和纳税情况的基础上，进行企业所得税税负测算。税负测算的具体方案及其比较如表5-2《企业所得税纳税规划表》所示。

方案说明

由于宏博御景项目后期的成本费用还没有实际发生，所以我们按照企业提供的收入、成本和费用的预算数预测所得税。

2. 方案分析与纳税规划

企业预计总收入8.5亿元；

预计总成本为5.5亿元；

预计营业税金及附加为6 395万元；

预计总的期间费用为2 478万元；

预计利润总额为2.86亿元；

预计净利润为2 144万元。

【收入】一期是实际收入；二期包含已售收入与未售的预计收入；三期包含已售收入、未售预计收入与拆迁还房视同销售收入。

【成本】与土地增值税的成本测算不同，符合要求的资本化的利息计入成本；另外，部分合理的成本因为没有合法的手续也可根据“实质重于形式原则”计入成本，需要补充一部分成本资料，申请得到税务局的认可。

【税金及附加】营业税金及附加按照预算收入总额测算，企业将来清算时根据实际收入计算；土地增值税按照《土地增值税纳税规划表》方案二测算。

【期间费用】期间费用存在很多发票不合格的现象，应调事账目，期间费用未来还有发生额没有入账。

【损失】企业应把合理的损失在汇算清缴以前得到税务局的认定，据以实现所得税税前扣除。

【其他】其他项目主要有公益性捐赠、纳税调整项目、以前年度损益调整等。

税务规划结论

目前所得税税负测算结果是：应缴纳所得税 7 146 万元。企业所得税税负太高。主要原因是有大量的费用支出无法取得合法的凭证，无法税前扣除；所得税高的另外一个原因是政府的土地补偿款不符合不征税收入。

因为项目未完工，一些成本、费用、损失、税金及附加、营业外收支等其他项目没有计入，所以企业所得税测算暂时显得过高。

税务规划建议：在以后的项目运作中，注意将合理部分的成本、费用等扣除项目提供证据（包括合法取得相关发票等凭据），做到税前依法扣除。

第三部分　财税数据

说明：根据房地产企业成本核算原则和具体成本项目，我们将宏博御景项目涉及的具体成本数据进行汇总、调整和处理，得到按照项目成本细目列报的成本明细一览表。

此表为进行土地增值税和企业所得税核算的基础数据，也是指导企业成本分配和调账的基本依据。

表 5-1

土地增值税纳税规划表

（适用于房地产开发公司税务规划）

税款所属时间：　年　月　日　填表日期：　年　月　日

纳税人编码：　面积单位：平方米　金额单位：人民币　元

项目	行次	一期（29＃、30＃、31＃）	一期商铺（方案一）	一期商铺目标方案（方案二）	一期住宅（方案一）	一期住宅目标方案（方案二）	二期、三期合并方案	二期、三期住宅（方案一）
一、转让房地产收入总额	1	50 877 496.00	3 647 450.00	3 652 776.00	47 230 046.00	47 230 046.00	798 954 891.50	609 625 608.50
其中：货币收入	2							
实物收入及其他收入	3							
二、扣除项目金额合计	4	28 689 017.21	200 609.75	2 972 536.40	2 597 652.53	40 065 750.81	625 174 083.80	627 643 233.44
1. 取得土地使用权所支付的金额	5	4 140 000.00	0.00	318 385.94	0.00	3 821 614.06	111 037 309.18	98 093 782.34
2. 房地产开发成本	6	15 775 965.33	0.00	1 813 640.00	0.00	25 000 000.00	336 063 894.49	358 916 852.25
其中：土地征用及拆迁补偿费	7	无票		0.00		0.00	53 053 919.50	46 869 468.20
前期工程费	8	没入成本						
建筑安装工程费	9	15 775 965.33	0.00		0.00		283 009 974.99	250 019 737.44
基础设施费	10	0.00	0.00		0.00		0.00	62 027 646.51
公共配套设施费	11	无票						
开发间接费用	12	无票						
3. 房地产开发费用	13	1 991 596.53	0.00	213 202.59	0.00	2 882 161.41	44 710 120.37	45 701 063.46
其中：利息支出	14	995 798.27	0.00	106 601.30	0.00	1 441 080.70	22 355 060.18	22 850 531.73
其他房地产开发费用	15	995 798.27	0.00	106 601.30	0.00	1 441 080.70	22 355 060.18	22 850 531.73
4. 与转让房地产有关的税金等	16	2 798 262.28	200 609.75	200 902.68	2 597 652.53	2 597 652.53	43 942 519.03	33 529 408.47
其中：营业税	17	2 543 874.80	182 372.50	182 638.80	2 361 502.30	2 361 502.30	39 947 744.58	30 481 280.43
城市维护建设税	18	178 071.24	12 766.08	12 784.72	165 305.16	165 305.16	2 796 342.12	2 133 689.63
教育费附加	19	76 316.24	5 471.18	5 479.16	70 845.07	70 845.07	1 198 432.34	914 438.41
5. 财政部规定的其他扣除项目	20	3 983 193.07	0.00	426 405.19	0.00	5 764 322.81	89 420 240.73	91 402 126.92
三、增值额	21	22 188 478.79	3 446 840.25	680 239.60	44 632 393.47	7 164 295.19	173 780 807.70	−18 017 624.94
四、增值额与扣除项目金额之比	22	77.34%	1 718.18%	22.88%	1 718.18%	17.88%	27.80%	−2.87%
五、适用税率	23	30.00%	40.00%	30.00%	30.00%	0.00%	30.00%	0.00%
六、速算扣除系数	24	0.00%	5.00%	0.00%	0.00%	0.00%	0.00%	0.00%
七、应缴土地增值税税额	25	6 656 543.64	1 368 705.61	204 071.88	13 389 718.04	0.00	52 134 242.31	0.00
八、已缴土地增值税税额	26	0.00	0.00	0.00	0.00	0.00	0.00	0.00
九、应补（退）土地增值税税额	27	6 656 543.64	1 368 705.61	204 071.88	13 389 718.04	0.00	52 134 242.31	0.00

续表

项目	行次	方案一	方案二	方案比较	备注
土地增值税	17	45 562 154.25	18 060 065.14		
（三）期间费用	18	24 780 000.00	24 780 000.00		
1. 财务费用	19	8 350 000.00	8 350 000.00		
2. 管理费用	20	10 900 000.00	10 900 000.00		
3. 销售费用	21	5 530 000.00	5 530 000.00		
（四）允许税前扣除的扣失	22				
投资收益	23				
营业利润	24	189 790 742.74	212 835 763.65		
营业外收入	25	73 000 000.00	73 000 000.00		
营业外支出	26				
利润总额	27	262 790 742.74	285 835 763.65	27 507 128.50	营业利润增加
所得税率	28	25%	25%		
所得税	29	65 697 685.68	71 458 940.91	5 761 255.23	所得税增加
净利润	30	197 093 057.05	214 376 822.74	21 745 873.27	净利润增加
总税负	31	18.49%	15.93%		

附件一：

××××公司
各部门职能概要、编制及人员配置

一、工程部

◆部门职能

➢负责项目施工阶段的工程进度计划及资金计划安排工作。

➢根据招标小组精神做好施工队伍、有关材料设备的招投标基础工作，同时参与有关谈判与合同签订工作。

➢负责项目开工前“三通一平”的实施到位并组织施工图纸会审工作。

➢负责组织工程项目的正式验收工作。

➢负责项目的施工进度、质量管理工作，做好隐蔽工程的技术及工程量签证工作，督促施工单位做好文明、安全生产管理工作。

➢按项目施工完成情况，做好工程款签署支付工作。

➢负责工程竣工验收后将房屋移交物业公司，同时督促落实施工单位做好工程保修阶段属工程质量问题的整改工作。

➢同预算部配合做好工程竣工决算资料的收集审查工作并督促施工单位做好资料归档工作。

◆组织架构

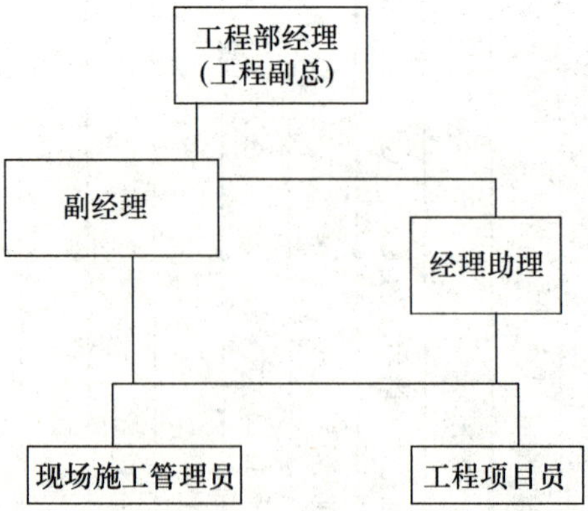

◆岗位职责

1. 部门经理

◇按照公司招标小组安排，做好项目施工单位以及各种材料设备的招投标、议标工作。

◇参与招标小组与选定的施工单位、材料设备供应商进行合同谈判并负责合同的审报工作。

◇组织施工单位进场并委派现场管理代表。

◇负责工程进度安排及工程款审批工作。

◇负责现场经济签证的审定工作。

◇负责本部与公司各部门的协调工作。

◇合理安排部门人员，指导本部门的业务工作。

2. 副经理

◇协调经理工作。

◇组织施工图纸会审。

◇负责工程质量和进度并做好工程质量和进度报告。

◇审核工程完成情况。

◇配合经理做好工程全过程现场管理工作。

3. 工程土建管理人员

◇负责土建工程现场质量检查和抽检，把好原材料进场关。

◇负责现场施工进度及施工质量。

◇负责土建隐蔽工程的基础签证工作。

◇做好工程质量、进度报表。

◇做好现场施工日记。

◇配合总工办做好图纸设计变更手续。

◇负责工程竣工图的基础审核工作。

◇处理好甲、乙双方关系，廉洁奉公，提高素质。

4. 工程水电管理人员

◇负责水电工程现场质量检查和抽检，把好原材料进场关。

◇负责现场施工进度及施工质量。

◇负责水电隐蔽工程的基础签证工作。

◇做好工程质量、进度报表。

◇做好现场施工日记。

◇配合总工办做好图纸设计变更手续。

◇负责工程竣工图的基础审核工作。

◇处理好甲、乙双方关系，廉洁奉公，提高素质。

二、总工办

◆部门职能

➢参与项目的可行性研究、分析，对项目的开发提出建设性意见。

➢负责项目的设计工作，及时督促设计任务按计划完成，并协调与设计院的关系，做好设计变更的监督工作。

➢对项目总平、方案阶段的设计工作提出具有前瞻性的统筹规划意见。

➢负责扩初阶段、施工图设计阶段的技术比较工作，提出科学的、经济的优化技术方案。

➢认真审核施工图纸，参加施工图纸会审会议，确认施工图纸会审纪要，完善施工图纸，使施工图纸具有较强的可实施性，避免施工期间由于图纸的矛盾或不完善造成返工或误工现象。

➢在项目的实施过程中，及早发现技术问题，将隐患消灭在萌芽阶段，将损失减少到最低限度。

➢除负责施工图纸会审签字外，还负责设计更改、决算签字。严格控制建设成本、建设效果及工程质量。

➢负责设计合同的编制，并参与设计合同的招、投标工作，严格把关。

➢为营销、企划说明设计理念，并负责提供设计概况说明。

➢及时提供设计修改通知给工程部、预算部、营销部，并有责任提醒相关部门注意因设计变更而影响到的工作内容。

➢及时掌握有关房地产新动态、新信息，负责有关新技术、新工艺的学习与运用。并建立相关信息资料库。

➢负责组织有关员工学习专业知识，提高员工专业技术水准，组织论证新技术的运用，并带动技术人员参与技术革新，做好传、帮、带的工作。

◆岗位职责

◇负责总工办的全面管理工作，统筹安排并监督落实工作执行情况。及时传达公司领导的方针、策略，做好总工及技术员的政治思想工作，及时了解思想动态，充分发挥总工的作用。

◇参与项目的可行性研究、分析，组织总工及技术员对项目的开发提出建设性意见。

◇组织设计工作的开展，制定设计工作计划，并监督计划工作的执行。

◇负责协调与设计单位的关系，组织总工、顾问做好设计师的现场代表工作。

◇负责组织总工、顾问做好设计变更的审核、监督工作。

◇负责设计合同的编制，参与设计合同招标、投标工作。

◇组织总工及技术员对项目总平、方案阶段的设计工作提出具有前瞻性的统筹规划意见，形成书面报告，提供领导决策。

◇组织总工及技术员进行扩初阶段、施工图设计阶段的技术比较工作，并会同设计院采用科学的、经济的优化技术方案。

◇组织总工及技术员认真审核施工图纸，参加施工图纸会审会议，确认施工图纸会审纪要，协调设计院完善最终施工图纸。

◇组织总工及技术员经常到现场检查，严格控制工程质量，及早发现隐患，将问题消灭在萌芽阶段，将损失减少到最低限度。

◇组织总工及技术员负责施工图纸会审纪要签字、设计更改签字、决算签字。严格控制建设成本、工程质量和建筑效果。

◇及时掌握有关房地产新动态、新信息，负责组织有关新技术、新工艺的学习与运用。

◇负责组织总工及技术员对有关员工进行专业知识培训，提高员工专业技术水准。组织总工及技术员新技术的运用进行论证，并带动技术人员参与技术革新，做好传、帮、带的工作。

◇负责定期形成书面报告，将一阶段的工作向公司领导汇报。

三、开发部

◆部门职能

➢参与公司指定项目的前期筹备与可行性研究，参与项目业务工作的讨论。

➢负责项目的规划选址、规划总平（单体）、建设用地规划许可证、建设用地许可证、土地证、建设工程规划许可证的办理及期间的立项、施工、用水、用电申请等项目前期手续审批工作。

➢负责项目的正式用水、用电、电信、有线电视、煤气、邮政等市政的配套申请工作。

➢负责组织项目综合验收、消防验收工作。

➢负责协调好建委、规划、土地、消防、环保等有关职能部门的公共关系。

➢承办公司领导交办的其他工作。

◆组织架构

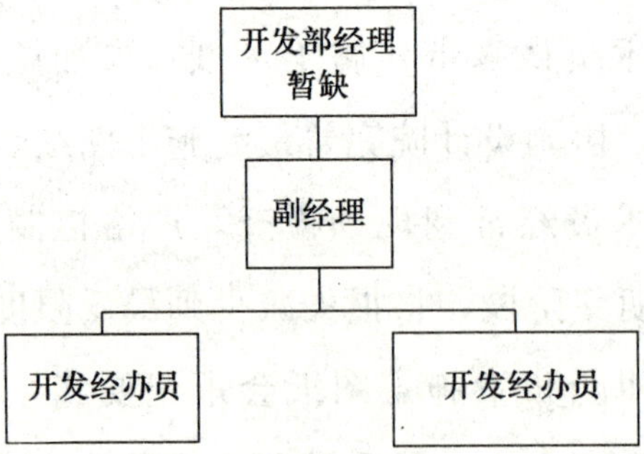

◆岗位职责

1. 部门经理

◇负责开发部全面管理工作，统筹安排并检查落实工作计划完成情况，及时传达公司领导的方针、策略，做好员工的思想工作。

◇参与项目的选择和可行性分析，提出合理化开发意见。

◇负责项目计划内的资金安排与落实。

◇负责组织部门周例会，并安排年、月、周工作计划与工作重点。

◇负责组织部门的业务学习，提高部门整体业务水平和人员综合素质。

◇加强公司公共关系网络的建立，努力创造良好的工作环境。

◇负责组织实施领导交办的各项工作，及协助经办办理具体审批工作。

2. 副经理

◇协助经理完成开发部各项管理工作。

◇经理不在岗时，代理执行经理职责。

◇具体负责项目开发前期及施工图手续的报批；市政配套工程手续的申请；办理项目综合验收、消防验收的审批工作。

◇负责督促经办办理具体审批工作。

◇协助经理建立良好的公共关系网络。

◇负责部门内的各项档案管理工作。

3. 业务主办

◇配合部门领导完成开发部各项审批工作。

◇负责立项、规划、用地、市政等项目前期审批手续的办理。

◇负责施工图纸的相关职能部门审批工作，直至《建设工程规划许可证》的下达。

◇负责项目的施工用水、用电及市政各配套工程的申请工作。

◇协助领导做好档案管理工作。

四、预算部

◆部门职能

➢现场签证中单价审核。

（1）审核是否有变更通知及检查现场完成情况。

（2）按定额、有关规定审核能否另行计取。

（3）审定单价。

（4）内部人员复核。

➢主持编制开发项目概算工作。

（1）收集有关资料。

（2）按定额、有关规定编制预算书。

（3）对各种方案造价结果进行比较、分析。

（4）内部复核。

➢参加项目的招标、议标工作。

（1）配合工程部编写招标说明书。

（2）编制招标项目的标底。

（3）开标。

（4）投标报价的汇总、分析、比较。

（5）投标报价进一步谈判、确定，上报审批。

（6）定标。

➢工程结算资料审核工作：

（1）接收结算资料，检查是否齐全。

（2）根据通知、现场情况，会同工程部人员与乙方进行竣工图审核。

（3）对送审资料真实性、连贯性、效应性进行审核。

（4）与施工单位配合，完成结算资料。

（5）编写工程送审结算情况。

➢工程结算送审工作：

（1）各工程竣工前，选择造价咨询公司，经领导同意后签证结算审核合同。

（2）将审核后的结算资料送交咨询公司进行结算审核，做好保密、配合工作。

（3）咨询公司出具初审报告，由预算人员校核，经分管领导同意后，发文施工队。

（4）组织施工队与咨询公司对帐，预算人员全过程监督、配合，分管领导、部门经理参加争议问题谈判，无异议后咨询公司出终审报告。

（5）将终审结果报公司及公司审批后，办理工程决算，经领导审批后，发文施工队、财务部，并整理归档。

➢零星工程结算审核：

（1）审核并接受零星竣工项目结算资料，由部门经理统一安排人员审核。

（2）预算人员根据合同、签证、图纸等资料按规定进行结算审核，在5日内出具初审报告。

（3）部门经理复核签字后，发文施工队。

（4）预算人员与施工队对账后，出具正式审核书，部门经理复核签字，分管领导审批签字。

（5）公司行政办盖审核章后，发文施工队及归档。

➢预售面积计算、产权面积的审核工作：

（1）接收图纸。

（2）按规定进行预售面积计算。

（3）部门经理复核。

（4）产权总登配合工作。

（5）产权面积丘图的审核。

（6）产权面积计算的审核。

（7）根据变更及对预售面积进行修改，并通知有关部门。

➢工程进度款的审核工作：

（1）接收工程款申请表。

（2）根据合同、现场情况、结算资料、财务付款情况对工程款进行审核。

◆组织架构

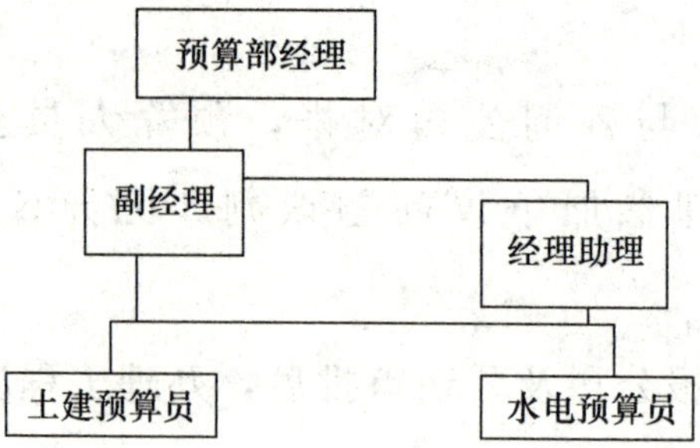

◆岗位职责

1．部门经理

◇负责完成公司下达的各项工作计划，每月编制下月的工作计划，同时做好本月工作计划完成情况报表工作。

◇参与工程部组织的项目及设备厂商的招标、议标工作。

◇确认经办人员审核经济签证中的材料单价以及各项目的概算、预算工作。

◇审核工程款支付工作。

◇确认经办人员审核的预售面积和产权面积的工作。

◇合理安排和指导部门人员的业务工作，加强部门人员的职业道德教育。

2．副经理

◇协助经理完成开发部各项管理工作。

◇经理不在岗时，代理执行经理职责。

◇协助预算人员完成各项工作。

3．预算员

◇根据工程进度完成各工程项目完成量的审核。

◇组织完成公司及部门下达的各工程项目的预、决算工作。

◇协助工程部做好市场价格调查及询价工作。

◇收集有关预决算方面的政策性文件。

◇把关工程决算中相关单价及数量，防止高估冒算。

◇做好部门的各项档案管理工作。

五、行政办

◆部门职能

➢负责公司的日常行政事务管理，协助分管领导处理日常工作。

➢负责将公司与公司的指导思想传达给各部门，做好纵向的上传下达工作，在领导授权下实施各项工作计划的监督、敦促和检查，并及时反馈各项工作的执行情况。使各部门工作有条不紊、准确及时地进行。

➢做好横向的部门之间的协调、沟通工作。

➢协助公司做好企业文化的宣传工作。

➢协助公司领导加强组织纪律性工作的管理、监督。

➢负责公司文书档案、图纸档案、音像档案的管理工作，建立一套科学完整的档案管理体系。

➢做好公文的拟稿、审核、打印、传递、会签等文书工作。

➢负责来往信函、传真的收发和处理工作。

➢负责公司各类会议的准备工作，并完成相关会议记录。

➢负责客人来访接待工作。

➢负责公司办公用品的采购、登记、入库、发放、使用情况跟踪，定期统计，回收等工作。

➢负责公司车辆管理，包括车辆调度、维修、保养等工作。

➢为丰富员工文化生活，负责组织安排各种文化活动和旅游活动。

➢协助公司进行公司人事档案管理工作。

➢负责公司日常生活的卫生、生活用品管理。

➢负责员工考勤工作，及时做好月考勤表统计，并监督员工对考勤制度的执行情况。

◆组织架构

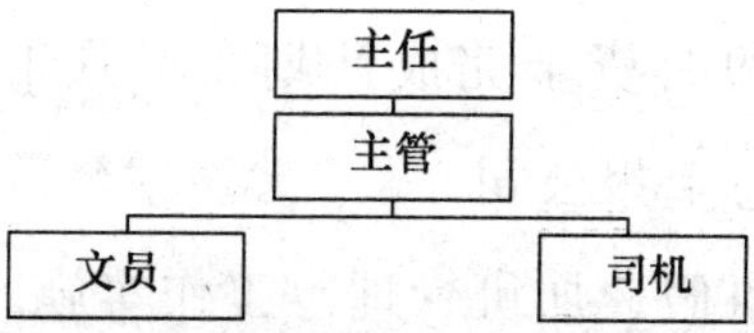

◆岗位职责

1. 行政主任职责

◇公司文件资料的收集、整理、编号及行政文件的立卷、归档、保管工作。

◇参加重要工作会议，做好例会前的充分准备；会后两天内整理出会议纪要，会务记录简洁、结论明确。

◇负责处理文件、图纸、音像软件的量化流程管理。

◇负责传递总经理指定的文件资料，并根据实际计划跟踪各个部门的任务完成情况。

◇督促各部门每月资金完成计划、本月工作完成情况、下月工作计划等资料于月底汇总上报公司。

◇负责承报上级审批的文件，并审核是否符合签字条件。

◇协助公司人事部建立齐全的人事档案；做好员工的招聘、离（辞）职管理工作；完善企业文化氛围。

◇组织公司每年3次（暑假期、春节期、圣诞节）的集体活动，增强公司凝聚力。

◇负责考勤制度、胸卡佩带情况等制度执行情况的检查工作。

◇负责组织和监督驾驶员车辆派用、年检、缴费等工作。

◇负责公司日常生活的卫生、生活用品管理。

2. 行政文员

◇日常文件的打印、复印。检查打印的文件资料书写是否符合要求；打字、复印要建立登记簿；安排打印的文件以轻重缓急次序进行打印；打印时做到快速、准确、排版合理美观。

◇负责日常文件的分发登记，并准确及时地将文件送到位。

◇负责汇总各部门每月资金完成计划、本月工作完成情况、下月工作计划等资料，于月底汇总上报公司。

◇负责员工考勤、事假、加班管理等工作实施。

◇做好公司每月的各项开支分类统计。

◇办公用品申购、入库、发放管理。

◇整理总经理办公室案头文件及客人接待工作。

◇建立员工档案，同时在生日送上祝语，使员工、集体生活相融一体。

◇负责公司固定资产的统计、保养及维修，及时到位。

3. 驾驶员

◇驾驶员应严格遵守交通管理的各项法规，服从交通警察的指挥，听从公司领导的指挥，服从行政主管的派车调度，认真完成公司派车任务。

◇驾驶员应有敬业精神，衣着整洁，礼貌待人，热情服务。每天出车前应认真做好车辆内外卫生、插上车辆的牌标，保持车辆整洁。出车在外，驾驶员与车辆的外表直接反映出公司的形象，驾驶员要自觉维护公司对外形象。

◇遵守车辆驾驶操作规程，做好车辆安全检查，每次出车前要认真检查车辆，发现故障及时扣除，确保车辆安全行驶。

◇驾驶员要定期做好车辆的维护、保养工作。按规定的行驶里程要求，做好车辆的各级保养，使车况常年保持良好状态。每年需负责按期参加车辆年检，及时办理车辆保险的续保手续。

◇驾驶员在出车中应听从乘车人员的安排，未经允许不得擅自离开车辆或将车开往别处，保证工作用车的需要。

◇每日工作结束后，车辆应停放在指定的安全地点，锁好车门、方向盘，关好门窗，保证车辆财产安全。

◇负责公司文件、合同、财务资料等上报公司审批和已审批文件的传递工作，对于机密的文件，驾驶员应保守公司机密。

◇负责图纸的影印、晒图，同时做好与对方的账务登记，以便月底核账。

◇负责每月 28 日前统计员工考勤表编制、加班条的汇总、考勤卡的更换。

◇负责行政办外联事务工作。

六、财务部

◆部门职能

- 财务管理与会计制度的研究、设计。
- 年度收支预算的拟订、执行。
- 财务计划的拟订、执行及控制。
- 年度预算的汇编、控制及执行分析。
- 会计凭证的登记、处理与保管。
- 会计账册的登记、处理与保管。
- 税务会计事项的处理。
- 成本的计算及分析。
- 结算及决算报告的编制。
- 账目及存货的盘查。
- 应收账款的整理及催收事项。
- 项目融资资料的准备和申报。

◆岗位责任制

- 收入有关单据审核及账务处理。
- 各项费用支付审核及账务处理。
- 应收账款账务处理。
- 总分类账、日记账等账薄处理。
- 财务报表及会计科目明细表。
- 统一发票自动报缴作业。
- 营利事业所得税核算及申报作业。
- 营、印税冲退作业及事务处理。
- 资金预算作业。
- 财务盘点作业。
- 固定资产管理账务处理。
- 会计意见反应及督促。
- 税务及税法研究。

- 原材料进出账务及成本处理。
- 预付成本协助作业及差异分析。
- 成本计算和损益决算。
- 经营报告资料编制。
- 单元成本、标准成本协助建立。
- 效率奖金及销售抽成核算。
- 年度预算资料汇总。
- 统计工作。

◆公司会计管理体系

董事长、总裁 → 财务总监 → 财务部

公司董事长、总裁领导财务会计机构、会计人员和其他人员执行《会计法》等有关财务会计法规制度及本制度。公司总经理负责组织公司会计管理工作。

财务总监受董事长和总裁的委托，全面负责公司各项会计管理工作，直接对董事长和总裁负责。建立健全内部会计管理核算制度；提出财务会计机构设置和财务会计人员岗位的安排，协调财务会计机构与其他部门的关系；组织成本费用预测、控制、核算、分析和考核，督促降低消耗、节约费用、提高经济效益；审核重要会计事项，检查公司会计核算，审核财务决算，签署会计报表；审核财务收支，审批计划内支出；参与公司重大经营事项的决策和重大经济合同（协议）的研究、审查和公司内部会签等。

七、销售部

◆部门职能

- 项目开发销售策划及实施。
- 销售计划的制定、实施。
- 客户接洽及联络事项。
- 客户资料建立与跟踪。
- 客户意见反馈与处理。
- 楼盘资料整理与提供。

- 楼书的设计与发布。
- 客户楼款收缴及催收事项。
- 客户间的联络及通过客户拓展客户网所必须注意的处理事宜。
- 特殊客户的报批及登册、处理。
- 销售合同的签订。
- 销售许可证的申请办理事宜及产权办理事宜。
- 同业行情收集，研究并反馈给公司。
- 与售楼相关部门的一般公共联系。

附件二：

借款合同

合同编号：__________

借款方：__________

贷款方：__________

保证方：__________

借款方与贷款方就下列事宜达成一致意见，并聘请________作为保证人，签订本合同。

一、贷款种类：__________

二、贷款用途：__________

三、贷款金额：人民币（大写）__________元整

四、贷款利息：千分之________，利随本清，如遇国家调整利率，按新规定计算。

五、借款期限：__________

六、还款日期和方式：__________

七、违约责任：__________

八、保证条款：

（一）借款方用________做抵押，到期不能归还贷款方的贷款，贷款方有权处理抵押品。借款方到期如数归还贷款的，抵押权消灭。

（二）借款方必须按照借款合同规定的用途使用借款，不得挪作他用，不得用借款进行违法活动。

（三）借款方必须按合同规定的期限还本付息。

（四）借款方有义务接受贷款方的检查、监督贷款的使用情况，了解借款方的计划执行、经营管理、财务活动、物资库存等情况。

需要有保证人担保时，保证人履行连带责任后，有向借款方追偿的权利，借款方有义务对保证人进行偿还。

九、合同争议的解决方式：本合同在履行过程中发生的争议，由当事人双方友好协商解决，也可由第三人调解。协商或调解不成的，可由任意一方依法向人民法院起诉。

十、本合同自____________________生效。本合同一式三份，贷款方、借款方、保证方各执一份。

借款方（签字）：____________ 借款方（签字）：________________

代表人（签章）：____________ 代表人（签章）：________________

地址：____________________ 地址：_________________________

电话：____________________ 电话：_________________________

保证方（签字）：____________

代表人（签章）：____________

地址：____________________

电话：____________________

签约日期：________________ 签约地点：______________________

附件三：

付款委托书

________________公司：

我司已于__________年______月______日与__________公司就__________达成协议（见附件），总金额________元。请贵司在收到此委托书之日起____________日内（______年______月______日前）向____________银行（账号____________________）以我司名义付款__________元。

特此委托。

________________公司

______年____月____日

附件四：

××公司员工电话（手机）费报销制度

为加强管理，为统一各级员工电话（手机）费的开支口径，规范员工电话（手机）费的报销行为及标准，根据公司实际情况，制定本标准。

一、报销标准：

职位	标准（元/月）
高管	
经理	
主管	
专员	

二、其他说明：

1. 报销时应提供符合规定的发票，以发票中注明的大写话费金额为准，依本标准限额报销。

2. 每月报销日期为1—15日，统一将发票交办公室行政人员，由其汇总并制定清单后交财务部报销。

3. 本金额应专用于工作使用，因个人无关的费用不予报销。

4. 员工在试用期间不予报销。

5. 本报销标准由公司财务部负责解释。

6. 本报销标准自　　年　月　日起执行。此前与本标准相抵触的相关制度或规定同时废止。

××公司

年　月　日

附件五：

私车公用协议

甲方：

乙方：

甲方因单位业务需要，使用乙方（车牌）　　　　　　　汽车一辆，经双方协商一致，达成协议如下：

一、使用期限：

乙方自________年______月______日起，将车辆交付给甲方使用，至________年______月______日收回。

二、使用方式：

甲方租用的车辆用于甲方合法营业所用；甲方使用乙方汽车期间，乙方不得再将该车作为私车使用。

三、租车费用：

每天　　　元整，按实际出勤天数计算，按月结算。租车期间乙方驾驶员的食宿由甲方提供。

四、双方责任：

甲方必须按合同规定的时间和租金金额付款；

乙方不得擅自将车收回，否则将按租金的双倍赔偿甲方。

五、费用分摊：

（一）甲方承担对乙方汽车在业务范畴内进行使用所发生的一切费用，包括汽油费、过路费、过桥费、停车费、清洗费、正常保养（修）等日常费用。

（二）甲方承担对乙方汽车使用期间的投保费用，包括交强险、车辆损失险、盗抢险、自燃险、第三责任险。

六、风险承担：

甲方在使用期内，承担乙方汽车发生的交通事故、失窃、毁损等风险，以下情况除外：

1. 乙方违反《中华人民共和国道路交通管理条例》驾驶汽车发生交通事故；

2. 乙方故意捏造汽车失窃、制造汽车毁损情况的。

七、协议终止及解除：

（一）如甲、乙双方在使用期届满时未达成延长使用期的协议，则该协议自动终止。

（二）因车辆状况原因导致车辆无法正常行驶时，甲方有权解除协议。

（三）双方如有特殊原因需提前解除协议，需提前两周告知对方。

八、其他：

（一）本协议未尽事项由双方协商解决。

（二）本协议自甲、乙双方签字（盖章）后生效。本协议一式两份，由甲、乙双方各执一份，具有同等法律效力。

（三）有关协议的一切争议，双方经协商解决未能达到一致的，任何一方可向甲方方所在地的法院提出起诉。

甲方（签章）：　　　　　　　　　　乙方（签章）：

附件六：

工程结算单

甲方：________

乙方：________

序号	项目	金额	备注
1	工程合同总价	元	
2	变更增加项目	元	
3	变更减少项目	元	
4	工程结算总额	元	
5	甲方已付金额	元	
6	甲方结算应付金额	元	

甲方代表（签字盖章）：　　　　　　乙方代表（签字盖章）：

年　　月　　日

附件七：

委托代收代缴费用合同

甲方（业主）：________________

乙方（物业公司）：________________

甲、乙双方在平等、自愿、公平、诚实的基础上，就甲方将________________住宅小区的______________收费业务委托乙方行使的事宜经友好协商达成一致意见，特订立本合同。

一、委托事项

甲方将其在__________________住宅小区的______________收费业务委托给乙方，由乙方在合同有效期内代甲方向住宅小区业主和物业使用人收取___________费。

二、委托事项的完成方式

乙方将于每月__________日之前按合同第三条规定的标准完成费用的代收工作，并于代收工作完成______天内将代收费用缴付甲方。

三、委托期限

甲方委托乙方代收费用的期限为__________年。自______年____月____日起至______年____月____日止。

四、委托费用

甲方向乙方支付费用为__________元/月，以__________方式完成。

五、争议的解决

本合同在履行过程中发生的争议，由当事人双方友好协商解决，也可由第三人调解。协商或调解不成的，可由任意一方依法向人民法院起诉。

本合同一式______份，甲乙双方及__________各执_______份。

甲方（签字）：____________　　乙方（签字）：____________

代表人（签章）：__________　　代表人（签章）：__________

地址：________________　　地址：________________

电话：________________　　电话：________________

签约日期：______________　　签约地点：______________

方案六

天盛工程监理薪酬激励税收筹划方案

方案导读

工程监理公司属于技术咨询服务业，其最明显的特征是公司主要依靠专家和技术人才，工资薪金的支出较多，激励手段多样，薪酬制度对提高职工积极性、提升工程监理质量有着不可忽视的重要作用。

本方案主要探讨薪酬激励的税收筹划模式。薪酬激励按照激励程度不同可以划分为以下三个层次：一是平时工资薪金增长的激励，二是年终奖金的激励，三是股票期权的激励。本方案立足天盛工程监理公司的经营实践，从企业所得税和个人所得税角度综合分析薪酬激励的税收筹划操作技巧。

一 公司概况及其现存纳税问题分析

天盛工程监理公司（以下简称天盛公司）是一家员工持股的从事工程项目监理和技术咨询服务的股份有限公司，注册资金 6 000 万元，公司员工 200 人，外聘技术人员 120 人，2012 年年初在香港上市。

天盛公司营业收入适用 5%的营业税和 25%的企业所得税。分析天盛公司最近三个年度的企业所得税纳税申报表，发现该公司每年不合理的工资薪金纳税调整额为 3 000 万元，由于工资薪金金额较大，也相应造成公司代扣代缴的个人所得税金额庞大，公司总体税收负担较重。

对于天盛公司来说，其业务模式单纯，主要涉及工程监理服务和技术咨询，大额的成本、费用支出为雇员的工资薪金和外聘人员的劳务报酬。针对这一情况，我们对天盛公司薪酬激励设计如下税收筹划方案。

二　薪酬激励的税收筹划方案

薪酬激励对天盛公司的未来发展至关重要，不仅决定着能否提高雇员的积极性，而且也是决定公司税收负担的重要因素。薪酬激励模式按照激励程度不同可以划分为以下三个层次：一是平时工资薪金增长的激励，二是年终奖金的激励，三是股票期权的激励。天盛公司的纳税筹划方案是在综合考虑企业所得税和个人所得税税负的基础上针对薪酬激励问题设计的。

（一）工资薪金增长中的纳税筹划方案

工资薪金的增长与社会经济的发展息息相关。如果企业能够利用工资薪金的增长契机，在加大对雇员的激励程度的同时，也能够合理节约企业所得税和个人所得税，那么会进一步加大工资薪金的激励程度，不仅对雇员有利，而且也会对企业产生有利的影响。

《企业所得税法》规定：合理的工资薪金允许税前扣除。因此，当工资薪金增长时，企业所得税会因为扣除项目的增加而不断下降，即企业所得税是工资的减函数。而个人所得税会随着工资薪金的增长而不断增长，即个人所得税是工资的增函数。所以，随着工资薪金的增长，企业所得税和个人所得税呈现出此消彼长的微妙关系。

如果综合考虑个人所得税与企业所得税的税收负担，我们发现：当工资薪金水平较低时，工资薪金的增长会使企业所得税的降低超过个人所得税的增长，因此，此时工资薪金增长对企业纳税有利；反之，当工资薪金水平较高时，工资薪金的增长会使个人所得税的增长超过企业所得税的降低，因此，此时工资薪金增长对企业纳税不利。基于这一考虑，企业可以计算工资薪金增长的税负均衡点，即在该工资薪金水平下，个人所得税的增长恰好等于企业所得税的下降。进一步分析研究发现，工资薪金增长的税负均衡点处于个人所得税的平均税负率等于企业所得税税率的那一点。

根据上述分析，设税负均衡点的工资薪金为G，适用的个人所得税税率为R，速算扣除数为A，则可建立如下方程式：

$$[(G-3\,500)\times R-A]\div G=25\%$$

通过讨论G的取值范围，可以得到G不同取值下相对应的R和A的数值，代入上述方程式求解，得：

G=67 300(对应的R为35%,A为5 505)

即工资薪金G增长到67 300元时，个人所得税与企业所得税恰好达到税负均衡点。所以，当雇员的工资薪金水平比较低时，通过提高工资薪金的方法不仅可以加大财务激励力度，而且还可以降低企业所得税和个人所得税的整体税负水平。但通过税负均衡点的计算，我们找到了工资薪金增长的上限，即如果工资薪金水平很高时，可能会使企业所得税和个人所得税的整体税负上升。因此，当高管人员的工资薪金水平比较高（高于每月67 300元）时，最好不要全部以基本工资形式发放，可以考虑年终奖金、股票期权激励等激励手段，这样可以降低企业整体税负。

（二）年终奖金的纳税筹划方案

1. 平时奖金、年终奖金及其税收政策比较

按税法规定，企业发放给雇员的奖金属于工资薪金范畴。在企业实践中，奖金又分为月度奖金、季度奖金、半年奖金和年终奖金等多种方式。这里所说的年终奖金，也称为全年一次性奖金，它是指行政机关、企事业单位等扣缴义务人根据其全年经济效益和对雇员全年工作业绩的综合考核情况，向雇员发放的一次性奖金。也包括年终加薪、实行年薪制和绩效工资办法的单位根据考核情况兑现的年薪和绩效工资。

一般来说，除年终奖金外，其他在年度中间发放的奖金一律计入发放当月的工资薪金合并计算缴纳个人所得税。而雇员取得的年终奖金，单独

作为一个月的工资薪金按照简易办法计算缴纳个人所得税。

案例分析

张华在天盛公司取得年终奖金为24 000元，除以12个月后的商数为2 000元（24 000÷12），适用税率为10%，速算扣除数为105元。则张华取得的年终奖金需要缴纳个人所得税：24 000×10%－105＝2 295（元）。

2. 发放年终奖金的“税收陷阱”

年终奖金计税政策采用简易计税办法，与工资薪金的九级超额累进税率计税办法有很大差异。这样一来，在某些年终奖金区间内，可能会出现税前年终奖金多，而雇员实际获得的税后年终奖金少的反常情况，下面举例说明。

案例分析

天盛公司营销部副经理获取的年终奖金为18 000元，而总经理所获得的全年一次性奖金为18 600元。

下面分别计算副总经理和总经理全年一次性奖金应该缴纳的个人所得税：

副总经理平均月收入额＝18 000/12＝1 500（元），则适用税率是3%，速算扣除数是0，则：

副总经理应缴纳个人所得税＝18 000×3%＝540(元)

税后奖金＝18 000－540＝17 460(元)

总经理平均月收入额＝18 600/12＝1 550（元），则适用税率是10%，速算扣除数是105，则：

总经理应缴纳个人所得税＝18 600×10%－105＝1 755(元)

税后奖金＝18 600－1 755＝16 845(元)

对比总经理与副总经理的全年一次性奖金，总经理比副总经理多600元（18 600－18 000），而税后奖金总经理反而比副总经理减少了615元（17 460－

16 845）。为何会出现这种情况？这是政策本身的不合理性所带来的，这时就出现了年终奖金政策“无效区间”，或称“不合理区间”。企业及相关单位在发放年终奖金时，应尽量避免将税前年终奖金的金额定在所谓“无效区间”内。

通过仔细测算，全年一次性奖金的“无效区间”共有六段，分别对应于3％～45％的税率：18 001～19 283.33元、54 001～60 187.50元、108 001～114 600元、420 001～447 500元、660 000～706 538.46元、960 000～1 120 000元。

3. 月薪与年终奖金的最佳组合方案

对于员工拿到的工资薪金总额，可以合理安排月薪和全年一次性奖金的分配比例，使得工资薪金总额缴纳最少的个人所得税。

案例分析

天盛公司技术部林先生的每月工资为4 500元，该年度林先生的奖金总额预计为36 000元。公司财务部对林先生的工资薪金作如下四种薪酬方案安排（单位：元）：

项目	基本工资	平时奖金	年终奖金	工资平时奖纳税额	年终奖金纳税额	全年个人所得税额
方案一	4 500	3 000	/	3 540	/	3 540
方案二	4 500	/	36 000	360	3 495	3 855
方案三	4 500	10 000	26 000	2 075	2 495	4 570
方案四	4 500	12 000	24 000	2 575	2 295	4 870

注：方案一中的平时奖金3 000元为月度奖金，每年奖金总额为36 000元。方案三、方案四中的平时奖金10 000元、12 000元均为半年奖金，在当年7月份发放。

从上述纳税方案比较中，可以得出以下两个结论：

结论一：只发放平时奖金，不发放年终一次性奖金，个人所得税负担较重；合理权衡发放平时奖金和年终一次性奖金，个人所得税负担相对较轻；考虑平时奖金的发放频度和金额时，必须考虑基本工资的大小，尽量避免因发放平时奖金而使基本工资和平时奖金合并计税适用的税率攀升。

结论二：合理分配年终奖金对节税很有帮助，如果（年终奖金/12）的商数高出较低一档税率的临界值不多的时候，应该减少年终奖金发放金额，使其商数调减至该临界值，降低适用税率，这种节税效果极为明显。总之，在工资薪金的税收筹划方案中，应尽可能使基本工资和年终奖金相对均衡，使年终奖金适用的税率位于税率临界点，这样能实现个人所得税整体税负的最小化。

根据不同工资薪金水平，我们给出个人所得税最小化的基本工资与年终一次性奖金的最佳组合表（见表 6-1），也称为“个人所得税节税速查表”。该节税速查表给出在全年工资总额一定的情况下，基本工资和年终一次性奖金的最佳组合方案。需要说明的是，在基本工资中也可以进一步分解出平时奖金，而这一筹划决策要考虑平时奖金的发放模式（月度奖金、季度奖金抑或半年奖金等奖金形式发放以及奖金发放金额的选择）。

表 6-1　　个人所得税节税速查表　　单位：元

序号	总薪酬 X	月度发放 Y	税率%	年度发放 Z	税率%
1	(0，42 000]	X/12	0	0	0
2	(42 000，60 000]	X/12	3	0	0
3	(60 000，78 000]	5 000	3	X－6 000	3
4	(78 000，114 000]	(X－18 000)/12	10	18 000	3
5	(114 000，125 550]	(X－18 000)/12	20	18 000	3
6	(125 550，150 000]	8 000	10	X－96 000	10
7	(150 000，204 000]	(X－54 000)/12	20	54 000	10
8	(204 000，516 000]	(X－54 000)/12	25	54 000	10
9	(516 000，561 720]	(X－54 000)/12	30	54 000	10
10	(561 720，570 000]	(X－108 000)/12	25	108 000	20
11	(570 000，669 000]	(X－108 000)/12	25	108 000	20
12	(669 000，882 000]	38 500	25	X－462 000	20
13	(882 000，1 122 000]	(X－420 000)/12	30	420 000	25

（三）股票期权的税收政策分析

股票期权激励是一种针对高管人员的较高激励程度的薪酬激励模式。股票期权是企业授予高管人员的一种权利，持有人可以在规定的时间内以股票期权的“施权价”购买本公司股票，这个过程称为“行权”。

案例分析

天盛公司于2010年1月1日授予某经理人1万股股票期权，行使期限为5年，施权价为6元/股。如果到了2013年1月1日，公司上市或股票价格上涨到28元/股，该经理人可以按6元/股购进，再按28元/股卖出，从而经理人可获利22万元。当然，如果该经理人预计企业经营状况良好，股票可进一步升值，也可以等到股票升值后，再行转让获利。

1. 股票期权所得的性质及计税方法

员工接受实施股票期权计划企业授予的股票期权时，除另有规定外，一般不作为应税所得征税。

员工行权时，其从企业取得股票的实际购买价（施权价）低于购买日公平市场价（指该股票当日的收盘价，下同）的差额，是因员工在企业的表现和业绩情况而取得的与任职、受雇有关的所得，应按“工资、薪金所得”适用的规定计算缴纳个人所得税。

因特殊情况，员工在行权日之前将股票期权转让的，以股票期权的转让净收入，作为工资薪金所得征收个人所得税。

员工行权日所在期间的工资薪金所得，应按下列公式计算工资薪金应纳税所得额：

$$\text{股票期权形式的工资薪金应纳税所得额}=\left(\text{行权股票的每股市场价}-\text{员工取得该股票期权支付的每股施权价}\right)\times\text{股票数量}$$

对该股票期权形式的工资薪金所得可区别于所在月份的其他工资薪金所得，单独按下列公式计算当月应纳税额：

$$\text{应纳税额}=\left(\frac{\text{股票期权形式的工资薪金应纳税所得额}}{\text{规定月份数}}\times\text{适用税率}-\text{速算扣除数}\right)\times\text{规定月份数}$$

上述公式中的规定月份数，是指员工取得来源于中国境内的股票期权形式工资薪金所得的境内工作期间月份数，长于12个月的，按12个月计算；上款公式中的适用税率和速算扣除数，以股票期权形式的工资薪金应纳税所得额除以规定月份数后的商数对照工资、薪金个人所得税税率表确定（即七级超额累进税率）。

员工将行权后的股票再转让时获得的高于购买日公平市场价的差额，是因个人在证券二级市场上转让股票等有价证券而获得的所得，应按照“财产转让所得”适用的征免规定计算缴纳个人所得税，即：

$$\text{财产转让所得}=\left(\text{每股转让价格}-\text{行权股票的每股市场价}\right)\times\text{股票数量}$$

这部分所得理应作为财产转让所得征税，但是鉴于目前对个人投资者在二级市场上买卖境内上市公司流通股的所得暂不征收个人所得税，因此如果行权所获得的股权是流通股，则其通过二级市场的转让所得暂免征收个人所得税；但如果是场外交易或者非流通股、境外上市公司股票的交易，就应当作为财产转让所得征收个人所得税。

员工因拥有股权而参与企业税后利润分配取得的所得，应按照“利息、股息、红利所得”适用的规定计算缴纳个人所得税。除依照有关规定可以免税或减税的外，应全额按规定税率计算纳税。

综上所述，股票期权的税收政策归纳如下：

股票期权在计提期间（等待期间），不得在企业所得税前扣除相关成本费用，但实际发放时（行权时）可以扣除。

当个人行权时，股票期权的收益应按“工资、薪金所得”计算缴纳个人所得税。

案例分析

天盛公司规定，公司员工只要工作满 20 个月，可享受股票期权奖励。小王 2010 年 12 月 21 日进入该公司，2012 年 8 月 21 日满 20 个月，8 月底公司同意他以每股 8 元的施权价购买公司股票 1 万股，当日该股票市场价是每股 14 元。

如果小王当天就把该股票转让，可获得 6 万元，由于公司发展未来看好，小王想留着该股票，10 月 18 日他将其中的一半股票以每股 16 元的市价卖出。小王每月的工资为5 000元。请问，小王应该如何纳税？

分析可知，小王8月份工资应纳税额＝(5 000－3 500)×3%＝45（元）

8月份行权时应纳税额＝{[(14－8)×10 000÷12]×20%－555}×12＝5 340（元）

8月份申报缴纳个人所得税＝45＋5 340＝5 385（元）

10月份出售一半股票，应纳税额＝(16－14)×5 000＝10 000（元），按税法规定免征个人所得税。

2. 流通股和限售股行权后再转让的税收政策分析

（1）流通股和限售股行权后再转让的税收政策比较。

其一，流通股行权后再转让环节个人所得税的计税规定。个人将行权后的境内上市公司股票再转让所得，暂免个人所得税；个人转让境外上市公司股票所得，按照“财产转让所得”适用20%的税率依法缴纳个人所得税。

其二，限售股行权后再转让环节个人所得税的计税规定。财税〔2009〕167号文规定：自2010年1月1日起，对个人转让限售股所得，按照“财产转让所得”，适用20%的比例税率征收个人所得税。

通过比较可以看出，对于境内上市公司的流通股，行权后再转让所得暂免征税；对于限售股行权后再转让所得却按“财产转让所得”征税。

（2）限售股行权后再转让环节存在个人所得税重复征税问题。

应明确行权所得纳税义务发生时间。在行权日，获得的股票距离解禁期还有一段时间，则行权所得纳税义务时间为每一批次限售股解禁日期。

案例分析

天盛公司某员工于2008年9月1日获得2 000股2元/股的限售股作为股权激励，行权日为2010年8月30日，当日股票市价为6元/股。2009年12月20日本批次解禁股数为200股，2012年1月6日，该员工将此200股转让（暂不考虑其他相关税费）。则在解禁日和再转让环节应纳税所得额的计算如下：

日期	授权日	行权日	解禁日	再转让日
股票市价	授权价：2元/股	6元/股	8元/股	9元/股

解禁日的税务处理：

应纳税所得额＝(行权日股票市价＋本批次解禁股票当日市价)÷2×本批次解禁股票份数－被激励对象实际支付的资金总额×（本批次解禁股票份数÷被激励对象获取的限售股总份数），则解禁日应纳税所得额＝(6＋8)÷2×200－4 000×(200÷2 000)＝1 000（元），按照“工资薪金所得”纳税。

再转让环节的税务处理：

应纳税所得额＝(9－2)×200＝1 400（元），按“财产转让所得”，适用20％的税率缴纳个人所得税。

在限售股解禁日，已经就股票增值部分（7－2＝5元/股）按照“工资薪金所得”缴纳过个人所得税；再转让环节就这部分增值额又按照“财产转让所得”征税，造成对同一增值额两次征税。因此，存在重复征税问题。

（四）股票期权的税收筹划方法与技巧

1．股票期权能起到推迟纳税的作用

《企业会计准则第11号——股份支付》规定：股份支付分为以权益结算的股份支付和以现金结算的股份支付。在等待期间，对于以权益结算的股份支付，在计提费用时计入资本公积，即：

借：管理费用等

　　贷：资本公积——其他资本公积（权益结算）

对于以现金结算的股份支付，在计提费用时计入应付职工薪酬，即：

借：管理费用等

　　贷：应付职工薪酬——股份支付（现金结算）

税法规定，企业对其职工的以现金结算的股份支付，应在实际行权时确认费用，并准予在计算应纳税所得额时扣除；而企业对其职工的以权益结算的股份支付，不得在计算应纳税所得额时确认费用扣除。

2. 控制行权日股票价格，降低税收负担

在行权日，尽量控制股价以降低税收负担。股票价格随着证券市场行情而波动，因此，恰当选择行权日期，尽可能缩小行权价与行权日该种股票市价之间的差距，就可以降低税收负担。

高层管理人员可以选择或决定行权日的股票价格，因为高管人员是企业内部股票期权政策的制定者和执行者，掌握大量的信息，对上市公司的股票价格走势较为了解，一定程度上也在影响着股票价格的走势。

3. 控制工资薪金、财产转让所得和股息、红利所得的整体税负

由于股票期权涉及工资薪金、财产转让和股息、红利所得这三类不同类型的所得，因此如何使这三项应纳个人所得税额的总和最小化就是税收筹划应关注的关键问题。通常可以不考虑期权行使后的股息、红利所得，因为对于持股比例不高的一般股东而言，很难对企业的利润分配政策和实务施加足够大的影响，因而这方面的筹划空间很小，主要还是关注如何使得行权时工资薪金的应纳所得税款和再转让时的“财产转让所得”的应纳所得税款的合计数达到最小化。

案例分析

王先生为天盛公司的高级职员，该公司于2009年9月30日授予王先生18 000股的股票期权，授予价为每股6元。股票期权协议书约定，王先生在工作满2年后购买该公司的股票。假设王先生行权日为2011年10月31日，行权日该公司的股票市价为每股20元。

根据财税〔2005〕35号文的规定，王先生应纳的个人所得税为：

应纳税所得额＝(20－6)×18 000＝252 000(元)

应纳税额＝(252 000÷12×25％－1 005)×12＝50 940(元)

根据《关于个人股票期权所得缴纳个人所得税有关问题的补充通知》(国税函〔2006〕902号)第七条规定，员工以在一个公历月份中取得的股票期权形式工资、薪金所得为一次。员工在一个纳税年度中多次取得股票期权形式工资、薪金所得的，其在该纳税年度内首次取得股票期权形式的工资、

薪金所得应按财税〔2005〕35 号文件第四条第（一）项规定的公式计算应纳税款；本年度内以后每次取得股票期权形式的工资、薪金所得，应按以下公式计算应纳税款：应纳税款＝(本纳税年度内取得的股票期权形式工资、薪金所得累计应纳税所得额÷规定月份数×适用税率－速算扣除数)×规定月份数－本纳税年度内股票期权形式的工资、薪金所得累计已纳税款。

如果考虑行权时间的调整，王先生在 2011 年 10 月 31 日和 2011 年 11 月 30 日两次行权，两次行权的股数均为 9 000 股，且两次行权的股票市价不变。则：

第一次行权时，

应纳税所得额＝(20－6)×9 000＝126 000(元)

应纳税额＝(126 000÷12×25%－1 005)×12＝19 440(元)

第二次行权时，

应纳税额＝[(126 000＋126 000)÷12×25%－1 005]×12－19 440
＝31 500(元)

两次行权共纳税额为 50 940 元（19 440＋31 500）。

筹划方案：

假设 2012 年 1 月 23 日行权时的股票市价仍是 20 元，王先生将行权日筹划为跨年度的两次，即第一次是 2011 年 10 月 31 日，第二次是 2012 年 1 月 23 日。则：

第一次行权时，

应纳税所得额＝(20－6)×9 000＝126 000(元)

应纳税额＝(126 000÷12×25%－1 005)×12＝19 440(元)

第二次行权时，应纳税额与第一次相同。

两次行权共纳税为 38 880 元，节约税额为 12 060 元（50 940－38 880）。

可见，安排跨年度的行权日，可以节约税款。同时，在安排跨年度行权日时，分解了两次行权的股票数量，使每次行权金额控制在低税率的临界点处，从而降低了适用税率。

附件 1

财政部、国家税务总局关于个人股票期权所得征收个人所得税问题的通知

财税〔2005〕35 号

各省、自治区、直辖市、计划单列市财政厅（局）、地方税务局：

为适应企业（包括内资企业、外商投资企业和外国企业在中国境内设立的机构场所）薪酬制度改革，加强个人所得税征管，现对企业员工（包括在中国境内有住所和无住所的个人）参与企业股票期权计划而取得的所得征收个人所得税问题通知如下：

一、关于员工股票期权所得征税问题

实施股票期权计划企业授予该企业员工的股票期权所得，应按《中华人民共和国个人所得税法》及其实施条例有关规定征收个人所得税。

企业员工股票期权（以下简称股票期权）是指上市公司按照规定的程序授予本公司及其控股企业员工的一项权利，该权利允许被授权员工在未来时间内以某一特定价格购买本公司一定数量的股票。

上述“某一特定价格”被称为“授予价”或“施权价”，即根据股票期权计划可以购买股票的价格，一般为股票期权授予日的市场价格或该价格的折扣价格，也可以是按照事先设定的计算方法约定的价格；“授予日”，也称“授权日”，是指公司授予员工上述权利的日期；“行权”，也称“执行”，是指员工根据股票期权计划选择购买股票的过程；员工行使上述权利的当日为“行权日”，也称“购买日”。

二、关于股票期权所得性质的确认及其具体征税规定

（一）员工接受实施股票期权计划企业授予的股票期权时，除另有规定外，一般不作为应税所得征税。

（二）员工行权时，其从企业取得股票的实际购买价（施权价）低于购买日公平市场价（指该股票当日的收盘价，下同）的差额，是因员工在企

业的表现和业绩情况而取得的与任职、受雇有关的所得，应按“工资、薪金所得”适用的规定计算缴纳个人所得税。

对因特殊情况，员工在行权日之前将股票期权转让的，以股票期权的转让净收入，作为工资薪金所得征收个人所得税。

员工行权日所在期间的工资薪金所得，应按下列公式计算工资薪金应纳税所得额：

$$\text{股票期权形式的工资薪金应纳税所得额}=\left(\text{行权股票的每股市场价}-\text{员工取得该股票期权支付的每股施权价}\right)\times\text{股票数量}$$

（三）员工将行权后的股票再转让时获得的高于购买日公平市场价的差额，是因个人在证券二级市场上转让股票等有价证券而获得的所得，应按照“财产转让所得”适用的征免规定计算缴纳个人所得税。

（四）员工因拥有股权而参与企业税后利润分配取得的所得，应按照“利息、股息、红利所得”适用的规定计算缴纳个人所得税。

三、关于工资薪金所得境内外来源划分

按照《国家税务局关于在中国境内无住所个人以有价证券形式取得工资薪金所得确定纳税义务有关问题的通知》（国税函〔2000〕190号）有关规定，需对员工因参加企业股票期权计划而取得的工资薪金所得确定境内或境外来源的，应按照该员工据以取得上述工资薪金所得的境内、外工作期间月份数比例计算划分。

四、关于应纳税款的计算

（一）认购股票所得（行权所得）的税款计算。员工因参加股票期权计划而从中国境内取得的所得，按本通知规定应按工资薪金所得计算纳税的，对该股票期权形式的工资薪金所得可区别于所在月份的其他工资薪金所得，单独按下列公式计算当月应纳税款：

$$\text{应纳税额}=\left(\frac{\text{股票期权形式的工资薪金应纳税所得额}}{\text{规定月份数}}\times\text{适用税率}-\text{速算扣除数}\right)\times\text{规定月份数}$$

上款公式中的规定月份数，是指员工取得来源于中国境内的股票期权形式工资薪金所得的境内工作期间月份数，长于12个月的，按12个月计算；上款公式中的适用税率和速算扣除数，以股票期权形式的工资薪金应纳税所得额除以规定月份数后的商数，对照《国家税务总局关于印发《征收个人所得税若干问题》的通知》（国税发〔1994〕089号）所附税率表确定。

（二）转让股票（销售）取得所得的税款计算。对于员工转让股票等有价证券取得的所得，应按现行税法和政策规定征免个人所得税。即：个人将行权后的境内上市公司股票再行转让而取得的所得，暂不征收个人所得税；个人转让境外上市公司的股票而取得的所得，应按税法的规定计算应纳税所得额和应纳税额，依法缴纳税款。

（三）参与税后利润分配取得所得的税款计算。员工因拥有股权参与税后利润分配而取得的股息、红利所得，除依照有关规定可以免税或减税的外，应全额按规定税率计算纳税。

五、关于征收管理

（一）扣缴义务人。实施股票期权计划的境内企业为个人所得税的扣缴义务人，应按税法规定履行代扣代缴个人所得税的义务。

（二）自行申报纳税。员工从两处或两处以上取得股票期权形式的工资薪金所得和没有扣缴义务人的，该个人应在个人所得税法规定的纳税申报期限内自行申报缴纳税款。

（三）报送有关资料。实施股票期权计划的境内企业，应在股票期权计划实施之前，将企业的股票期权计划或实施方案、股票期权协议书、授权通知书等资料报送主管税务机关；应在员工行权之前，将股票期权行权通知书和行权调整通知书等资料报送主管税务机关。

扣缴义务人和自行申报纳税的个人在申报纳税或代扣代缴税款时，应在税法规定的纳税申报期限内，将个人接受或转让的股票期权以及认购的股票情况（包括种类、数量、施权价格、行权价格、市场价格、转让价格等）报送主管税务机关。

（四）处罚。实施股票期权计划的企业和因股票期权计划而取得应税所得的自行申报员工，未按规定报送上述有关报表和资料，未履行申报纳税义务或者扣缴税款义务的，按《中华人民共和国税收征收管理法》）及其实施细则的有关规定进行处理。

六、关于执行时间

本通知自2005年7月1日起执行。《国家税务总局关于个人认购股票等有价证券而从雇主取得折扣或补贴收入有关征收个人所得税问题的通知》（国税发〔1998〕9号）的规定与本通知不一致的，按本通知规定执行。

附件2

国家税务总局关于个人股票期权所得缴纳个人所得税有关问题的补充通知

（国税函〔2006〕902号）

各省、自治区、直辖市和计划单列市地方税务局：

关于员工取得股票期权所得有关个人所得税处理问题，《财政部 国家税务总局关于个人股票期权所得征收个人所得税问题的通知》（财税〔2005〕35号）已经做出规定。现就有关执行问题补充通知如下：

一、员工接受雇主（含上市公司和非上市公司）授予的股票期权，凡该股票期权指定的股票为上市公司（含境内、外上市公司）股票的，均应按照财税〔2005〕35号文件进行税务处理。

二、财税〔2005〕35号文件第二条第（二）项所述“股票期权的转让净收入”，一般是指股票期权转让收入。

如果员工以折价购入方式取得股票期权的，可以股票期权转让收入扣除折价购入股票期权时实际支付的价款后的余额，作为股票期权的转让净收入。

三、财税〔2005〕35号文件第二条第（二）项公式中所述“员工取得该股票期权支付的每股施权价”，一般是指员工行使股票期权购买股票实际支付的每股价格。如果员工以折价购入方式取得股票期权的，上述施权价可包括员工折价购入股票期权时实际支付的价格。

四、凡取得股票期权的员工在行权日不实际买卖股票，而按行权日股票期权所指定股票的市场价与施权价之间的差额，直接从授权企业取得价差收益的，该项价差收益应作为员工取得的股票期权形式的工资薪金所得，按照财税〔2005〕35号文件的有关规定计算缴纳个人所得税。

五、在确定员工取得股票期权所得的来源地时，按照财税〔2005〕35号文件第三条规定需划分境、内外工作期间月份数。该境、内外工作期间月份总数是指员工按企业股票期权计划规定，在可行权以前须履行工作义务的月份总数。

六、部分股票期权在授权时即约定可以转让，且在境内或境外存在公开市场及挂牌价格（以下称可公开交易的股票期权）。员工接受该可公开交易的股票期权时，应作为财税〔2005〕35号文件第二条第（一）项所述的另有规定情形，按以下规定进行税务处理：

（一）员工取得可公开交易的股票期权，属于员工已实际取得有确定价值的财产，应按授权日股票期权的市场价格，作为员工授权日所在月份的工资薪金所得，并按财税〔2005〕35号文件第四条第（一）项规定计算缴纳个人所得税。如果员工以折价购入方式取得股票期权的，可以授权日股票期权的市场价格扣除折价购入股票期权时实际支付的价款后的余额，作为授权日所在月份的工资薪金所得。

（二）员工取得上述可公开交易的股票期权后，转让该股票期权所取得的所得，属于财产转让所得，按财税〔2005〕35号文件第四条第（二）项规定进行税务处理。

（三）员工取得本条第（一）项所述可公开交易的股票期权后，实际行使该股票期权购买股票时，不再计算缴纳个人所得税。

七、员工以在一个公历月份中取得的股票期权形式工资薪金所得为一次。员工在一个纳税年度中多次取得股票期权形式工资薪金所得的，其在该纳税年度内首次取得股票期权形式的工资薪金所得应按财税

〔2005〕35号文件第四条第（一）项规定的公式计算应纳税款；本年度内以后每次取得股票期权形式的工资薪金所得，应按以下公式计算应纳税款：

$$\text{应纳税款}=\left(\frac{\text{本纳税年度内取得的股票期权形式工资薪金所得累计应纳税所得额}}{\text{规定月份数}}\times\text{适用税率}-\text{速算扣除数}\right)\times\text{规定月份数}-\text{本纳税年度内股票期权形式的工资薪金所得累计已纳税款}$$

上款公式中的本纳税年度内取得的股票期权形式工资薪金所得累计应纳税所得额，包括本次及本次以前各次取得的股票期权形式工资薪金所得应纳税所得额；上款公式中的规定月份数，是指员工取得来源于中国境内的股票期权形式工资薪金所得的境内工作期间月份数，长于12个月的，按12个月计算；上款公式中的适用税率和速算扣除数，以本纳税年度内取得的股票期权形式工资薪金所得累计应纳税所得额除以规定月份数后的商数，对照《国家税务总局关于印发〈征收个人所得税若干问题的规定〉的通知》（国税发〔1994〕089号）所附税率表确定；上款公式中的本纳税年度内股票期权形式的工资薪金所得累计已纳税款，不含本次股票期权形式的工资薪金所得应纳税款。

八、员工多次取得或者一次取得多项来源于中国境内的股票期权形式工资薪金所得，而且各次或各项股票期权形式工资薪金所得的境内工作期间月份数不相同的，以境内工作期间月份数的加权平均数为财税〔2005〕35号文件第四条第（一）项规定公式和本通知第七条规定公式中的规定月份数，但最长不超过12个月，计算公式如下：

$$\text{规定月份数}=\frac{\sum\text{各次或各项股票期权形式工资薪金应纳税所得额与该次或该项所得境内工作期间月份数的乘积}}{\sum\text{各次或各项股票期权形式工资薪金应纳税所得额}}$$

国家税务总局

二〇〇六年九月三十日

附件 3

国家税务总局关于阿里巴巴（中国）网络技术有限公司雇员非上市公司股票期权所得个人所得税问题的批复

（国税函〔2007〕1030 号）

浙江省地方税务局：

你局《关于阿里巴巴（中国）网络技术有限公司员工取得股票期权所得征收个人所得税问题的请示》（浙地税发〔2006〕146 号）收悉。阿里巴巴（中国）网络技术有限公司是注册于开曼群岛的 ALIBABA. COM CORPORATION 出资 100%设立的阿里巴巴中国控股有限公司（香港）的全资子公司，于 1999 年 9 月成立。为优化企业薪酬制度，吸引人才和调动雇员积极性，该公司实行了雇员期权激励计划，对符合特定条件的雇员，允许其按特定价格购买一定数量的该公司境外母公司（ALIBABA. COM CORPORATION）的股权，该境外母公司为非上市公司。现就该公司雇员以非上市公司股票期权形式取得的所得征收个人所得税问题批复如下：

一、按照《财政部、国家税务总局关于个人股票期权所得征收个人所得税问题的通知》（财税〔2005〕35 号）第一条的规定，现行有关个人股票期权所得征收个人所得税的规定，仅适用于以上市发行的股票为内容，按照规定的程序对员工实施的期权奖励计划。因此，该公司雇员以非上市公司股票期权形式取得的工资薪金所得，不能按照财税〔2005〕35 号规定缴纳个人所得税。

二、该公司雇员以非上市公司股票期权形式取得的工资薪金所得，在计算缴纳个人所得税时，因一次收入较多，可比照《国家税务总局关于调整个人取得全年一次性奖金等计算征收个人所得税方法问题的通知》（国税发〔2005〕9 号）规定的全年一次性奖金的征税办法，计算征收个人所得税。

三、该公司雇员以非上市股票期权形式取得所得的纳税义务发生时间，按雇员的实际购买日确定，其所得额为其从公司取得非上市股票的实际购买价低于购买日该股票价值的差额。

由于非上市公司股票没有可参考的市场价格，为便于操作，除存在实际或约定的交易价格，或存在与该非上市股票具有可比性的相同或类似股票的实际交易价格情形外，购买日股票价值可暂按其境外非上市母公司上一年度经中介机构审计的会计报告中每股净资产数额来确定。

国家税务总局

二〇〇七年十月九日

方案七

君安地产土地增值税清算税收筹划方案

方案导读

君安地产项目清算筹划方案属于典型的土地增值税筹划方案。自2007年以来，国家对房地产项目的清算作出了严格规定。因此，如何实现科学纳税、依法节税，是摆在房地产企业面前的重要问题。由于土地增值税采用超率累进税率制，所以，要节约土地增值税，必须降低土地增值税的适用税率，而适用税率取决于房地产项目的增值率。因此，必须控制房地产项目的增值率才能合理降低土地增值税，土地增值税的筹划就必须紧紧围绕增值率来运作。

本方案从清算范围的选择、项目销售收入、开发成本、开发费用等角度探讨土地增值税的筹划方法与技巧。此外，本方案还从设立房地产销售公司、合作建房、代建房、股权转让等层面挖掘土地增值税的筹划策略，为土地增值税清算提供借鉴。

一　君安地产公司概况及其税收情况

君安地产公司主要业务是从事房地产开发、物业发展、物业投资等，主要包括住宅、公寓、别墅、写字楼在内的多元化、多档次的物业开发和销售。君安地产依托雄厚的实力和丰富的经验，在开发现有项目的同时，积极拓宽国内有潜质的地产项目，不断提高市场占有率，并增强综合竞争力。

君安地产开发项目属于一个整体项目，国家批准立项的时间为1998年，项目类型为住宅，开发总面积180万平方米。2000年开工建设，土地分期分片开发，自2002年以来开始逐期销售。截至2007年中期，君安地产开发项目已缴纳营业税1.6万元，已缴纳企业所得税9 000万元。

二　君安地产竣工项目清算策略与财务决算

对于君安地产的土地增值税清算工作，根据《君安地产公司累计投入情况一览表》进行统计分析，并对土地增值税进行税负测算。根据测算结果，我们认为君安开发项目的土地增值税清算是一项复杂的工作，项目清算面临着较高的税收负担。鉴于此种情况，根据国家的相关财税政策，对君安地产的开发项目提出以下清算筹划方案。

（一）根据清算条件，界定清算范围

《国家税务总局关于房地产开发企业土地增值税清算管理有关问题的通知》（国税发〔2006〕187号）规定：土地增值税以国家有关部门审批的房地产开发项目为单位进行清算，对于分期开发的项目，以分期项目为单位清算。

开发项目中同时包含普通住宅和非普通住宅的，应分别计算增值额。

开发项目中同时包含商业用房与普通住宅的，按建筑面积分配开发成本，且不能享受普通住宅增值率低于20%的免税政策。

对于土地转让项目与房地产开发项目不可混合清算，因为土地增值税的具体计算方法有所不同。

根据房地产开发企业土地增值税清算管理办法规定，下列房地产项目必须进行清算：

（1）全部竣工并销售完毕的房地产开发项目；

（2）整体转让未竣工的房地产开发项目；

（3）直接转让土地使用权的项目；

（4）纳税人申请注销税务登记的房地产开发项目。

符合下列情况之一的，主管地方税务机关可要求纳税人进行土地增值税清算：

（1）纳税人开发的房地产开发项目已通过竣工验收，在整个预（销）售的房地产开发建筑面积达到可销售总建筑面积的比例85%（含）以上的；

（2）取得销售（预售）许可证满三年仍未销售完毕的；

（3）经主管地方税务机关进行纳税评估发现问题后，认为需要办理土地增值税清算的房地产开发项目。

我们认为，房地产开发公司不仅要合理界定土地增值税的清算范围，而且对不符合清算条件的开发项目一定要拖延至以后再清算，这样能够获得延期纳税的好处。

国税发〔2006〕187号文件规定：如果将开发的部分房地产转为企业自用或用于出租等商业用途时，产权未发生转移，则不征收土地增值税。在税款清算时不列收入，不扣除相应的成本和费用。上述规定明确了企业自用开发产品在征收土地增值税时不作为视同销售处理，在土地增值税的税款清算时不列收入，也不扣除相应的成本和费用，即不需要填报《土地增值税纳税申报表》。

为了合理确定土地增值税的清算范围，可以编制土地增值税清算项目一览表（如表7-1所示）：

表7-1　　　　君安地产公司清算项目基本情况

开发项目及项目性质 （分期开发项目要单独列示）	完工时间	销售情况	是否清算	增值率情况	备注

截至 2012 年 12 月底，君安地产公司需要清算的项目如表 7-2 所示：

表 7-2　　君安地产公司清算项目基本情况

开发项目及项目性质	完工时间	销售情况	是否清算	增值率情况	备注
君安家园 A 区 1 期	2006	100%	清算	－11.55%	负增值率
君安家园 A 区 2 期	2008	100%	清算	－5.48%	负增值率
君安家园 B 区	2009	99%	合并清算	12.6%	增值率小于 20%，暂不清算
君安家园 C 区 1 期	2009	97%			
君安家园 C 区 2 期	2010	100%	清算	52.83%	增值率较高
君安商业 D	2011	75%	不清算	79.74%	销售未达到清算标准，暂不清算
君安住宅 E	2012	68%	不清算	－7.01%	销售未达到清算标准，暂不清算
君安商业 F	2013	/	不清算	/	

（二）分别清算与合并清算

《中华人民共和国土地增值税暂行条例实施细则》规定：土地增值税以纳税人房地产成本核算的最基本的核算项目或核算对象为单位计算。

《国家税务总局关于房地产开发企业土地增值税清算管理有关问题的通知》（国税发〔2006〕187 号）规定：土地增值税以国家有关部门审批的房地产开发项目为单位进行清算，对于分期开发的项目，以分期项目为单位清算。开发项目中同时包含普通住宅和非普通住宅的，应分别计算增值额。

普通标准住宅是指按所在地一般民用标准建造的居民用住宅，高级公寓、别墅、度假村等不属于普通标准住宅。《财政部、国家税务总局关于土地增值税普通标准住宅有关政策的通知》（财税〔2006〕141 号）规定："普通标准住宅"的认定，可在各省、自治区、直辖市人民政府根据《国务院办公厅转发建设部等部门关于做好稳定住房价格工作意见的通知》（国办发〔2005〕26 号）制定的"普通住房标准"的范围内从严掌握。国办发〔2005〕26 号文件对普通标准住宅规定的原则条件是：住宅小区建筑容积率在 1.0 以上、单套建筑面积在 120 平方米以下、实际成交价格低于同级别土地上住房平均交易价格 1.2 倍以下。允许单套建筑面积和价格标准适当浮动，但向上浮动的比例不得超过上述标准的20%。

对纳税人既建普通住宅又搞其他房地产开发的，应分别核算增值额。在实际计税时，有两种计算方法：一种是先按各自面积分开计算增值额与增值率，再分别确定适用税率计算增值税；另一种是先整体计算增值额和增值率，确定适用税率后，再按面积分别核算增值额，计算土地增值税。

由于土地增值税实行四级超率累进税率，所以，房地产项目清算时掌握两大技巧：

（1）将不同价格的房地产项目的销售收入合并申报，以适用较低的土地增值税税率；

（2）对各个开发项目的开发成本进行必要的调整，使得各个开发项目的增值率最低化，可以实现节税。

在土地增值税清算时，还要特别注意以下两点：

（1）商业用房与普通住宅不同，没有土地增值税免税待遇，如果商业用房与普通住宅混在一起，成本没有分开核算或者不能分开核算的，一并缴纳土地增值税。房地产开发成本与开发费用一般按照建筑面积分摊。

（2）对于土地转让项目，必须单独清算，不能与普通住宅及其他项目混合清算。增值额计算公式如下：

$$\text{增值额}=\text{土地项目转让价}-\text{土地价款及前期开发成本}-\text{营业税金及附加}$$

（三）清算时的账务检查与调整

1. 账务检查

在土地增值税清算时，对于已经核算记录的成本、费用项目，应进行细致检查。在土地增值税清算中，确定清算项目的扣除额时，发生的各项成本应按实际发生额确认扣除，对无法提供合法有效凭证的，不予扣除，对于各项预提费用也不得包括在扣除项目金额中。

开发过程中发生的土地征用费、耕地占用税、拆迁地上地下建筑物、附着物的拆迁费用、拆迁户的安置及补偿费等支出可以据实扣除。

对于开发土地和新建房及配套设施的成本中的前期工程费、建筑安装工程费、基础设施费、开发间接费用等，按实际发生额据实扣除。若无法按清算要求提供开发成本核算资料的、虚报开发成本的、成本费用发生额明显偏离工程造价标准且无正当理由的，税务机关核定其工程造价成本，主要参照《分类房产单位面积建安造价表》。

对于成片开发分期清算项目的公共配套设施费用，在先期清算时应按实际发生的费用进行分摊。对于后期清算时实际支付的公共配套设施费用分摊比例大于前期的金额时，允许在整体项目全部清算时，按照整体项目重新进行调整分摊。

2. 账务调整

对于已经核算记录的成本、费用项目，检查中发现记录有误或不妥的，可以适当调整，如开发间接费用的分摊、成本项目的重新划分、错账的更正等。这是清算过程中的一项基本工作，有助于正确计算扣除项目，合理进行土地增值税的筹划。

（四）开发项目清算顺序及土地增值税清算

对于土地增值税清算，开发单位应报送以下资料：

(1) 房地产开发企业清算土地增值税书面申请、土地增值税纳税申报表。

(2) 项目竣工决算报表、取得土地使用权所支付的地价款凭证、国有土地使用权出让合同、银行贷款利息结算通知单、项目工程合同结算单、商品房购销合同统计表等与转让房地产的收入、成本和费用有关的证明资料。

(3) 主管税务机关要求报送的其他与土地增值税清算有关的证明资料等。

对于跨年度的项目，最好先进行土地增值税的清算，然后进行企业所得税的清算。因为土地增值税是允许税前列支的扣除项目之一，这样可以适当降低企业所得税。

三 君安地产公司土地增值税清算筹划思路与方法

土地增值税是对转让国有土地使用权、地上建筑物及其附着物的单位和个人，就其所取得的增值额而征收的一种税。增值额是纳税人转让房地产所取得的收入减除税法规定的扣除项目金额后的余额，土地增值税按照纳税人转让房地产所取得的增值额采用四级超率累进税率制（如表7-3所示）。

表7-3　　　　土地增值税四级超率累进税率表

级数	增值额与扣除项目金额的比率	税率（%）	速算扣除系数（%）
1	不超过50%的部分	30	0
2	超过50%～100%的部分	40	5
3	超过100%～200%的部分	50	15
4	超过200%的部分	60	20

（一）房地产开发成本、开发费用的筹划

增值率稍微超过税负临界点（如略超出50%、100%、200%等的增值率）的项目，应在开发项目中适当加大开发成本、开发费用，降低开发项目的增值率。

按照《中华人民共和国土地增值税暂行条例实施细则》规定，扣除项目金额包括：取得土地使用权所支付的金额、房地产开发成本、房地产开发费用、与转让房地产有关的税金以及财政部规定的加计20%的扣除数。

1. 房地产开发成本

（1）开发间接费用与期间费用的处理。

开发间接费用是房地产开发过程中必然涉及的费用，主要核算直接组织、管理开发项目而发生的费用，包括工资、职工福利费、折旧费、办公费、水电费、劳动保护费、周转房摊销等。而管理费用是房地产企业行政管理部门为组织、管理房地产开发及相关活动的费用支出。

从会计核算角度分析，“管理费用”和“开发间接费用”并没有严格的界定。在开发过程中，开发项目的行政管理、技术支持、后勤保证等也无

法与公司总部截然分开，有些费用的列支介于期间费用与开发间接费用之间。依据适当的条件可以把这些管理费用合理转化为开发间接费用，因开发间接费用结转计入开发成本，可加计扣除20%，所以可以获得更多的税前扣除。例如，管理费用中的员工负担的因公外出交通费、公务通信费允许审批后报销并列入开发间接费用。因此，开发公司可以在组织机构设置上向开发项目倾斜，把能划归开发项目的人员尽量划入项目编制，把公司本部和开发项目混合使用的设备划归开发项目所有，这样就把一部分管理费用转化为开发间接费用，如此会加大扣除项目，使开发项目增值率大幅度下降。

（2）公共配套设施费的归集与扣除。

房地产开发企业开发建造的与清算项目配套的居委会和派出所用房、会所、停车场（库）、物业管理场所、变电站、热力站、水厂、文体场馆、学校、幼儿园、托儿所、医院、邮电通讯等公共设施，按以下原则处理：第一，建成后产权属于全体业主所有的，其成本、费用可以扣除；第二，建成后无偿移交给政府、公用事业单位用于非营利性社会公共事业的，其成本、费用可以扣除；第三，建成后有偿转让的，应计算收入，并准予扣除成本、费用。

对于清算项目中配套的公共设施部分，要合理归集相应的公共配套设施费，并根据产权情况进行合理划分，实现扣除。

2. 房地产开发费用

房地产开发费用是指与房地产开发项目有关的销售费用、管理费用和财务费用。对于房地产开发所需资金以增值率比较高的项目向银行贷款的利息支出，可以作为扣除项目。具体政策如下：财务费用中的利息支出，凡能够按转让房地产项目计算分摊并提供金融机构证明的，允许据实扣除，但最高不能超过按商业银行同类同期贷款利率计算的金额。凡不能按转让房地产项目计算分摊利息支出或不能提供金融机构证明的，房地产开发费用按取得土地使用权所支付的金额与开发土地和新建房及配套设施的成本[1]之和的10%以内计算扣除。

[1] 指房地产开发成本，是纳税人在房地产开发项目中实际发生的成本（以下简称房地产开发成本），包括土地征用及拆迁补偿费、前期工程费、建筑安装工程费、基础设施费、公共配套设施费、开发间接费用。

对此，《北京市地方税务局关于印发〈房地产开发企业土地增值税清算管理办法〉的通知》（京地税地〔2007〕134号）进一步规定：对财务费用中的利息支出凡不能按清算项目计算分摊或提供金融机构利息证明的，利息不能单独扣除，房地产开发费用采用按率扣除的方法，以取得土地使用权所支付的金额和房地产开发成本计算的金额之和的10%进行计算扣除。

按照国税发〔2006〕31号文件规定：为建造开发产品借入资金而发生的符合税收规定的借款费用，属于成本对象完工前发生的，应配比计入成本对象；属于成本对象完工后发生的，可作为财务费用直接扣除。

对于房地产开发项目中的除财务费用之外的开发费用，按取得土地使用权所支付的金额和房地产开发成本计算的金额之和的5%计算扣除。

总之，若纳税人能够按转让房地产项目计算分摊利息支出，并能提供金融机构的贷款利息证明的，其允许扣除的房地产开发费用计算如下：

$$\text{房地产项目开发费用}=\text{实际支付利息}+\left(\text{取得土地使用权所支付的金额}+\text{房地产开发成本}\right)\times 5\%$$

若纳税人不能按清算项目计算分摊利息支出或不能提供金融机构利息证明的，利息不能单独扣除，但允许采用按率扣除的办法计算房地产开发费用：

$$\text{房地产项目开发费用}=\left(\text{取得土地使用权所支付的金额}+\text{房地产开发成本}\right)\times 10\%$$

因此，在利息扣除问题上，若借款费用比较大，且满足：

$$\text{实际利息支出}>\left(\text{取得土地使用权所支付的金额}+\text{房地产开发成本}\right)\times 5\%$$

则在计算房地产开发费用时，采用下式：

$$\text{房地产项目开发费用}=\text{实际支付利息}+\left(\text{取得土地使用权所支付的金额}+\text{房地产开发成本}\right)\times 5\%$$

在利息扣除问题上，若借款费用比较小，且满足：

$$\text{实际利息支出}<\left(\text{取得土地使用权所支付的金额}+\text{房地产开发成本}\right)\times 5\%$$

则在计算房地产开发费用时，采用下式：

$$\begin{matrix}\text{房地产项目}\\\text{开发费用}\end{matrix}=\left(\begin{matrix}\text{取得土地使用权}\\\text{所支付的金额}\end{matrix}+\begin{matrix}\text{房地产}\\\text{开发成本}\end{matrix}\right)\times 10\%$$

3. 营业税金及附加

可以作为扣除项目的营业税金及附加，是指与转让房地产有关的税金，包括转让房地产缴纳的营业税、城市维护建设税、印花税。因转让房地产缴纳的教育费附加也视同税金予以扣除。

需要明确的是：财税〔1995〕48号文件规定，房地产开发企业按照《施工、房地产开发企业财务制度》有关规定，其在转让时缴纳的印花税因列入管理费用中，故在此不允许单独再扣除。其他纳税人缴纳的印花税（按产权转移书据所载金额的5‰贴花）允许在此扣除。

（二）房地产销售收入的筹划

1. 分散收入筹划

分散收入筹划的一般方法是将可以分开单独处理的部分从整个房地产中分离，降低房地产销售收入。

案例分析

君安地产公司准备出售一幢房屋和一宗土地使用权，房屋的市场价值是500万元，其所含附属设备的价值为100万元。如果该企业和购买者签订合同时，对房屋价格和附属设备的价格不加区分，而是将全部价款600万元以房地产转让价格的形式在合同上体现，则增值额无疑会增加100万元，相应地应纳税额也会增加。如果该企业和购买者签订合同时，仅在合同上注明500万元的房地产转让价格，同时签订一份附属办公设备购销合同，则可以降低增值额，从而降低土地增值税金额。由于购销合同适用0.3‰的印花税税率，比产权转移书据适用的0.5‰税率要低，所以还可以节省印花税，可谓一举两得。

分散收入的另一种做法是分多次签订售房合同。当所开发的项目初步完工但还没有安装附属设备以及进行装璜、装饰之前，房地产开发公司便和购买者签订房地产转移合同；当附属设备安装完毕或装潢、装饰工程竣工后，房地产开发公司再和购买者签订附属设备安装及装璜、装饰合同，这样房地产开发公司就可以只按第一份合同上注明的价款缴纳土地增值税，而第二份合同上注明的金额属于营业税征税范围，不用计征土地增值税。营业税的税率比土地增值税的税率要低得多，这样就降低纳税人的土地增值税应纳税额。

2. 房地产销售价格筹划

土地增值税采用超率累进税率，项目价格越高，增值额就越大，从而增值率就越大，适用的土地增值税税率就越高，但在有些情况下价高未必利大。《中华人民共和国土地增值税暂行条例》规定，纳税人建造普通标准住宅出售，增值额未超过扣除项目金额的20%时，免征土地增值税；增值额超过扣除项目金额的20%的，应就其全部增值额按规定纳税。因此，在确定房地产销售价格时，要考虑价格提高带来的收益与不能享受优惠政策而增加的税负两者之间的关系。

案例分析

假定某房地产开发企业的房产销售价格为a，营业税税率为5%，城市维护建设税税率为7%，教育费附加为3%，除销售税金及附加外的扣除项目金额为b，则全部扣除项目金额为：

$$b+5\%a(1+7\%+3\%)=b+5.5\%a$$

要享受免税的税收优惠，增值率必须小于20%，则有：

$$[a-(b+5.5\%a)]/(b+5.5\%a)<20\%$$

解得：$a<1.284\,8b$

即纳税人想要享受免征土地增值税的优惠，其销售额不能超过除销售税金及附加以外的扣除项目金额的1.284 8倍，否则将全额征税。

从上述推理可知，当$a=1.284\,8b$时，增值率刚好为20%。当增值率略高于20％时，应适用“增值率为50％以下，税率为30％”的规定。假定售价提高到 a＋x（即 1.284 8b＋x），相应的营业税金及附加提高了 5.5％x，则：

允许扣除项目金额＝b＋5.5％a＋5.5％x＝107.066 4％b＋5.5％x

增值额＝1.284 8b＋x－(107.066 4％b＋5.5％x)

＝21.413 6％b＋94.5％x

应纳土地增值税＝(21.413 6％b＋94.5％x)×30％

＝6.424 08％b＋28.35％x

若纳税人欲通过提高售价达到增加收益，就必须使 x＞6.424 08％b＋28.35％x

即 x＞0.089 7b

也就是说，如果想通过提高售价取得更大的收益，就必须使价格超过除销售税金及附加以外的扣除项目金额的 1.374 5 倍（即 1.284 8＋0.089 7）。

从上述分析可知，纳税人在销售房地产时售价的确定应遵循的规律是：当减除营业税金及附加后的扣除项目金额为 b 时，将售价定为 1.284 8b 是该纳税人可以享受免税优惠的最高价位。这一价格既可享受免税又可获得较大的收益，如果售价低于该价位，虽也能享受免税，却只能获取较低的收益。如欲提高售价，则必须使价格高于 1.374 5b，否则价格提高带来的收益将不足以弥补价格提高所增加的税收负担。当税率将从 30％跃升到 40％时，也可依此类推，从而得出每一档税率起征点的最佳价格的确定标准。

3. 代收费用筹划

《财政部、国家税务总局关于土地增值税一些具体问题规定的通知》（财税〔1995〕48 号）第六款规定：对于按县级及县级以上人民政府要求房地产开发企业在售房时代收的各项费用，如果代收费用是计入房价中向购买方一并收取的，可作为转让房地产所取得的收入计税，在计算扣除项目金额时，可予以扣除，但不允许作为加计 20％扣除的基数；如果代收费用未计入房价中，而是在房价之外单独收取的，可以不作为转让房地产的收入，在计算增值额时也不允许扣除代收费用。按照上述规定可以利用代收费用进行筹划。

案例分析

君安地产公司出售一幢写字楼，收入总额为10 000万元。开发该写字楼有关支出为：支付地价款及各种费用1 500万元；房地产开发成本3 000万元；财务费用中的利息支出为450万元（可按转让项目计算分摊并提供金融机构证明）；转让环节缴纳的有关税费共计为555万元；该单位所在地政府规定的其他房地产开发费用计算扣除比例为5%。

君安地产公司应纳土地增值税额计算如下：

（1）取得土地使用权支付的地价款及有关费用为1 500万元。

（2）房地产开发成本为3 000万元。

（3）房地产开发费用＝450＋(1 500＋3 000)×5%＝675（万元）

（4）允许扣除的税费为555万元。

（5）20%加计扣除额＝(1 500＋3 000)×20%＝900（万元）

（6）允许扣除的项目金额合计＝1 500＋3 000＋675＋555＋900＝6 630（万元）

（7）增值额＝10 000－6 630＝3 370（万元）

（8）增值率＝3 370÷6 630×100%＝50.83%

（9）应纳税额＝3 370×40%－6 630×5%＝1 016.5（万元）

如果君安地产公司在出售写字楼时，按当地市政府的要求，在售房时代收了150万元的各项费用，并计入售房收入中。那么，该房地产开发公司应纳的土地增值税计算如下：

（1）允许扣除的项目金额合计＝1 500＋3 000＋675＋555＋900＋150＝6 780（万元）

（2）增值额＝10 150－6 780＝3 370（万元）

（3）增值率＝3 370÷6 780×100%＝49.71%

（4）应纳税额＝3 370×30%＝1 011（万元）

通过对比可知，君安公司无论代收费用的方式如何，其销售该商品房地增值额均为3 370万元，但是采用第二种代收方式，即将代收费用并入房价，会使得可扣除项目增加150万元，从而使房地产公司少缴纳土地增值税5.5万元（1 016.5－1 011）。因此，在会计核算时，不能把君安地产公司代收的各项费用计入房价中，而必须通过合同与业务流程进行控制，在房价之外单独收取，这样就可以减少销售收入，同时实现降低营业税和土地增值税的目的。

（三）转让土地项目的税收筹划

由于土地价格的不断飙升，土地转让项目一般会存在较高的增值率，所以土地转让项目所涉及的土地增值税负担较重。对于土地转让项目的税收筹划，一般从两个角度分析：

1. 合理加大土地前期开发费用

与土地一级开发相关所投入的费用，允许计入土地成本。这样可以在土地转让之前，合理分摊一部分"三通一平"或"七通一平"的费用，使转让的土地负担相应的土地前期开发费用。

土地前期开发费用主要包括以下项目：（1）征地补偿费用及相关税费；（2）地上建筑物拆除补偿费（树木除外）；（3）住宅以及非住宅的拆迁费用；（4）渣土清运费；（5）围墙施工费、地下管网或其他需要移建的地下构筑物；（6）组织测绘、钉桩、勘界、规划、地上物评估、中介咨询、公告、委托调查、施工设计等前期费用；（7）宗地红线外围市政基础设施及市政管网建设费用；（8）财务费用（自有资金除外）；（9）不可预见费等其他可由一级开发企业承担的费用。

2. 确认转让土地成本的分摊率

根据《中华人民共和国土地增值税暂行条例实施细则》规定，纳税人成片受让土地使用权后，分期分批开发、转让房地产的，对允许扣除项目的金额可以按照转让土地使用权的面积占总面积的比例计算分摊。若按此办法难以计算或明显不合理的，也可按建筑面积或税务机关确认的其他方式计算分摊。按转让土地使用权的面积占总面积的比例，计算分摊扣除项目金额的公式为：

$$\text{扣除项目金额}=\text{扣除项目总金额}\times\frac{\text{转让土地使用权的面积或建筑面积}}{\text{受让土地使用权的总面积}}$$

《国家税务总局关于广西土地增值税计算问题请示的批复》（国税函〔1999〕112号）规定“在计算转让土地的增值额时，按实际转让土地的面积占可转让土地总面积来计算分摊”。可转让土地面积，系开发土地面积减除不能转让的公共设施用地面积后的剩余面积。因此，土地转让项目，可以参照国税函〔1999〕112号文件，在按照转让土地比例计算土地转让成本时，适当提高土地转让项目的扣除额，降低土地增值税。

四 君安地产公司土地增值税综合筹划方法与技巧

（一）整体控制开发项目的增值率

在确定土地增值税时，很重要的一点是确定售出房地产的增值额。增值额必须从收入和成本两方面确定，如果房地产企业能够在成本不变的条件下减少收入，则能够降低税收。对于土地增值税来说，这一点显得尤为重要。因为土地增值税是超率累进制，收入的增长，意味着相同条件下增值额的增长，从而产生税率爬升效应，使得税负增长很快。因此，收入的筹划有着十分重要的现实意义。

1. 加大开发成本增加扣除额

对房地产开发项目加大成本投入，如加大公共配套设施投入，绿化、美化、亮化，改善住房环境，增强市场竞争力，调整土地增值税的扣除项目，减轻税负。

2. 利用装修费用降低增值率

对于一些正在开发的未售项目，精装修后再进行出售，增加扣除项目金额，可以合理降低增值率。此外，还可以考虑装配一些与房产相配套的特殊设施，以更大程度增加扣除额，降低增值率。

案例分析

君安地产公司建造并出售普通标准住宅，预计销售收入为2 000万元，除“与转让房地产有关的税金”以外的扣除项目金额合计为1 400万元。适用营业税税率为5%，城市维护建设税税率为7%，教育费附加3%，印花税税率为0.05%，契税税率为3%。根据上述资料，君安地产公司应缴纳的各项税金计算如下：

（1）营业税：2 000×5%=100（万元）

（2）城市维护建设税：100×7%=7（万元）

（3）教育费附加：100×3%=3（万元）

（4）印花税：2 000×0.05%=1（万元）

（5）土地增值税：上述与转让房地产有关的税金合计为111万元，则：

扣除项目金额合计=1 400+111=1 511(万元)

增值额=2 000-1 511=489(万元)

增值率=489/1 511×100%=32.36%

应纳土地增值税=489×30%=146.7(万元)

君安地产公司应纳各项税费合计=111+146.7=257.7(万元)

考虑另一种情况：如果先对这些新建的普通标准住宅进行装修，预计发生装修费用500万元（含装修负担的所有税费），然后再对外出售，售价为2 500万元（假定装修费按成本价算）。那么这种情况下，该房地产开发企业应缴纳的各项税金计算如下：

（1）营业税：2 500×5%=125（万元）

（2）城市维护建设税：125×7%=8.75（万元）

（3）教育费附加：125×3%=3.75（万元）

（4）印花税：2 500×0.05%=1.25（万元）

（5）土地增值税：与转让房地产有关的税金合计为138.75万元。根据国税发〔2006〕187号文件的规定：房地产开发企业销售已装修的房屋，其装修费用可以计入房地产开发成本，也就是说，装修费用可以同时加计

20%的扣除。则：

扣除项目金额合计＝1 400＋500＋138.75＋500×20%

＝2 138.75(万元)

增值额＝2 500－2 138.75＝361.25(万元)

增值率＝361.25/2 138.75×100%＝16.89%＜20%，故土地增值税免征。

君安地产公司应纳各项税费合计为138.75万元。所以，房地产开发企业在筹划后比筹划前少缴各项税费为：257.7－138.75＝118.95（万元)。

需要注意的是，利用装修费用进行筹划并不是所有情况下都能使用的。首先，它必须是房产开发企业的新建房地产；其次，装修的结果必须要使增值额不超过扣除项目金额的20%，否则，不仅不能降低税费，反而会加大税费；最后，是否装修出售，关键还要看房地产市场的发展状况，比如要充分考虑购房者是否乐意购买已装修的住房，购房者对装修豪华程度的承受力等因素。

（二）设立房产销售公司

为了降低房地产开发公司的销售增值率，可以通过设立房产销售公司来运作。《财政部、国家税务总局关于营业税若干政策问题的通知》（财税〔2003〕16号）文件规定：单位和个人销售或转让其购置的不动产或受让的土地使用权，以全部收入减去不动产或土地使用权的购置或受让原价后的余额为营业额。因此，通过设立房产销售公司来运作，不会造成重复缴纳营业税问题。同时，还可以将土地增值额一分为二，分段计算土地增值税，从而可以降低增值额和增值率，达到降低土地增值税负担的目的。同时，由于设立房产销售公司，多了一道销售环节，从而增加了广告费、业务宣传费、业务招待费等费用的税前扣除额，减少了应纳税所得额，降低企业所得税负担。

由于房地产开发公司和房产销售公司的销售价格是一个变量，随着市场环境的变化而变化，为了增加筹划操作的通用性，以下案例给出一般性的筹划规律。

案例分析

假设房地产开发公司对外销售房产价格为A，对房产销售公司的售价为B，在计算土地增值税时扣除项目为C，则要满足下列约束：

（1）房地产开发公司销售给房产销售公司的销售增值率≤20%，即：

$$(B-C-B\times5.5\%)\div(C+B\times5.5\%)\leqslant20\%$$

（2）契税和土地增值税比较：契税＜土地增值税，即：

$$(B\times3\%)<(A-C-A\times5.5\%)\times30\%$$

（3）房产销售公司再对外销售的增值率≤20%，即：

$$[A-B-(A-B)\times5.5\%]\div[B+(A-B)\times5.5\%]\leqslant20\%$$

整理求解得：

$B\div C\leqslant1.2728$

$A\div C\leqslant1.1928$

$A\div B\leqslant1.214$

采用该法筹划，可以实现分段计土地增值税，从而降低土地增值税。但需要注意的是，房产的定价一定要适当、合理。如果房产销售公司与房地产开发公司属于关联企业，一定注意税法对关联交易的限制，具体可参见《关联企业间业务往来税务管理规程》（国税发〔2004〕143号）以及《中华人民共和国企业所得税法》的具体规定，合理确定房产销售价格，防止税务机关对关联价格进行纳税调整。

（三）灵活运用不同的建房方式

1. 利用合作建房筹划

对于一方出地一方出资金的双方合作建房，建成后按比例分房自用的，暂免征收土地增值税。但如果建成后转让的，则属于征收土地增值税的范围。根据这一政策，房地产开发公司可以利用合作建房进行税收筹划。

例如，君安地产公司购得一块土地准备建造住宅，则君安地产公司可以预收购房者的购房款作为合作建房的资金，这样从形式上就符合了一方出土地、一方出资金的条件。一般而言，如果一幢住房中土地支付价款所占比例较小，则房地产开发公司分得的房屋就较少，大部分由出资金的用户分得自用。在房地产开发公司售出剩余部分住房前，各方都不用缴纳土地增值税，只有在房产建成后，转让属于自己的那部分住房时，才就该部分缴纳土地增值税，从而达到降低税负的目的。

2. 利用代建房筹划

代建房是指房地产开发公司代客户进行房地产的开发，开发完成后向客户收取代建房收入的行为。对于房地产开发公司来说，由于房产的产权自始至终是属于客户的，没有发生转移，故其取得的收入属于劳务性质的收入，应当征收营业税，而不是土地增值税的征税范围。

由于建筑行业适用3%的比例税率，与土地增值税相比，税负明显较低。因此，如果房地产开发公司在开发之初便能确定最终的购买用户，就完全可以采用代建房模式进行开发，而不采用税负较重的先开发后销售模式。这时，房地产开发公司可以以客户的名义取得土地使用权和购买各种材料、设备，也可以协商由客户自己取得土地使用权和购买各种材料、设备，但要注意从最终形式上来看房地产权属一定不能发生转移。采用本筹划方法时，必须具体问题具体分析，这样才能减少纳税风险，降低税负。

（四）股权转让筹划

目前，税法对股权转让行为不征收流转税，仅对股权转让收益征收企业所得税。这一规定为房地产开发公司规避销售不动产应缴纳的营业税、土地增值税创造了条件。

案例分析

Ⅰ. 假设由君安地产公司开发一座大厦，欲建成后将大厦转让给乙公司，但转让过程中需要按5%的税率缴纳营业税。为此，君安地产公司成立一家全资子公司丙，并由丙公司投资建设大厦。待大厦建成后，将丙公司的全部股权转让给乙公司。在该过程中，由于法律上丙公司仅仅变更了股东，公司名称并未改变，纳税主体地位也没有改变，该大厦的产权也仍然属于丙公司，因此，君安地产公司仅就转让收益缴纳企业所得税，从而成功地规避了营业税和土地增值税。对于乙公司来说，以丙公司的名义进行经营与以自己的名义进行经营并没有实质性的区别。而且，由于君安地产公司可将一部分节省下来的营业税转移给乙公司，乙公司也会乐于接受这种方式，因此这种股权转让筹划方法可以规避营业税和土地增值税。此外，在企业兼并中，对被兼并企业将房产转让到兼并企业中的，暂免征收土地增值税。

Ⅱ. 再如，君安地产公司要将自己尚未完工的在建项目整体转让，可采用股权转让方式，这样就避开了土地增值税的征收范围。如君安地产公司欲转让本公司唯一在建的写字楼项目，已累计发生工程成本3 500万元，经与另一家房地产公司协商，同意以6 000万元转让，应如何进行税收筹划？

方案一：直接转让该项目，则君安地产公司的纳税情况为：

营业税金及附加＝6 000×5.5%＝330(万元)

土地增值税＝(6 000－3 500－3 500×20%－330)×30%

＝441(万元)

企业所得税＝(6 000－3 500－330－441)×25%＝432.25(万元)

所以，直接转让项目共缴纳税金1 203.25万元。

方案二：转让写字楼项目公司的全部股权，使股权差额与项目差额相等，则君安地产只需缴纳企业所得税。

企业所得税＝(6 000－3 500)×25%＝625(万元)

方案二比方案一节税578.25万元，显然方案二对君安地产公司更为有利。

需要注意的是，《财政部、国家税务总局关于土地增值税若干问题的通知》(财税〔2006〕21号）第五条明确规定，对于以土地（房地产）作价入股进行投资或联营的，凡所投资、联营的企业从事房地产开发的，或者房地产开发企业以其建造的商品房进行投资和联营的，均不适用《财政部、国家税务总局关于土地增值税一些具体问题规定的通知》（财税字〔1995〕048号）第一条暂免征收土地增值税的规定，即房地产开发企业以房地产进行投资或联营要缴纳相应的土地增值税。但是，对于财税字〔1995〕48号有关合作建房企业兼并转让房地产的征免税问题没有包括其中，所以房地产开发企业依旧可以通过合作建房或兼并转让等方式进行土地增值税的筹划，合理降低房地产开发企业的税收负担。

附件1

国家税务总局关于房地产开发企业土地增值税清算管理有关问题的通知

国税发〔2006〕187号

各省、自治区、直辖市和计划单列市地方税务局，西藏、宁夏自治区国家税务局：

为进一步加强房地产开发企业土地增值税清算管理工作，根据《中华人民共和国税收征收管理法》、《中华人民共和国土地增值税暂行条例》及有关规定，现就有关问题通知如下：

一、土地增值税的清算单位

土地增值税以国家有关部门审批的房地产开发项目为单位进行清算，对于分期开发的项目，以分期项目为单位清算。

开发项目中同时包含普通住宅和非普通住宅的，应分别计算增值额。

二、土地增值税的清算条件

（一）符合下列情形之一的，纳税人应进行土地增值税的清算：

1. 房地产开发项目全部竣工、完成销售的；

2. 整体转让未竣工决算房地产开发项目的；

3. 直接转让土地使用权的。

（二）符合下列情形之一的，主管税务机关可要求纳税人进行土地增值税清算：

1. 已竣工验收的房地产开发项目，已转让的房地产建筑面积占整个项目可售建筑面积的比例在85%以上，或该比例虽未超过85%，但剩余的可售建筑面积已经出租或自用的；

2. 取得销售（预售）许可证满三年仍未销售完毕的；

3. 纳税人申请注销税务登记但未办理土地增值税清算手续的；

4. 省税务机关规定的其他情况。

三、非直接销售和自用房地产的收入确定

（一）房地产开发企业将开发产品用于职工福利、奖励、对外投资、分配给股东或投资人、抵偿债务、换取其他单位和个人的非货币性资产等，发生所有权转移时应视同销售房地产，其收入按下列方法和顺序确认：

1. 按本企业在同一地区、同一年度销售的同类房地产的平均价格确定；

2. 由主管税务机关参照当地当年、同类房地产的市场价格或评估价值确定。

（二）房地产开发企业将开发的部分房地产转为企业自用或用于出租等商业用途时，如果产权未发生转移，不征收土地增值税，在税款清算时不列收入，不扣除相应的成本和费用。

四、土地增值税的扣除项目

（一）房地产开发企业办理土地增值税清算时计算与清算项目有关的扣除项目金额，应根据土地增值税暂行条例第六条及其实施细则第七条的规定执行。除另有规定外，扣除取得土地使用权所支付的金额、房地产开发成本、费用及与转让房地产有关税金，须提供合法有效凭证；不能提供合法有效凭证的，不予扣除。

（二）房地产开发企业办理土地增值税清算所附送的前期工程费、建筑安装工程费、基础设施费、开发间接费用的凭证或资料不符合清算要求或不实的，地方税务机关可参照当地建设工程造价管理部门公布的建安造价定额资料，结合房屋结构、用途、区位等因素，核定上述四项开发成本的单位面积金额标准，并据以计算扣除。具体核定方法由省税务机关确定。

（三）房地产开发企业开发建造的与清算项目配套的居委会和派出所用房、会所、停车场（库）、物业管理场所、变电站、热力站、水厂、文体场馆、学校、幼儿园、托儿所、医院、邮电通讯等公共设施，按以下原则处理：

1. 建成后产权属于全体业主所有的，其成本、费用可以扣除；

2. 建成后无偿移交给政府、公用事业单位用于非营利性社会公共事业的，其成本、费用可以扣除；

3. 建成后有偿转让的，应计算收入，并准予扣除成本、费用。

（四）房地产开发企业销售已装修的房屋，其装修费用可以计入房地产开发成本。

房地产开发企业的预提费用，除另有规定外，不得扣除。

（五）属于多个房地产项目共同的成本费用，应按清算项目可售建筑面积占多个项目可售总建筑面积的比例或其他合理的方法，计算确定清算项目的扣除金额。

五、土地增值税清算应报送的资料

符合本通知第二条第（一）项规定的纳税人，须在满足清算条件之日起 90 日内到主管税务机关办理清算手续；符合本通知第二条第（二）项规定的纳税人，须在主管税务机关限定的期限内办理清算手续。

纳税人办理土地增值税清算应报送以下资料：

（一）房地产开发企业清算土地增值税书面申请、土地增值税纳税申报表；

（二）项目竣工决算报表、取得土地使用权所支付的地价款凭证、国有土地使用权出让合同、银行贷款利息结算通知单、项目工程合同结算单、商品房购销合同统计表等与转让房地产的收入、成本和费用有关的证明资料；

（三）主管税务机关要求报送的其他与土地增值税清算有关的证明资

料等。

纳税人委托税务中介机构审核鉴证的清算项目，还应报送中介机构出具的《土地增值税清算税款鉴证报告》。

六、土地增值税清算项目的审核鉴证

税务中介机构受托对清算项目审核鉴证时，应按税务机关规定的格式对审核鉴证情况出具鉴证报告。对符合要求的鉴证报告，税务机关可以采信。

税务机关要对从事土地增值税清算鉴证工作的税务中介机构在准入条件、工作程序、鉴证内容、法律责任等方面提出明确要求，并做好必要的指导和管理工作。

七、土地增值税的核定征收

房地产开发企业有下列情形之一的，税务机关可以参照与其开发规模和收入水平相近的当地企业的土地增值税税负情况，按不低于预征率的征收率核定征收土地增值税：

（一）依照法律、行政法规的规定应当设置但未设置账簿的；

（二）擅自销毁账簿或者拒不提供纳税资料的；

（三）虽设置账簿，但账目混乱或者成本资料、收入凭证、费用凭证残缺不全，难以确定转让收入或扣除项目金额的；

（四）符合土地增值税清算条件，未按照规定的期限办理清算手续，经税务机关责令限期清算，逾期仍不清算的；

（五）申报的计税依据明显偏低，又无正当理由的。

八、清算后再转让房地产的处理

在土地增值税清算时未转让的房地产，清算后销售或有偿转让的，纳税人应按规定进行土地增值税的纳税申报，扣除项目金额按清算时的单位建筑面积成本费用乘以销售或转让面积计算。

$$\text{单位建筑面积成本费用} = \text{清算时的扣除项目总金额} \div \text{清算的总建筑面积}$$

本通知自2007年2月1日起执行。各省税务机关可依据本通知的规定并结合当地实际情况制定具体清算管理办法。

附件2

北京市地方税务局关于印发《房地产开发企业土地增值税清算管理办法》的通知

京地税地〔2007〕134号

各区、县地方税务局、各分局：

为了进一步加强土地增值税清算的管理工作，根据《中华人民共和国土地增值税暂行条例》、《中华人民共和国土地增值税暂行条例实施细则》和《国家税务总局关于房地产开发企业土地增值税清算管理有关问题的通知》（国税发〔2006〕187号）及土地增值税相关政策文件，市局制定了《房地产开发企业土地增值税清算管理办法》（以下简称《管理办法》），现印发给你们，并就有关问题通知如下，请一并依照执行。

一、土地增值税清算工作是土地增值税征收管理的重要环节，是依法行政，确保国家足额入库的重要保证。各局在强化土地增值税税款预征工作的同时，要认真贯彻落实《管理办法》的精神，做好土地增值税清算的各项管理工作。

二、为了更好地开展清算工作，各局应依照《管理办法》，结合本地区土地增值税征管的实际情况，制定本局清算工作的具体工作流程，落实岗位责任，确保清算土地增值税税款工作的顺利实施。

房地产开发企业土地增值税清算管理办法

第一章　总则

第一条　为了规范房地产开发企业土地增值税清算管理工作，根据《中华人民共和国税收征收管理法》、《中华人民共和国土地增值税暂行条例》、《中华人民共和国土地增值税暂行条例实施细则》和《国家税务总局关于房地产开发企业土地增值税清算管理有关问题的通知》及有关文件的规定，制定本办法。

第二条　凡从事房地产开发的企业应办理清算土地增值税手续的房地产开发项目，包括未预征土地增值税税款的房地产开发项目，均适用本办法。

第三条　土地增值税清算以纳税人初始填报的《土地增值税项目登记表》中房地产开发项目为对象，对一个清算项目中既有普通标准住宅工程又有其他商品房工程的，应分别核算增值额。

第四条　纳税人在办理土地增值税清算税款手续时应在报送有关资料的同时附送中介机构出具的《土地增值税清算鉴证报告》（以下简称《鉴证报告》，标准格式见附件1）。

第二章　清算条件

第五条　符合下列情况之一的，纳税人应到主管地方税务机关办理土地增值税清算手续：

（一）全部竣工并销售完毕的房地产开发项目。

（二）整体转让未竣工的房地产开发项目。

（三）直接转让土地使用权的项目。

（四）纳税人申请注销税务登记的房地产开发项目。

第六条 符合下列情况之一的，主管地方税务机关可要求纳税人进行土地增值税清算：

（一）纳税人开发的房地产开发项目已通过竣工验收，在整个预（销）售的房地产开发建筑面积达到可销售总建筑面积的比例85%（含）以上的。

（二）取得销售（预售）许可证满三年仍未销售完毕的。

（三）经主管地方税务机关进行纳税评估发现问题后，认为需要办理土地增值税清算的房地产开发项目。

第七条 房地产开发企业纳税人建造商品房，已自用或出租使用年限在一年以上再出售的，应按照转让旧房及建筑物的政策规定缴纳土地增值税，不再列入土地增值税清算的范围。

第三章　清算申请与受理

第八条　凡符合应办理土地增值税清算条件的纳税人，应在90日内向主管地方税务机关提出清算税款申请，并据实填写《土地增值税清算申请表》（附件2），经主管地方税务机关核准后，即可办理竣工清算税款手续。对纳税人清算土地增值税申请不符合受理条件的，应将不予核准的理由在《土地增值税清算申请表》中注明并退回纳税人。

第九条　凡主管地方税务机关要求纳税人办理土地增值税清算手续的房地产开发项目，主管地方税务机关应出具《土地增值税清算通知书》（附件3）并送达纳税人。纳税人应在接到《土地增值税清算通知书》之日起30日内，填写《土地增值税清算申请表》报送主管地方税务机关。经主管地方税务机关核准后，在90日内办理清算税款手续。

第十条　纳税人在办理土地增值税清算申报手续时，应向主管税务机关提交有关清税项目资料，并填写《土地增值税清算材料清单》（附件4）。须提交的有关资料如下：

（一）项目竣工清算报表，当期财务会计报表（包括：损益表、主要开发产品（工程）销售明细表、已完工开发项目成本表）等。

（二）国有土地使用权证书。

（三）取得土地使用权时所支付的地价款有关证明凭证及国有土地使用权出让或转让合同。

（四）清算项目的预算、概算书、项目工程合同结算单。

（五）能够按清算项目支付贷款利息的有关证明及借款合同。

（六）销售商品房有关证明资料，以商品房购销合同统计表并加盖公章的形式，包含：销售项目栋号、房间号、销售面积、销售收入、用途等。

（七）清算项目的工程竣工验收报告。

（八）清算项目的销售许可证。

（九）与转让房地产有关的完税凭证，包括：已缴纳的营业税、城建税、教育费附加等。

（十）《土地增值税清算鉴证报告》。

（十一）《土地增值税纳税申报表（一）》。

（十二）税务机关要求报送的其他与土地增值税清算有关的证明资料等。

第十一条　纳税人应准确、据实填写各类清算申报表和相关表格；纳税人委托中介机构代理进行清算鉴证的，在《鉴证报告》中应详细列举清算项目的收入、扣除项目和进行土地增值税清算的相关鉴证信息。

第十二条　主管地方税务机关在收取纳税人提交的申请材料和《鉴证报告》时，应认真核对纳税人提供的资料，并严格按照《鉴证报告》标准格式进行验收，对纳税人提交的申请材料齐全的，主管税务机关应予以受理，并向纳税人开具《土地增值税清算受理通知书》（附件 5）交纳税人转入审核程序。对纳税人提交的清税资料不完整、《鉴证报告》内容不规范、审计事项情况不清楚的，应退回纳税人重新修改《鉴证报告》或补充资料，并向纳税人开具《土地增值税清算补充材料通知书》（附件 6）交纳税人，待清算资料补充完整后，重新办理税款清算手续。

第四章　清算审核

第十三条　主管地方税务机关应自受理纳税人清算申请之日起 90 日内完成清算审核工作，不含纳税人应税务机关要求的补正资料时间。

第十四条　主管地方税务机关应认真审核纳税人提供的证明凭证、资料是否真实有效；审核《鉴证报告》的真实性；格式的规范性；内容的齐全性，内容应包含开发项目总建筑面积、批准总销售面积、企业总自用面积、总配套设施面积、项目分类用途情况、允许分摊的配套设施面积、本次土地增值税清算面积，审核各表格扣除项目内容与相关资料的关系等。主管地方税务机关有权对《鉴证报告》的工作底稿进行抽查和检查。

第十五条　清算项目销售收入的确定。销售收入是指销售商品房所取得的全部价款及有关的经济收益。收入的确认重点审核企业预售款和相关的经济收益是否全部结转为销售收入，同时应审核向购买方收取的房价款中是否包含代收费用。

对房地产开发企业将开发的商品房用于赞助、职工福利、奖励、对外投资、分配给股东或投资人、抵偿债务、换取其他单位和个人的非货币性资产等行为，发生所有权属转移时应视同销售房地产，取得其收入确定由主管地方税务机关按照当期同类区域、同类房地产的市场价格核定。

对纳税人转让房地产无法提供收入资料或提供收入资料不实造成成交价格明显偏低的，收入确定由主管地方税务机关依照上述方法的市场价格核定。

第十六条　对清算项目扣除项目金额的确定，按照《中华人民共和国土地增值税暂行条例》和《中华人民共和国土地增值税暂行条例实施细则》的规定计算，发生的各项成本和费用应按实际发生额确认扣除；对纳税人无法提供合法有效凭证的，不予扣除；各项预提（或应付）费用不得包括在扣除项目金额中。

第十七条　纳税人应向税务机关提供合法有效凭证，方可据实扣除项目金额的范围如下：

（一）纳税人为取得土地使用权所支付的地价款和按国家统一规定交纳的有关费用。

（二）纳税人在房地产开发过程中实际发生的土地征用费用、耕地占用税、拆迁地上地下建筑物和附着物的拆迁费用、解决拆迁户住房和安置被拆迁者工作的安置及补偿费用等支出。

（三）纳税人在销售房地产过程中缴纳的营业税、城市维护建设税和教育费附加。

第十八条　对开发土地和新建房及配套设施的成本（简称开发成本）中的前期工程费、建筑安装工程费、基础设施费、开发间接费用等，按实际发生额据实扣除。对纳税人进行土地增值税清算时，有下列情况之一的，税务机关应按核定办法扣除：

（一）无法按清算要求提供开发成本核算资料的；

（二）提供的开发成本资料不实的；

（三）发现《鉴证报告》内容有问题的；

（四）虚报房地产开发成本的；

（五）清算项目中的前期工程费、建筑安装工程费、基础设施费、开发间接费用的每平方米建安成本扣除额，明显高于北京市地方税务局制定的《分类房产单位面积建安造价表》中公布的每平方米工程造价金额，又无正当理由的。

第十九条　地方税务机关根据建设部门定期公布的建安指导价格，结合商品房用途、结构等因素制定《分类房产单位面积建安造价表》，并据此核定第十八条所列四项开发成本的扣除额。《分类房产单位面积建安造价表》及核算方法，由市地方税务局另行制定下发。

第二十条　公共配套设施费的扣除范围确认，以房地产开发中必须建造、但不能有偿转让的非营利性的社会公共事业设施所发生的支出确定。非营利性的社会公共事业设施主要是指：物业办公场所、变电站、热力站、水厂、居委会、派出所、托儿所、幼儿园、学校、医院、邮电通讯、自行车棚、公共厕所等。由于各开发项目配套设施情况不同，必须先确定允许扣除的配套设施面积后再计算分摊。

对于成片开发分期清算项目的公共配套设施费用，在先期清算时应按实际发生的费用进行分摊。

对于后期清算时实际支付的公共配套设施费用分摊比例大于前期的金额时，允许在整体项目全部清算时，按照整体项目重新进行调整分摊。

第二十一条　对开发土地和新建房及配套设施的费用（销售费用、管理费用、财务费用）扣除的确定，对财务费用中的利息支出凡能够按清算项目计算分摊并提供金融机构证明的，允许据实扣除，但最高不能超过按商业银行同类同期贷款利率计算的金额。其他房地产开发费用，按取得土地使用权所支付的金额和房地产开发成本计算的金额之和的5%计算扣除。

对财务费用中的利息支出凡不能按清算项目计算分摊或提供金融机构利息证明的，利息不能单独扣除，房地产开发费用采用按率扣除的方法，以取得土地使用权所支付的金额和房地产开发成本计算的金额之和的10%进行计算扣除。

第五章　清算管理

第二十二条　各区县地方税务局要做好土地增值税的清算管理工作，

认真查验和审核清算企业报送的《鉴证报告》内容及相关资料，在审查清算项目过程中因鉴证事项或其他问题需要纳税人进一步补充与清算项目相关的证明资料时，决定暂停清算，应向纳税人开具《土地增值税清算中止核准通知书》（附件7），待纳税人重新补充证明资料后，再办理税款清算手续。对纳税人不能按主管税务机关规定期限提交补正材料的，应将清算项目资料移交给税务稽查部门，由稽查部门进行清算工作。

第二十三条　主管地方税务机关经过清算审核后，对清算项目需要进行纳税评估的，应将全部资料移交纳税评估部门进行清算评估工作，经过纳税评估后，决定对纳税人申请的清税项目不予核准，需转入检查程序进行检查的，应向纳税人开具《土地增值税清算终止核准通知书》（见附件8）送达纳税人，并将全部清税资料移交稽查部门，按照有关规定进行稽查检查工作。

第二十四条　主管地方税务机关在清算项目审核中，发现有下列情况的之一的，应将全部资料移交纳税评估或稽查部门进行清算工作。

（一）纳税人办理清税时，报送的《鉴证报告》内容不规范，退回重报后，《鉴证报告》仍不符合要求的；

（二）纳税人办理清税时，提供《鉴证报告》需要退税的；

（三）纳税人未按土地增值税政策规定预缴税款的。

第二十五条　地方税务机关在清算审核、纳税评估、稽查检查工作中，发现纳税人有下列情况之一的，可以按确定的销售收入进行核定征收土地增值税（征收率另行制定）。

（一）依照法律、行政法规的规定应当设置财务账簿未设置的；或虽设置财务账簿，但账目混乱，销售收入、成本材料凭证残缺不齐，难以确定销售收入或扣除项目金额的；

（二）擅自销毁账簿的或者拒不提供纳税资料的；

（三）符合土地增值税清算条件，未按照规定期限办理清算手续，经税务机关责令限期改正，逾期仍不清算的；

（四）纳税人未如实进行土地增值税清算申报，计税依据明显偏低，又无正当理由的。

第二十六条 主管地方税务机关通过清算审核对清算项目需要进行核定征收的，应向纳税人开具《土地增值税清算终止核准通知书》和《土地增值税核定征收通知书》（见附件9）送达纳税人。

地方税务机关通过对房地产开发项目纳税评估或稽查检查需要进行核定征收的，应向纳税人开具《土地增值税核定征收通知书》送达纳税人。

第二十七条 经地方主管税务机关清算审核后，需办理退还土地增值税手续的，依照《北京市地方税务局退税管理暂行办法》（京地税征〔2003〕686号）规定的程序办理退税手续。

第二十八条 主管税务机关负责将清算工作中形成的资料与原保存的该项目税务资料按照《北京市地方税务局税务档案管理办法》（京地税档〔2004〕73号）的有关规定合并立卷。对于成片开发分批清算土地增值税的项目，应在全部办理清算土地增值税税款工作后再进行归档。

第六章 对中介机构的管理

第二十九条 房地产开发企业土地增值税清算专项鉴证业务，可由纳税人委托具有主管部门批准资质的中介机构进行。

第三十条 中介机构应对不同用途的房地产开发清算项目所涉及的收入、成本、费用等情况加以区分并说明情况。

第三十一条 中介机构对清算项目的总体基本情况、不同用途的面积划分情况、销售收入、成本及费用等情况进行鉴证。中介机构应按税务机关规定的《鉴证报告》范本和内容对鉴证情况出具《鉴证报告》，供税务部门参考，并接受税务机关要求提供清算项目鉴证工作底稿的查验核实工作。

第三十二条 对中介机构出具的《鉴证报告》，经税务机关审核退回后，仍未达到清算要求的，将不允许再从事土地增值税清算鉴证业务工作。

第七章 清算处罚

第三十三条 对房地产开发企业纳税人存在未及时、如实进行土地增值税清算申报、提供虚假纳税资料、偷税等税收违法行为的，按照《中华人民共和国税收征收管理法》第六十二条、六十三条、六十四条等有关规定进行处罚。

第三十四条 税务机关在土地增值税清算审核工作中，一经发现中介机构违反有关税收法律、法规出具虚假鉴证报告，造成纳税人少缴、未缴土地增值税的，除按照《中华人民共和国税收征收管理法实施细则》第九十八条规定进行处罚外，还应对违纪单位进行通报，凡对被通报的中介机构出具的鉴证报告，在办理土地增值税清算工作时均不予认可。

第八章 附则

第三十五条 本办法所涉及各文书和表格均列举在附件中。

第三十六条 此前规定与本办法不一致的，按本办法执行。

第三十七条 本办法自下发之日起开始执行。

第三十八条 自本通知生效之日起，原《北京市地方税务局关于印发北京市地方税务局清算土地增值税税款管理工作规程的通知》（京地税地〔2004〕628号）和《北京市地方税务局印发关于房地产开发企业清算土地增值税附送专项审计报告的管理办法的通知》（京地税地〔2002〕305号）废止。

附件3

国家税务总局关于广西土地增值税计算问题请示的批复

（国税函〔1999〕112号）

广西壮族自治区地方税务局：

你局《关于转让土地计算土地增值税问题的请示》（桂地税报〔1999〕17号）文收悉。

对来文请示的《土地增值税暂行条例实施细则》（以下简称《细则》）第九条“纳税人成片受让土地使用权后，……可转让土地使用权的面积占总面积的比例分摊”中“总面积”的含义，现答复如下：

根据土地增值税立法精神，《细则》第九条的“总面积”是指可转让土地使用权的土地总面积。在土地开发中，因道路、绿化等公共设施用地是不能转让的，按《细则》第七条规定，这些不能有偿转让的公共配套设施的费用是计算增值额的扣除项目。因此，在计算转让土地的增值额时，按实际转让土地的面积占可转让土地总面积来计算分摊，即：可转让土地面积为开发土地总面积减除不能转让的公共设施用地面积后的剩余面积。

附件 4

国家税务总局关于未办理土地使用权证转让土地有关税收问题的批复

（国税函〔2007〕645 号）

四川省地方税务局：

你局《关于未办理土地使用权证而转让土地有关税收问题的请示》（川地税发〔2007〕7 号）收悉，批复如下：

土地使用者转让、抵押或置换土地，无论其是否取得了该土地的使用权属证书，无论其在转让、抵押或置换土地过程中是否与对方当事人办理了土地使用权属证书变更登记手续，只要土地使用者享有占有、使用、收益或处分该土地的权利，且有合同等证据表明其实质转让、抵押或置换了土地并取得了相应的经济利益，土地使用者及其对方当事人应当依照税法规定缴纳营业税、土地增值税和契税等相关税收。

国家税务总局

二〇〇七年六月十四日

方案八

凤凰城项目土地增值税筹划方案

方案导读

本方案的税收筹划方案要点如下：

1. 合理规划项目的销售收入。对于未来出售的房地产，可以适当提高销售单价，经测算不会大幅提高土地增值税的负担。

2. 在成本分摊时应适当增加一些成本项目；在进行成本分摊时，尽量使成本向商铺倾斜。

3. 在项目清算之前，进行项目总体的税负测算非常关键，这样可以采取一定的措施控制税负。

第一部分　总报告

一　凤凰城项目概况及主要指标

（一）凤凰城项目概况

凤凰城项目位于上海市东海岸边，有多层、小高层和配套商业，是高品质的大型法式生活社区。配套商业为两万余平方米商业，内设休闲会所、购物超市、便利店、咖啡厅、图书阅览室等服务配套。小区采用组团式建筑布局，分为三大片区，一个主题公园，六个核心景观带，绿化率高达45%。

凤凰城项目由2006年成立的凤凰城置业公司（以下简称“凤凰城置业”）开发，注册资金为6 000万元人民币，属于中外合资经营企业，拥有房地产一级开发资质。凤凰城置业设有综合部、工程管理部、销售部、财务部等部门。截至2010年底，公司拥有总资产286 693 317.79元，净资产24 795 066.27元，2010年度实现利润6 815 507.47元。

凤凰城宗地总面积为91 783.77平方米（约137.68亩），代征地31.77亩。分为6号地块和7号地块，其中6号地块宗地面积78.13亩，7号地块宗地面积59.54亩。总建筑规划面积132 636平方米，其中商业面积约19 469平方米，住宅面积约112 757平方米。小区容积率为1.6，共有住宅29幢，其中一期多层住宅12幢，已经办理竣工备案手续且交付使用；二期11幢多层住宅，2009年已经预售；三期为6幢小高层，包括住宅和商业项目，其中部分已经实现预售。

（二）重要项目数据及经济指标

项目	项目一期：多层住宅	项目二期：多层住宅	项目三期：小高层	商铺项目	停车库＋储藏室	备注
土地面积	26 722.31m^2	24 506 m^2	19 370.69 m^2			数据主要来源于企业
土地成本	21 260 528.46元	15 557 685.00元	15 579 886.54元			
建筑面积	40 556.58m^2	32 921.35 m^2	33 836.6m^2	14 262 m^2	10 124.97 m^2	
销售收入	9 516万元	8 714万元	11 494万元	12 600万元	3 230万元	
目前状态	已交付使用	全部预售	部分预售	未竣工	部分预售	

二　项目面临的财税风险及对策分析

（一）财税风险分析

1. 成本分摊问题

由于凤凰城项目分期开发，在成本分摊过程中，存在明显的分摊不合理问题，即没有合理的分摊标准和充分的证据，甚至还出现分摊处理严重偏离税法问题。

规范的成本分摊原则如下：

（1）各期项目涉及土地成本的，按占地面积进行分摊。

（2）其他成本，一般按照建筑面积进行分摊。

（3）整个工程未完工的，各期项目成本按照建筑面积进行分摊时统一按照规划面积进行分摊。最终需要按照实测面积进行调整。

（4）工程部的费用，一般应计入开发间接费，尔后合理分摊计入不同期的项目成本。

2. 发票违规问题

（1）发票形式与内容不符。

国税局调查凤凰城置业的开发成本时发现：开发成本中存在以地税局建筑安装发票列支塑钢门窗、太阳能、防盗门、节能保温材料等支出，仅一期就高达300多万元。

（2）取得假发票、代开发票。

根据国税稽通〔2010〕50号税务事项通知书所述，进入一期成本的假发票、代开发票金额为111 085.50元，进入管理费用、销售费用的假发票、代开发票金额为203 554元。

按照《中华人民共和国企业所得税法》第八条、《房地产开发经营业务企业所得税处理办法》（国税发〔2009〕31号）、《中华人民共和国发票管理办法》（中华人民共和国国务院令 第587号）、《国家税务总局关于开展打击制售假发票和非法代开发票转项整治行动有关问题的通知》（国税发〔2008〕40号）、《国家税务总局关于进一步做好打击发票违法犯罪活动工作的通知》（国税发〔2009〕118号）等规定要求，“不符合规定的发票，不得作为财务报销凭证，任何单位和个人有权拒收”，“任何单位和个人不得有下列虚开发票行为：（一）为他人、为自己开具与实际经营业务情况不符的发票；（二）让他人为自己开具与实际经营业务情况不符的发票；（三）介绍他人开具与实际经营业务情况不符的发票。”

3. 利息及其税务处理问题

2008年以来会计账簿列支典当公司的综合费用和利息支出，作为凤凰城置业的借款利息。而上述借款的主体为母公司凤凰集团及关联公司新都房地产开发有限公司。但该笔款项由该二公司借款后将资金汇入凤凰城置业用于项目开发。这一问题严重违背借款利息的处理原则，但我们认为补缴利息营业税，可以解决此利息问题的入账和税前扣除问题。

另外，利息费用的确认要与合同条款相比对，要求利息金额、支付方与合同规定一致。关于利息的分摊，凤凰城置业采用按建筑面积的比例进行分摊，也明显存在分摊不合理的问题。建议改按项目占用资金的比例和期限长短在项目各期之间严格分摊利息费用。

4. 车库及储藏室的产权归属及税务处理

车库和储藏室属于公共配套设施。按照公司的经营操作思想和运作思路，拟进行出售转让，获得回报。但我们认为应该分析车库及储藏室的产权归属关系，开发公司是否具备出售该资产的权利，这一点必须予以明确。

《物权法》规定：小区内的公共配套设施属全体业主所有，如果车位是公共设施，开发商就不对其享有所有权，更不能将车位进行市场交易（车位使用权或所有权的买卖）。如果车库不属于小区内公共配套设施，且经相关部门批准，开发商取得了车位的所有权，就可以按房产销售给业主，正常计算销售收入缴纳税金，并结转成本；如果车库属于利用人防设施建造的，则车库的投资人为全体业主，物业管理公司收“车库维护管理费”。如果车库“卖若干年的使用权，则需要认定为租赁行为，按照“服务业——租赁业”税目征收营业税。

5. 账务不健全，未能合理反映财务状况

通过查阅公司的明细账、总账和财务报表，我们发现一些账务缺陷，归纳如下：

（1）白条抵库、无凭证费用未入账，导致成本不完整，造成税收负担显著增加。

（2）账目划分不清，体现为以下方面：①基础设施和公共配套设施的成本没有分开核算。②前期费用和土地征用及拆迁补偿费没有分开核算。③管理费用中列支部分现场管理人员、销售人员工资及其他费用，应相应调整到开发成本——开发间接费中。④缺少期间费用——管理费用、财务费用、销售费用的完整记录。⑤明细账和按项目核算的数字对不上。这说明账务存在核算不细问题，也难以避免一些错漏谬误之处。虽然可能并不影响纳税，但会影响财务数据及报表相关信息。

(3) 非本公司车辆费用列支在本公司账簿，需要进行账务调整，且该部分车辆费用不得税前扣除。

(4) 在一期成本项目中含有政府代建工程——凤凰广场的支出费用，不应构成一期成本项目，应予以剔除。

(5) 由于历史原因导致大额烟酒招待费资料遗失，查无证据。此笔费用可能未来无法实现税前列支，且土地增值税清算时也无法合法计入扣除项目。

根据凤凰城置业的财务数据和经营状态，我们认为目前的关键在于控制和化解财税风险。即从经营细节和财务合规性角度控制税务风险（主要涉及发票、合同、税金、成本分摊、财务报表等），我们提出以下风险化解与控制建议。

(二) 风险化解对策

1. 彻底清查和核对账目

项目成本核算中，尤其是一些成本费用明细项目，存在诸多疏漏和分摊不当之处，务必引起管理层的高度重视，并制定财务规划，着手理顺账务，理清账目。

2. 对利息分摊方法严格界定

借款利息应合理分摊并由相应的成本对象承担。同时，务必实现借款合同和利息归属处理一致。我们的税务建议是，健全关联企业之间的资金往来手续，补充签订合同，该由哪方承担的税费必须体现哪方责任。

3. 彻底进行发票检查

严格杜绝违规发票进入企业账簿，对于已经记入账簿的代开发票、假发票等，彻底从账上剔除，以绝后患。

4. 项目税款清算在即

对于预售时间超过3年，且销售完毕的项目，按照税法规定，应予以彻底清算，结清税款。因此，凤凰城项目的一期、二期销售或预售已罄，必须尽快实施清算操作。

三 项目税收清算及纳税筹划方案

（一）项目未来销售收入的预测与筹划分析

目前6号地12栋多层、7号地11栋多层已经完成销售，总销售收入分别为95 164 883.54元、87 135 767.00元，合计销售收入额达1.8亿元。6号地6栋小高层以及商铺、停车位、储藏室等处在销售过程中。随着房地产宏观调控和三四线城市房价波动趋势，我们认为公司在未来销售环节仍有进一步控制房价的需要。

根据项目收入预测情况和增值税测算结果来看（参看第二部分“分报告”——凤凰城土地增值税测算与规划方案），对于未来出售的项目三期房产部分，可以适当提高销售单价。实现普通住宅享受土地增值税免税待遇，而非普通住宅税后利润最大化，且不会大幅增加土地增值税的负担。

（二）项目成本分摊及结转的财税处理

根据项目收入及成本情况对比分析可知，在成本分摊时应适当增加成本项目内容，实现成本项目依法核算、足额计入。在进行成本分摊时，尽量使成本向商铺倾斜，且在成本分摊和结转前进行预测、分析与规划。

（三）项目主要税金的测算与节税筹划

1. 营业税及附加

销售收入涉及的营业税金及附加为：4.5×5.5%＝0.247 5（亿元）

2. 土地增值税

控制凤凰名城项目一期、二期的增值率，满足普通住宅项目增值率低于20%的限定条件，实现一期、二期免征土地增值税。

三期普通住宅与商铺分开清算更为合适，分开清算的目标结果是：普通住宅增值率控制在20%以内，不纳税；商铺增值额和增值率尽量控制在最小值范围内，实现缴纳土地增值税5 917 985.66元。

土地增值税的清算表及具体规划建议与结论见“土地增值税测算规划方案”。

3. 企业所得税

项目清算涉及的企业所得税为：28 286 261.31元。详见“企业所得税纳税规划表”。

第二部分　分报告

一　凤凰城土地增值税测算与规划方案

（一）税负测算的前提及影响因素

凤凰名城土地增值税税负测算的主要影响因素如下：

1. 项目分期

不同期次的项目，土地增值税的清算时间有所区别，按照《国家税务总局关于房地产开发企业土地增值税清算管理有关问题的通知》（国税发〔2006〕187号）规定：土地增值税以国家有关部门审批的房地产开发项目为单位进行清算，对于分期开发的项目，以分期项目为单位清算。

2. 项目增值率

对于增值率不同的房地产项目，必须分开进行清算。尤其是项目拥有不同性质的房产类别时，一般对不同性质的房产因其增值率不同而必须分别独立清算。

3. 项目竣工与销售状况

下列房地产项目必须进行清算：

(1) 全部竣工并销售完毕的房地产开发项目；

(2) 整体转让未竣工的房地产开发项目；

(3) 直接转让土地使用权的项目；

(4) 纳税人申请注销税务登记的房地产开发项目。

符合下列情况之一的，主管地方税务机关可要求纳税人进行土地增值税清算：

(1) 纳税人开发的房地产开发项目已通过竣工验收，在整个预（销）售的房地产开发建筑面积达到可销售总建筑面积的比例85%（含）以上的；

(2) 取得销售（预售）许可证满三年仍未销售完毕的；

(3) 经主管地方税务机关进行纳税评估发现问题后，认为需要办理土地增值税清算的房地产开发项目。

国税发〔2006〕187号文件规定：如果将开发的部分房地产转为企业自用或用于出租等商业用途时，产权未发生转移，则不征收土地增值税。在税款清算时不列收入，不扣除相应的成本和费用。上述规定明确了企业自用开发产品在征收土地增值税时不作为视同销售处理，在土地增值税的税款清算时不列收入，也不扣除相应的成本和费用，即不需要填报《土地增值税纳税申报表》。

(二) 税负测算要求及清算前准备工作

1. 补交营业税及附加

已经缴纳的营业税、城建税及附加，允许实现税前扣除和土地增值税清算扣除。因此，凤凰城项目应核实销售收入，并按确认的销售收入以及视同销售收入计算缴纳营业税、城建税及教育费附加，为项目清算作准备。

2. 妥善处理未取得发票的相关支出

项目开发所发生的成本费用中，有一部分没有发票。主要涉及劳务报酬、补贴（各种性质车补餐补等）、公关费用、股东借钱、股东分红（未缴纳个人所得税）。这些无票的费用，需要适当借助业务招待费、市场费用、广告费用、咨询费用、工程价款等补齐。

会计处理：通过“以前年度损益调整”或者“开发成本”等账户进行处理，调整计入房地产开发成本、开发费用或者期间费用。

此外，在土地增值税清算之前，必须取得合法的工程款发票以及其他费用发票。在房地产调控期间，土地增值税清算对发票的要求更严格，没有发票或发票不合法的一律不得作为扣除项目在土地增值税前扣除。

3. 清算前的账务检查与调整

(1) 账务检查。在土地增值税清算时，对于已经核算记录的成本、费用项目，应进行细致检查。在土地增值税清算中，确定清算项目的扣除额时，发生的各项成本应按实际发生额确认扣除，对无法提供合法有效凭证的，不予扣除，各项预提费用也不得包括在扣除项目金额中。

开发过程中发生的土地征用费、耕地占用税、拆迁地上地下建筑物、附着物的拆迁费用、拆迁户的安置及补偿费等支出可以据实扣除。

开发过程中的发生的利息支出，在土地增值税计算时需要特别注意扣除的税收政策。《国家税务总局关于关于土地增值税清算有关问题的通知》(国税函〔2010〕220号）规定：

①财务费用中的利息支出，凡能够按转让房地产项目计算分摊并提供金融机构证明的，允许据实扣除，但最高不能超过按商业银行同类同期贷款利率计算的金额。其他房地产开发费用，在按照“取得土地使用权所支付的金额”与“房地产开发成本”金额之和的5%以内计算扣除。

②凡不能按转让房地产项目计算分摊利息支出或不能提供金融机构证明的，房地产开发费用在按“取得土地使用权所支付的金额”与“房地产开发成本”金额之和的10%以内计算扣除。

……

④土地增值税清算时，已经计入房地产开发成本的利息支出，应调整

至财务费用中计算扣除。

对于开发土地和新建房及配套设施的成本中的前期工程费、建筑安装工程费、基础设施费、开发间接费用等，按实际发生额据实扣除。若无法按清算要求提供开发成本核算资料的、虚报开发成本的、成本费用发生额明显偏离工程造价标准的且无正当理由的，税务机关核定其工程造价成本，主要参照《分类房产单位面积建安造价表》。

对于成片开发分期清算项目的公共配套设施费用，在先期清算时应按实际发生的费用进行分摊。对于后期清算时实际支付的公共配套设施费用分摊比例大于前期的金额时，允许在整体项目全部清算时，按照整体项目重新进行调整分摊。

(2) 账务调整。对于已经核算记录的成本、费用项目，检查中发现记录有误或不妥的，可以适当调整，如开发间接费的分摊，成本项目的重新划分，错账的更正等。这是清算过程中的一项基本工作，有助于正确计算扣除项目，合理进行土地增值税的筹划。

(三) 土地增值税税负测算及纳税规划

1. 税负测算过程及结果

依据土地增值税清算的相关规定，在结合凤凰城项目财务状况和纳税情况的基础上，进行土地增值税税负测算。税负测算的具体方案及其比较如表 8-1（土地增值税纳税规划表）所示。

方案说明

方案一：按照企业提供的收入及开发成本明细核算。

方案二：按照调整后的收入及开发成本明细核算。

一期的开发成本偏高，增值率为负数，这种情况是不正常的。尽量把开发成本向三期倾斜；三期小高层把 6 栋合并清算，不再分成 4 栋和 2 栋；三期小高层底部二层的商铺分开核算。

方案三：按照目标开发成本核算，三期商铺和住宅合并清算。

方案四：商铺和住宅分别清算，按照建筑面积均摊成本。

方案五：商铺和住宅分别清算，成本向商铺适当倾斜和转移。

2．方案分析与纳税规划

【方案一】

一期开发成本过多，增值率为－4％，属于不正常情况。导致这种情况的原因是存在大量的前期费用和基础设施费用，除了是专为一期发生的费用外，需要把前期费用和基础设施费用在三期分摊。一期的建筑安装成本和政府规费也比较多，适当向三期倾斜。

二期因为没有完工，开发成本不全，暂时增值率过高。目前的测试结果不是最终的结果。企业可以按照目标方案，合理控制开发成本。

三期包含普通住宅和商铺两部分，尚末开工，只有部分分摊的前期费用和基础设施费用。目前测试的结果不是最终结果。企业可以按照目标方案，合理控制开发成本。

具体可以调整的成本项目见第三部分财税数据——“成本汇总表（调整后）”所示。

【方案二】

一期承担了太多的前期费用和基础设施费用以及政府规费，除专属一期的费用以外，应按照建筑面积进行分摊。调整后一期的开发成本仍然过高。增值率只有1.2％，免征土地增值税。企业应按照目标开发成本重新划分三期的开发成本。

二期在调整后，分摊了部分的前期费用和政府费用。项目还没有完工，企业应按照目标开发成本，合理控制以后的开发成本。

三期在调整后，分摊了部分的前期费用和政府费用，项目还没有开工，需要按照目标开发成本合理控制开发成本。

【方案三】

一期的开发成本尽量调控在4 500万元左右，预测的增值率为19.2％，免征土地增值税。

二期的开发成本控制在4 800万元左右，预测的增值率为18.44％，免征土地增值税。

三期的开发成本按照预算控制在 13 175 万元（224 750 680－45 000 000－480 000＝131 750 680）左右。预测的增值率为 17.67％，按照 30％的税率计算，应缴纳土地增值税 1 086 万元。

【方案四】

住宅和商铺的开发成本按照建筑面积的比例，分摊额分别为 9 222 万元和 3 953 万元。测算的住宅的增值率为－18.11％，免征土地增值税；商铺的增值率为 95.71％，需要缴纳土地增值税 2 143 万元。

【方案五】

成本向商铺倾斜，住宅的开发成本控制在 6 000 万元左右，测算的增值率为 16.72％，免征土地增值税。商铺的开发成本控制在 7 175 万元左右（131 750 680－60 000 000＝71 750 680），测算的增值率为 18.56％，按照 30％的税率计算，应缴纳土地增值税 592 万元。因此，项目三期按照分开清算较为合适。

税务规划结论

建议企业一期和二期项目选择方案三，三期项目选择方案五。一期已完工，进入清算阶段，建议财务人员清查成本明细、金额、发票、合同，要保证四者统一，在符合税法相关规定的前提下，执行税务规划方案。二期及三期未完项目，按照税务规划方案执行，做好项目之初的筹划，避免一期中成本项目划分不明确，各期成本分摊不合理等情况的出现。

二　凤凰城所得税测算与规划方案

（一）税负测算影响因素及应纳税所得额分析

企业所得税的税负影响因素主要有应税收入、扣除项目、以前年度亏损等因素。

$$\text{应纳税所得额}=\left(\text{收入总额}-\text{不征税收入}-\text{免税收入}\right)-\text{准予扣除项目}-\text{允许弥补的以前年度亏损}$$

准予扣除项目＝成本＋期间费用＋税金及附加＋损失＋其他支出

应纳所得税额＝应纳税所得额×企业所得税税率

（二）企业所得税税负测算及纳税规划

1. 税负测算过程及结果

依据企业所得税的相关规定，在结合凤凰城项目财务状况和纳税情况的基础上，进行企业所得税税负测算。税负测算的具体方案及其比较如表8-2“企业所得税纳税规划表”所示。

方案说明

由于凤凰城项目后期的成本费用还没有实际发生，所以我们按照企业提供的收入、成本和费用的预算数预测所得税。

2. 方案分析与纳税规划

【收入】暂按预算收入总额 45 554 万元测算。企业将来清算时根据实际收入计算，估计最终收入总额会略有增加。

【成本】按照预算的成本总额 28 642 万元测算。与土地增值税的成本测算不同，符合要求的资本化的利息计入成本；另外，部分合理的成本因为没有合法的手续也可根据“实质重于形式原则”计入成本，需要补充一部分成本资料，由主管税务机关审批。

【税金及附加】营业税金及附加按照预算收入总额测算，企业将来清算时根据实际收入计算；土地增值税按照土地增值税纳税规划方案五测算。

【期间费用】按照每年审核的期间费用测算，税收筹划空间不大。

【损失】企业应把合理的损失在汇算清缴以前得到主管税务机关的审批，据以实现所得税前扣除。

【其他支出】其他项目主要有公益性捐赠、纳税调整项目、以前年度损益调整等。

税务规划结论

目前所得税税负测算结果是：应缴纳所得税 2 829 万元。

因为项目未完工，一些成本、费用、损失、税金及附加、营业外收支等其他项目没有计入，所以企业所得税测算暂时显得过高。税务规划建议：(1) 在以后的项目运作中，注意将合理部分的成本、费用等扣除项目提供证据（包括合法取得相关发票等凭据），做到税前依法扣除。(2) 对于未支付的工程款、未取得全额发票的情况，按照国税发〔2009〕31 号第三十二条的规定：出包工程未最终案办理结算而未取得权额发票的，在证明资料充分的前提下，其发票不足金额可以预提，但最高不超过合同总金额的 10%。

第三部分　财税数据

凤凰城成本汇总表（调整后）如表 8-3 所示。

说明：根据房地产企业成本核算原则和具体会计科目，我们将凤凰城项目涉及的具体成本数据进行汇总、调整和处理，得到按照项目成本细目列报的成本明细一览表。

此表为进行土地增值税和企业所得税核算的基础数据，也是指导企业成本分配和调账的基本依据。

表 1

土地增值税纳税规划表

（适用于房地产开发公司税务规划）

税款所属时间：2007 年 1 月 1 日　至　2010 年 12 月 31 日

纳税人编码：　　　　金额单位：人民币　元　　　　面积单位：平方米

纳税人名称		项目名称	凤凰名城		项目地址	
业别		经济性质			纳税人地址	
开户银行		银行账号			主管部门	

项目	行次	金额 方案一 一期（6 号地 11 栋高层）	金额 方案二 一期核定（调整后）	金额 方案三 一期目标方案	金额 方案一 二期（7 号地 11 栋多层）	金额 方案二 二期核定（调整后）	金额 方案三 二期目标方案
一、转让房地产收入总额	1	109 879 599.97	109 879 599.97	109 879 599.97	104 721 050.57	104 721 050.57	104 721 050.57
其中：货币收入	2						
实物收入及其他收入	3						
二、扣除项目金额合计	4	114 750 836.35	108 580 864.71	92 182 065.00	56 526 934.83	57 887 390.83	88 413 510.28
1. 取得土地使用权所支付的金额	5	21 260 528.46	21 260 528.46	21 260 528.46	15 579 886.54	15 579 886.54	15 579 886.54
2. 房地产开发成本	6	61 165 114.23	56 229 136.92	45 000 000.00	22 160 097.16	23 982 778.75	48 000 000.00
其中：土地征用及拆迁补偿费	7						
前期工程费	8	1 815 516.99	2 123 577.01		1 613 646.94	1 432 697.17	
建筑安装工程费	9	47 287 234.51	47 287 234.51		18 024 134.00	18 024 134.00	
基础设施费	10	11 122 168.25	5 950 893.43		1 927 211.87	4 082 902.99	
公共配套设施费	11						
开发间接费用	12	940 194.48	867 431.97		595 104.35	443 044.59	
3. 房地产开发费用	13	9 796 687.12	9 549 888.26	6 626 052.85	5 479 296.61	4 652 534.70	6 357 988.65
其中：利息支出	14	5 675 404.99	5 675 404.99	3 313 026.42	3 592 297.42	2 674 401.44	3 178 994.33
其他房地产开发费用	15	4 121 282.13	3 874 483.27	3 313 026.42	1 886 999.19	1 978 133.26	3 178 994.33
4. 与转让房地产有关的税金等	16	6 043 378.00	6 043 378.00	6 043 378.00	5 759 657.78	5 759 657.78	5 759 657.78
其中：营业税	17	5 493 980.00	5 493 980.00	5 493 980.00	5 236 052.53	5 236 052.53	5 236 052.53
城市维护建设税	18	384 578.60	384 578.60	384 578.60	366 523.68	366 523.68	366 523.68
教育费附加	19	164 819.40	164 819.40	164 819.40	157 081.58	157 081.58	157 081.58
5. 财政部规定的其他扣除项目	20	16 485 128.54	15 497 933.08	13 252 105.69	7 547 996.74	7 912 533.06	12 715 977.31
三、增值额	21	−4 871 236.38	1 298 735.26	17 697 534.97	48 194 115.74	46 833 659.74	16 307 540.29
四、增值额与扣除项目金额之比	22	−4.25%	1.20%	19.20%	85.26%	80.90%	18.44%
五、适用税率	23	0.00%	0.00%	0.00%	40.00%	40.00%	0.00%
六、速算扣除系数	24	0.00%	0.00%	0.00%	5.00%	5.00%	0.00%
七、应缴土地增值税税额	25	0.00	0.00	0.00	16 451 299.56	15 839 094.35	0.00
八、已缴土地增值税税额	26	736 666.80	736 666.80	736 666.80	0.00	0.00	0.00
九、应补（退）土地增值税税额	27	−736 666.80	−736 666.80	−736 666.80	16 451 299.56	15 839 094.35	0.00

续表

纳税人名称		项目名称	凤凰名城	项目地址	
业别		经济性质		纳税人地址	
开户银行		银行账号		主管部门	

项目	行次	金额						
		方案一	方案二	方案三	方案四	方案五	方案四	方案五
		三期（6号地6栋小高层）	三期核定	三期目标方案	三期住宅（6栋小高层）	三期住宅目标方案（6栋小高层）	三期商铺（6栋小高层的底商）	三期商铺目标方案
一、转让房地产收入总额	1	240 940 220.00	240 940 220.00	240 940 220.00	114 940 220.00	114 940 220.00	126 000 000.00	126 000 000.00
其中：货币收入	2							
实物收入及其他收入	3							
二、扣除项目金额合计	4	32 938 373.34	37 486 641.48	204 752 586.60	140 372 324.25	98 479 205.45	64 380 262.35	106 273 381.15
1. 取得土地使用权所支付的金额	5	15 557 685.00	15 557 685.00	15 557 685.00	10 890 379.50	10 890 379.50	4 667 305.50	4 667 305.50
2. 房地产开发成本	6	847 866.03	4 638 089.48	131 750 680.00	92 225 476.00	60 000 000.00	39 525 204.00	71 750 680.00
其中：土地征用及拆迁补偿费	7							
前期工程费	8	423 043.76	1 197 683.51					
建筑安装工程费	9	200 000.00	200 000.00					
基础设施费	10		3 015 583.70					
公共配套设施费	11							
开发间接费用	12	224 822.27	224 822.27					
3. 房地产开发费用	13			14 730 836.50	10 311 585.55	7 089 037.95	4 419 250.95	7 641 798.55
其中：利息支出	14	820 277.55	1 009 788.72	7 365 418.25	5 155 792.78	3 544 518.98	2 209 625.48	3 820 899.28
其他房地产开发费用	15	820 277.55	1 009 788.72	7 365 418.25	5 155 792.78	3 544 518.98	2 209 625.48	3 820 899.28
4. 与转让房地产有关的税金等	16	13 251 712.10	13 251 712.10	13 251 712.10	6 321 712.10	6 321 712.10	6 930 000.00	6 930 000.00
其中：营业税	17	12 047 011.00	12 047 011.00	12 047 011.00	5 747 011.00	5 747 011.00	6 300 000.00	6 300 000.00
城市维护建设税	18	843 290.77	843 290.77	843 290.77	402 290.77	402 290.77	441 000.00	441 000.00
教育费附加	19	361 410.33	361 410.33	361 410.33	172 410.33	172 410.33	189 000.00	189 000.00
5. 财政部规定的其他扣除项目	20	3 281 110.21	4 039 154.90	29 461 673.00	20 623 171.10	14 178 075.90	8 838 501.90	15 283 597.10
三、增值额	21	208 001 846.66	203 453 578.52	36 187 633.40	−25 432 104.25	16 461 014.55	61 619 737.65	19 726 618.85
四、增值额与扣除项目金额之比	22	631.49%	542.74%	17.67%	−18.12%	16.72%	95.71%	18.56%
五、适用税率	23	0.00%	0.00%	30.00%	0.00%	0.00%	40.00%	30.00%
六、速算扣除系数	24	0.00%	0.00%	0.00%	0.00%	0.00%	5.00%	0.00%
七、应缴土地增值税税额	25	0.00	0.00	10 856 290.02	0.00	0.00	21 428 881.94	5 917 985.66
八、已缴土地增值税税额	26	0.00	0.00	0.00	0.00	0.00	0.00	0.00
九、应补（退）土地增值税税额	27	0.00	0.00	10 856 290.02	0.00	0.00	21 428 881.94	5 917 985.66

表 2

企业所得税纳税规划表

（适用于房地产开发公司税务规划）

税款所属时间：2006 年 12 月 31 日至 2010 年 12 月 31 日　填表日期：2010 年 3 月 20 日

纳税人编码：

金额单位：人民币　元

纳税人名称：		项目名称：凤凰城		项目地址				
业别		经济性质		纳税人地址				
开户银行		银行账号		主管部门				
		金额						
		2007 年	2008 年	2009 年	2010 年	2011 年	2012 年	总计
一、转让房地产收入总额	1				109 413 077.80			455 540 870.54
减：房地产成本总额	2	0.00	0.00	0.00	85 895 147.10	0.00	0.00	286 423 091.78
1. 取得土地使用权所支付的金额	3							52 398 100.00
2. 房地产开发成本	4	0.00	0.00	0.00	0.00	0.00	0.00	234 024 991.78
其中：土地征用及拆迁补偿费	5							
前期工程费	6							
建筑安装工程费	7							
基础设施费	8							
公共配套设施费	9							
开发间接费用	10							
资本化的利息	11							
其他	12							
加：其他业务收入	13							
减：其他业务成本	14							
减：营业税金及附加	15	0.00	0.00	4 872 814.95	9 376 373.63	0.00	0.00	30 972 733.54
其中：营业税	16							22 777 043.53

续表

		金　额						
		2007 年	2008 年	2009 年	2010 年	2011 年	2012 年	总计
城市维护建设税	17							1 594 393.05
教育费附加	18							683 311.31
土地增值税	19							5 917 985.66
减：期间费用	20	0.00	2 842 158.14	5 341 838.17	6 307 541.24	0.00	0.00	25 000 000.00
其中：财务费用	21		−67 930.13	1 339 975.44	2 184 302.29			5 000 000.00
管理费用	22		775 908.35	2 361 832.53	3 167 613.82			15 000 000.00
销售费用	23		2 134 179.92	1 640 030.20	955 625.13			5 000 000.00
减：允许税前扣除的损失	24							
加：投资收益	25							
加或减：其他	26							
二、营业利润	27	0.00	−2 842 158.14	−10 214 653.12	7 834 015.83	0.00	0.00	113 145 045.22
加：营业外收入	28		8 671.00	17 916.02	3 000.40			
减：营业外支出	29		110 000.00	237 594.41	60 020.50			
三、利润总额	30	0.00	−2 943 487.14	−10 434 331.51	7 776 995.73	0.00	0.00	113 145 045.22
加或减：以前年度损益调整					1 161 488.26			
四、预售收入计算的预计利润			7 800 036.54	10 785 076.90	−18 585 113.44			
五、弥补以前年度亏损			2 162 268.88	0.00				
六、应纳税所得额		0.00	2 694 280.52	350 745.39	−9 646 629.45	0.00	0.00	113 145 045.22
七、所得税	31	0.00	673 570.13	87 686.35	0.00	0.00	0.00	28 286 261.31
八、本年累计预缴所得税			1 358 101.79	1 232 876.24	249 657.47			2 840 635.50
九、本年应补（退）的所得税额			−684 531.66	−1 145 189.89	−249 657.47	0.00	0.00	25 445 625.81

表 3 **凤凰城 6 号地 12 栋成本、费用汇总表**

序号	项目名称	金额（元）	金额（元）	金额（元）	金额（元）	备注
		调整前	调整后			
一、	项目成本、费用	—	一期多层	三期 6 栋小高层	二期多层	
1	土建工程	60 605 265.82	42 630 153.82	200 000.00	17 775 112.00	
2	安装成本	4 906 102.69	4 657 080.69	0.00	249 022.00	
3	土地成本	52 398 100.00	21 260 528.46	15 579 886.54	15 557 685.00	
4	基础设施费用	13 049 380.12	5 950 893.43	3 015 583.70	4 082 902.99	
5	前期费用	4 753 957.69	2 123 577.01	1 197 683.51	1 432 697.17	
6	设计费用	2 493 392.00	1 463 200.00	245 142.00	785 050.00	
小计		138 206 198.32	78 085 433.41	20 238 295.75	39 882 469.16	
7	开发间接费用——利息	9 267 702.41	5 236 180.20	1 357 120.77	2 674 401.44	
8	开发间接费用——其他	1 535 298.83	867 431.97	224 822.27	443 044.59	
9	政府规费	2 305 015.00	2 305 015.00	0.00	0.00	46 100.30m² × 50 元/m²
开发成本、费用小计		151 314 214.56	86 494 060.58	21 820 238.79	42 999 915.19	

说明：一期多层是 6 号地 12 栋多层；二期多层是 7 号地 11 栋多层。三期 6 栋小高层是 6 号地 6 栋小高层。

凤凰城三期成本、费用汇总表

序号	项目名称	金额（元）	金额（元）	金额（元）	金额（元）	备注
		总数	分摊后			
一、	项目成本、费用	—	一期多层	三期 6 栋小高层	二期多层	
1	土地成本	52 398 100.00	21 260 528.46	15 579 886.54	15 557 685.00	
	土地征用及拆迁补偿款	0.00	0.00	0.00	0.00	
2	前期工程	4 753 957.69	2 123 577.01	1 197 683.51	1 432 697.17	
3	建筑安装工程费	65 511 368.51	47 287 234.51	200 000.00	18 024 134.00	
4	基础设施费用	13 049 380.12	5 950 893.43	3 015 583.70	4 082 902.99	
5	公共配套设施费	0.00	0.00	0.00	0.00	
6	开发间接费用——利息	9 267 702.41	5 236 180.20	1 357 120.77	2 674 401.44	
8	开发间接费用——其他	1 535 298.83	867 431.97	224 822.27	443 044.59	
9	合计	146 515 807.56	82 725 845.58	21 575 096.80	42 214 865.17	

说明：一期多层是 6 号地 12 栋多层；二期多层是 7 号地 11 栋多层。三期 6 栋小高层是 6 号地 6 栋小高层。

附录一

房地产税务风险一览表

（一）房地产开发涉及的税种

房地产开发涉及土地增值税、营业税、企业所得税、城镇土地使用税、耕地占用税、印花税、城市维护建设税、教育费附加、房产税、增值税、个人所得税、防洪税等诸多税。下面从各税种的纳税人、税目、税率、计税依据等方面进行梳理：

涉及税种	纳税义务人	涉及税目及税率或征收率		计税依据
营业税	在中华人民共和国境内提供应税劳务、转让无形资产或者销售不动产的单位和个人。 境外的单位或者个人在境内提供应税劳务、转让无形资产或者销售不动产，在境内未设有经	建筑业	3%	1. 建筑业的总承包人将工程分包或者转包给他人，以工程的全部承包额减去付给分包人或者转包人的价款后的余额为营业额。 2. 纳税人提供建筑业劳务（不含装饰劳务）的，其营业额应当包括工程所用原材料、设备及其他物质和动力价款在内，但不包括建设方提供的设备的价款。
		服务业	5%	从事物业管理的单位，以与物业管理有关的全部收入减去代业主支付的水、电、燃气以及代承租者支付的水、电、燃气、房屋租金的价款后的余额为营业额。
		销售不动产	5%	销售自建不动产价款的全额。

续表

涉及税种	纳税义务人	涉及税目及税率或征收率		计税依据
	营机构的，以其境内代理人为扣缴义务人；在境内没有代理人的，以受让方或者购买方为扣缴义务人	转让无形资产。	5%	1. 单位和个人转让其受让的土地使用权，以全部收入减去受让原价后的余额为营业额。 2. 单位和个人转让抵债所得的土地使用权的，以全部收入减去抵债时该项土地使用权作价后的余额为营业额。 3. 纳税人转让除土地使用权之外的无形资产，转让全额作为营业额计算营业税。
城市维护建设税	负有缴纳增值税、消费税、营业税义务的单位和个人	1. 纳税人所在地为市区的：7%。 2. 纳税人所在地为县城、镇的：5%。 3. 纳税人所在地不在市区、县城、镇的：1%。		纳税人实际缴纳的“三税”税额。
教育费附加	负有缴纳增值税、消费税、营业税义务的单位和个人	3%		纳税人实际缴纳的“三税”税额。
地方教育费附加		2%		纳税人实际缴纳的“三税”税额。
城镇土地使用税	在城市、县城、建制镇、工矿区范围内使用土地的单位和个人	1. 大城市：每平方米年应纳税额1.5～30元。 2. 中等城市：每平方米年应纳税额1.2～24元。 3. 小城市：每平方米年应纳税额0.9～18元。 4. 县城、建制镇、工矿区：每平方米年应纳税额0.6～12元。		纳税人实际占用的土地面积。

续表

涉及税种	纳税义务人	涉及税目及税率或征收率	计税依据	
			应税收入的确定	扣除项目及其金额
土地增值税	转让国有土地使用权、地上的建筑物及其附着物并取得收入的单位和个人	1. 增值额未超过扣除项目金额50%的部分，税率为30%。 2. 增值额超过扣除项目金额50%、未超过扣除项目金额100%的部分，税率为40%。 3. 增值额超过扣除项目金额100%的部分，税率为50%。 4. 增值额超过扣除项目金额200%的部分，税率为60%。	1. 货币收入。 2. 实物收入。 3. 其他收入。	1. 取得土地使用权所支付的金额。 (1) 纳税人为取得土地使用权所支付的地价款。 (2) 纳税人在取得土地使用权时按国家统一规定缴纳的有关费用和税金。 2. 房地产开发成本。 (1) 土地征用及拆迁补偿费。 (2) 前期工程费。 (3) 建筑安装工程费。 (4) 基础设施费。 (5) 公共配套设施费。 (6) 开发间接费用。 3. 房地产开发费用。 4. 与转让房地产有关的税金 与转让房地产有关的税金是指在转让房地产时缴纳的营业税、城市维护建设税、印花税。因转让房地产缴纳的教育费附加，也可视同税金予以扣除。 5. 财政部确定的其他扣除项目 取得土地使用权所支付的金额、开发土地和新建房及配套设施的成本，可加计20%扣除。此条优惠只适用于从事房地产开发的纳税人，除此之外的其他纳税人不适用。

续表

<table>
<tr><th>涉及税种</th><th>纳税义务人</th><th colspan="2">涉及税目及税率或征收率</th><th>计税依据</th></tr>
<tr><td></td><td></td><td colspan="2"></td><td>6. 旧房及建筑物的扣除金额。
(1) 按评估价格扣除。
(2) 按购房发票金额计算扣除。
(3) 核定征收。
7. 计税依据的特殊规定。</td></tr>
<tr><td>耕地占用税</td><td>占用耕地建房或从事非农业建设的单位和个人</td><td colspan="2">1. 人均耕地不超过1亩的地区（以县级行政区域为单位，下同）每平方米为10～50元。
2. 人均耕地超过1亩不超过2亩的地区，每平方米为8～40元。
3. 人均耕地超过2亩但不超过3亩的地区，每平方米为6～30元。
4. 人均耕地超过3亩的地区，每平方米5～25元。</td><td>纳税人实际占用耕地的面积。</td></tr>
<tr><td rowspan="2">房产税</td><td rowspan="2">房屋产权所有人</td><td colspan="2">1. 按房产原值一次减除10%～30%后的余值计征的：1.2%。</td><td>从价计征：依照房产原值一次减除10%～30%后的余值计算缴纳。</td></tr>
<tr><td colspan="2">2. 按房产出租的租金收入计征的：12%。</td><td>从租计征：以房产租金收入为房产税的计税依据。</td></tr>
<tr><td rowspan="4">印花税</td><td rowspan="4">在中国境内书立、使用、领受印花税法所列举的凭证并应依法履行纳税义务的单位和个人</td><td>购销合同。</td><td>按购销金额0.3‰贴花。</td><td>购销金额。</td></tr>
<tr><td>加工承揽合同。</td><td>按加工或承揽收入0.5‰贴花。</td><td>加工或承揽收入的金额。</td></tr>
<tr><td>建设工程勘察设计合同。</td><td>按收取费用0.5‰贴花。</td><td>收取的费用。</td></tr>
<tr><td>建筑安装工程承包合同。</td><td>按承包金额0.3‰贴花。</td><td>承包金额。</td></tr>
</table>

续表

<table>
<tr><th>涉及税种</th><th>纳税义务人</th><th colspan="2">涉及税目及税率或征收率</th><th colspan="2">计税依据</th></tr>
<tr><td rowspan="6"></td><td rowspan="6"></td><td>财产租赁合同</td><td>按租赁金额1‰贴花。税额不足1元，按1元贴花。</td><td colspan="2">租赁金额。</td></tr>
<tr><td>货物运输合同</td><td>按运输费用0.5‰贴花。</td><td colspan="2">运输费金额。</td></tr>
<tr><td>借款合同</td><td>按借款金额0.05‰贴花。</td><td colspan="2">借款金额。</td></tr>
<tr><td>技术合同</td><td>按所记载金额0.3‰贴花。</td><td colspan="2">合同所载的价款、报酬或使用费。</td></tr>
<tr><td>产权转移书据</td><td>按所记载金额0.5‰贴花。</td><td colspan="2">所记载金额。</td></tr>
<tr><td>权利、许可证照</td><td>按件贴花5元。</td><td colspan="2">应税凭证件数。</td></tr>
<tr><td>契税</td><td>境内转移土地、房屋权属，承受的单位和个人</td><td colspan="2">3%～5%幅度税率。</td><td colspan="2">不动产的价格。</td></tr>
<tr><td>车船税</td><td>在中华人民共和国境内，车辆、船舶的所有人或者管理者</td><td colspan="4">参照当地车船税具体政策。</td></tr>
<tr><td rowspan="2">企业所得税</td><td rowspan="2">在中华人民共和国境内的企业和其他取得收入的组织</td><td colspan="2" rowspan="2">1. 居民企业和在中国境内没有机构、场所且所得与机构、场所有关联的非居民企业，适用税率为25%。
2. 在中国境内未设立机构、场所的，或者虽设立机构、场所</td><td colspan="2">应纳税所得额＝收入总额－不征税收入－免税收入－各项扣除金额－弥补亏损</td></tr>
<tr><td>一般收入的确认。</td><td>1. 销售货物收入。
2. 提供劳务收入。
3. 转让财产收入。
4. 股息、红利等权益性投资收益。
5. 利息收入。
6. 租金收入。</td></tr>
</table>

续表

涉及税种	纳税义务人	涉及税目及税率或征收率	计税依据	
		但取得的所得与其所设机构、场所没有实际联系的非居民企业，适用税率为20%，实际征收时适用10%的税率。		7. 特许权使用费收入。 8. 接受捐赠收入。 9. 其他收入。
			特殊收入的确认。	1. 分期收款方式销售货物。 2. 采用售后回购方式销售商品。 3. 以旧换新方式销售商品。 4. 商业折扣条件销售。 5. 现金折扣条件销售。 6. 折让方式销售。 7. 买一赠一方式组合销售。 8. 持续时间超过12个月的劳务。 9. 采取产品分成方式取得收入。 10. 非货币性资产交换以及货物、财产、劳务流出企业。
			不征税收入。	1. 财政拨款。 2. 依法收取并纳入财政管理的行政事业性收费、政府性基金。 3. 国务院规定的其他不征税收入。 4. 专项用途财政性基金。
			免税收入。	1. 国债利息收入。 2. 符合条件的居民企业之间的股息、红利等权益性投资收益。 3. 在中国境内设立机构、场所的非居民企业从居民企业取得与该机构、场所有实际联系的股息、红利等权益性投资收益，该收益不包括连续持有居民企业公开发行并上市流通的股票不足12个月取得的投资收益。 4. 符合条件的非营利组织的收入——非营利组织的非营利收入。

续表

涉及税种	纳税义务人	涉及税目及税率或征收率	计税依据	
			扣除项目范围。	1. 成本，是指在企业在生产经营活动中发生的销售成本、销货成本、业务支出以及其他耗费，即企业销售商品、提供劳务、转让固定资产、无形资产的成本。 2. 费用，是指企业每一个纳税年度为生产、经营商品和提供劳务等所发生的销售费用、管理费用和财务费用。 3. 税金，是指企业发生的除企业所得税和允许抵扣的增值税以外的企业缴纳的各项税金及附加。 4. 损失，是指企业生产经营活动中发生的固定资产和存货的盘亏、毁损、报废损失，转让财产损失，呆账损失，坏账损失，自然灾害等不可抗力因素造成的损失以及其他损失。 5. 扣除的其他支出，是指出成本、费用、税金、损失外，企业在生产经营活动中发生的与生产经营活动有关的、合理的支出。

（二）房地产开发各阶段涉及的税务风险

1. 开发公司设立阶段

房地产开发企业的设立是房地产企业纳税风险控制的起点。房地产开发企业可以根据宏观经济环境、市场运行状况、企业财务现状等因素选择最有利的组织形式。就房地产企业而言，可以从投资主体、权益比例、投资资产类别以及注册所在地等因素权衡未来开发项目的纳税问题。同时，就开发项目而言，可以从设置为独立核算的法人子公司、非法人的二级分公司还是项目经理部来对未来的纳税问题作出选择。

房地产流程环节	涉及税种	涉税业务	税务处理	会计与税法差异和税收提示
开发设立环节	企业所得税	房地产开发企业注册地与项目所在地不一致时纳税地点规定。	除税收法律、行政法规另有规定外，居民企业以企业登记注册地为纳税地点；但登记注册地在境外的，以实际管理机构所在地为纳税地点。企业注册登记地是指企业依照国家有关规定登记注册的住所地。	【提示】已经设立的房地产企业外出经营，不想接受项目所在地税务机关的企业所得税管理，通常会增设项目部或二级分支机构来进行开发。房地产企业想转移企业所得税管辖权，可以设立项目子公司进行开发，这既有企业纳税筹划方面的考虑，也受机构所在地和项目所在地不同的税务环境的影响。
		房地产企业筹办费用支出不得计算为当期亏损。	企业自开始生产经营的年度，为开始计算企业损益的年度。企业从事生产经营之前进行筹办活动期间发生筹办费用支出，不得计算为当期的亏损。企业可以在开始经营之日的当年一次性扣除，也可以按照新税法有关长期待摊费用的处理规定处理，但一经选定，不得改变。	
		设立分公司还是子公司的纳税权衡。	企业在项目开发的时候，设立机构有三个因素应当综合考虑： （1）分支机构的盈亏情况。分公司是非独立纳税人，其亏损可以由总公司弥补，所以在总机构盈利而新设置的分支机构可能出现亏损时，应当选择总分公司模式；子公司是独立纳税人，总公司不能弥补子公司的亏损，其亏损只能由以后年度实现的利润弥补，所以当总机构亏损而新设置的分支机构可能盈利时，应当选择母子公司； （2）享受税收优惠的情况。当总机构享受税收优惠而分支机构不享受税收优惠时，可	【提示】分公司与子公司的选择并没有固定的、一成不变的模式，企业应当根据自身的发展状况灵活变化。当企业设立分支机构时，由于设立初期分支机构面临高昂的成本支出，所以亏损的概率较高，通常采用分公司的形式较为合适，可以享受和总部收益盈亏互抵的好处。经过两三年的经营，分公司开始转亏为盈时，再把分公司变更注册为子公司，则可以降低分支机构对总机构的法律影响。

续表

房地产流程环节	涉及税种	涉税业务	税务处理	会计与税法差异和税收提示
			以选择总分机构模式，使分支机构也享受税收优惠；如果分公司所在地有税收优惠，则当分公司开始盈利后，可以变更注册分公司为子公司，通过统筹安排以享受更好的税收收益； （3）分支机构的利润分配形式及风险责任情况。分支机构由于不具有独立法人资格，所以不利于进行独立的利润分配。同时如果设立分公司，若有一个项目出现闪失，其他项目就会受到牵连，所以现在的房地产企业通常是一个项目一个子公司，出现纳税风险时，“舍车保帅”策略比较常用。	
	营业税	公司注册地与项目所在地尽量一致。	（1）《营业税暂行条例》规定，纳税人转让、出租土地使用权、应当向土地所在地的主管税务机关申报纳税；纳税人销售、出租不动产应当向不动产所在地的主管税务机关申报纳税。 （2）《土地增值税暂行条例》规定，纳税人应当自房地产合同签订后的7日内，到房地产所在地主管税务机关办理纳税申报。 （3）《城镇土地使用税暂行条例》规定，土地使用税由所在地的税务机关征收。 （4）《房产税暂行条例》规定，房产税由房产所在地的税务机关征收。	【提示】由于房地产企业经营过程中发生的不同税种管理上存在属人和属地的差别，其经营过程又过度依赖于土地，且经常随着开发地块的变化不断变换经营地点，而每一开发项目所在地的税务机关对其均有营业税、土地增值税等主要税种的绝对管辖权，所以企业所得税、营业税、土地增值税三大税种归属同一税务管辖，税务成本无疑会降低。

续表

房地产流程环节	涉及税种	涉税业务	税务处理	会计与税法差异和税收提示
		以土地使用权作价入股不缴纳营业税。	(1) 以无形资产、不动产投资入股，接受投资方利润分配，共同承担投资风险的行为，不征收营业税。 (2) 对股权投资再转让的情况也不用缴纳营业税。	【提示】 (1) 集体土地的使用权不得直接出资，即必须先将集体土地通过国家征收的途径变为国有土地，再通过审批手续取得土地使用权后方可作为出资。 (2) 通过无偿划拨的土地使用权不得作为出资，只能由原使用人使用。 (3) 已经抵押的土地使用权属于“设定担保的财产”，不得作为出资。 (4) 以土地使用权作为出资，出资人应及时将土地使用权证变更至公司名下并将土地移交公司占有使用。
	土地增值税	以房地产进行投资、联营。	(1) 自2006年3月2日起，对于以土地（房地产）作价投资入股进行投资或联营的，凡所投资、联营的企业从事房地产开发的，或者房地产开发企业以其建造的商品房进行投资和联营的，应按规定缴纳土地增值税。 (2) 如果与房地产开发企业无关的投资联营，将房地产转让到投资企业，不缴纳土地增值税。	

2. 取得土地环节

土地是所有建筑的基础，没有土地储备，房地产开发就无从谈起。目前直接拿地方式仍然以招拍挂形式为主。除此之外，拆迁改造、联合开发、公司合并、股权收购等也是常见的方式。拿地渠道和方式的不同，适用的房地产产业纳税政策必然存在差异，既影响拿地成本，也影响将来的税负。因此，更多的房地产开发企业开始把拿地方式作为主要的纳税筹划方向，以解决相关的税务问题。

房地产企业流程环节	涉及税种	涉税业务	税务处理	会计与税法差异和税收提示
取得土地环节	城镇土地使用税	房地产开发企业取得土地的纳税义务发生时间。	（1）以出让或转让方式有偿取得土地使用权的，应由受让方从合同约定交付土地时间的次月起缴纳城镇土地使用税。 （2）合同未约定交付土地时间的，由受让方从合同签订的次月起缴纳城镇土地使用税。 （3）纳税人新征用的耕地，自批准征用之日起满1年时开始缴纳土地使用税。 （4）纳税人新征用的非耕地，自批准征用次月起缴纳土地使用税。	
		对取得的用于廉租住房、经济适用住房建设用地。	对廉租住房、经济适用住房建设用地以及廉租住房经营管理单位按照政府规定价格向规定保障对象出租的廉租住房用地，免征城镇土地使用税。开发商在经济适用住房、商品住房项目中配套建造廉租住房，在商品住房项目中配套建造经济适用住房，如能提供政府部门出具的相关材料，可按廉租住房、经济适用住房建筑面积占总建筑面积的比例免征开发商应缴纳的城镇土地使用税。	
		地下建筑用地的税务处理。	对在城镇土地使用税征税范围内单独建造的地下建筑用地，按规定征收城镇土地使用税。其中，已取得地下土地使用权证的，按土地使用权证确认的土地面积计算应征税款；未取得地下土地使用权证或地下土地使用权证上未标明土地面积的，按地下建筑垂直投影面积计算应征税款。对上述地下建筑用地暂按应征税款的50%征收城镇土地使用税。	

续表

房地产企业流程环节	涉及税种	涉税业务	税务处理	会计与税法差异和税收提示
	契税	国有土地使用权出让时，作为承受的一方，其契税计税价格为房地产开发企业取得该土地使用权而支付的全部经济利益。	(1) 以协议价格出让的，其契税计税价格为成交价格。成交价格包括土地出让金、土地补偿费、安置补助费、地上附着物和青苗补偿费、拆迁补偿费、市政建设配套费等承受应支付的货币、实物、无形资产及其他经济利益。没有成交价格或者成交价格明显偏低的，征收机关可依次按下列两种方式确定： ① 评估价格：由政府批准设立的房地产评估机构根据相同地段、同类房地产进行综合评定，并经当地税务机关确认的价格； ②土地基准价格：由县以上人民政府公示的土地基准地价。 (2) 以竞价方式出让的，其契税计税价格，一般应确定为竞价的成交价格，土地出让金、市政建设配套费以及各种补偿费应包括在内。	【提示】 (1) 取得土地使用权的房地产开发公司自行实施拆迁的，其支付给拆迁公司的劳务费属于为取得该土地使用权而支付的全部经济利益，应并入包括拆迁补偿费在内的各种补偿费中作为契税的计税依据。 (2) 合同确定的成交价格中包含的行政事业性收费，属于成交价格的组成部分，不应从中剔除，纳税人应按合同确定的成交价格全额计算缴纳契税。
		同一投资主体内部划转土地使用权不用缴纳契税。	企业改制重组过程中，同一投资主体内部所属企业之间土地、房屋权属的无偿划转，包括母公司与其全资子公司之间，同一公司所属全资子公司之间，同一自然人与其设立的个人独资企业、一人有限公司之间土地、房屋权属的无偿划转，不征收契税。	【提示】该项业务应属于同一投资主体内部所属企业之间的土地、房屋权属的划转，而且必须是“无偿”划转，不征收契税。否则，契税应照常征收。
	企业所得税	取得土地开发使用权（或开发权）而发生的准予在税前扣除的各项费用。	包括土地买价或出让金、大市政配套费、契税、耕地占用税、城镇土地使用税、土地闲置费、土地变更用途和超面积补交的地价及相关税费、拆迁补偿支出、安置及动迁支出、回迁房建造支出、农作物补偿费、危房补偿费等均可计入企业开发成本，在计算企业所得税时予以扣除。	

续表

房地产企业流程环节	涉及税种	涉税业务	税务处理	会计与税法差异和税收提示
		开发商取得政府返还土地出让金认定为财政性资金，还是认定为经营性收入其税务处理也不尽相同，用于建设购买安置回迁房的。	根据《关于财政性资金、行政事业性收费、政府性基金有关企业所得税政策问题的通知》（财税〔2008〕151号）规定：对企业取得的由国务院财政、税务主管部门规定专项用途并经国务院批准的财政性资金，准予作为不征税收入，在计算应纳税所得额时从收入总额中减除。此业务属于政府采购行为，不属于不征税收入所对应的财政性资金。房地产开发企业收到的土地款返还实为一种补贴收入，按照上述政策规定应当作为收入计算缴纳企业所得税。	
		开发商取得政府返还土地出让金用于拆迁的。	（1）返还款中取得的提供建筑物拆除、平整土地劳务取得的收入扣除相对应的成本费用，差额应计入当年的应纳税所得额。 （2）代理支付动迁补偿款差额，应计入当年的应纳税所得额。	【提示】企业实际发生的与上述业务相关的营业税等税费，可以在发生当年扣除。
		开发商取得政府返还土地出让金用于开发项目相关的基础设施建设的。	企业取得的提供基础设施建设劳务收入扣除相对应的成本费用，差额应计入当年的应纳税所得额。	【提示】企业实际发生的与上述业务相关的营业税等税费，可以在发生当年扣除。
		开发商取得政府返还土地出让金用于开发项目相关的公共配套设施建设的。	根据《房地产开发经营业务企业所得税处理办法》（国税发〔2009〕31号）第十八条规定：企业在开发区内建造的邮电通讯、学校、医疗设施应单独核算成本，其中，由企业与国家有关业务管理部门、单位合资建设，完工后有偿移交的，国家有关业务	

续表

房地产企业流程环节	涉及税种	涉税业务	税务处理	会计与税法差异和税收提示
			管理部门、单位给予的经济补偿可直接抵扣该项目的建造成本，抵扣后的差额应调整当期应纳税所得额。企业取得返还款应直接抵扣该项目公共配套设施的建造成本，抵扣后的差额应调整当期应纳税所得额。	
		政府返还土地出让金给开发商的关联企业或个人的。	在开发商缴纳土地出让金后，政府部门对开发商的关联企业进行部分返还，用于企业经营奖励、财政补贴，由于房地产企业未取得收入，也未直接获得经济利益，不征收企业所得税。	【提示】企业取得政府奖励或财政补贴是否属于不征税收入问题，要根据财税〔2008〕151号及财税〔2011〕70号文的规定进行判定。如果作为不征税收入处理，根据《企业所得税法实施条例》第二十八条的规定，不征税收入用于支出所形成的费用，不得在计算应纳税所得额时扣除；用于支出所形成的资产，其计算的折旧、摊销不得在计算应纳税所得额时扣除。
		开发商取得土地出让金返还未约定任何事项，只是奖励或补助。	根据财税〔2008〕151号及财税〔2011〕70号文的规定，土地出让协议未规定资金专项用途，因此，不符合财税〔2011〕70号文件所称的“不征税收入”的三个条件之一，不能作为不征税收入处理。应在企业取得政府奖励或财政补贴时，计入当年应纳税所得额缴纳企业所得税。	

续表

房地产企业流程环节	涉及税种	涉税业务	税务处理	会计与税法差异和税收提示
	营业税	开发商取得政府返还土地出让金认定为财政性资金，还是认定为经营性收入其税务处理也不尽相同，用于建设购买安置回迁房的。	政府主导拆迁，由政府出资购买回迁房，用于安置动迁户。对房地产开发企业来说，属于销售回迁房行为，根据《营业税暂行条例实施细则》第二十条规定：纳税人有条例第七条所称价格明显偏低并无正当理由或者本细则第五条所列视同发生应税行为而无营业额的，按下列顺序确定其营业额：（一）按纳税人最近时期发生同类应税行为的平均价格核定；（二）按其他纳税人最近时期发生同类应税行为的平均价格核定；（三）按下列公式核定：营业额＝营业成本或者工程成本×(1＋成本利润率)÷(1－营业税税率)。所以，房地产可以按照上述要求确定销售额。	【提示】 1. 返还款相当于回迁房营业税组成计税价格确认收入的部分。应按返还款的收入计算缴纳营业税。 2. 返还款大于回迁房组成计税价格确认收入的部分，则取得的土地出让金返还应作为销售回迁房收入，征收营业税。大于回迁房组成计税价格确认收入的部分，如用于其他事项，可以按实际情况，进行营业税判定。 3. 返还款小于回迁房组成计税价格确认收入的部分，则取得的土地出让金返还应作为销售回迁房收入，征收营业税。返还款与计税价格确认收入的差额部分，属于营业税实施细则中的价格明显偏低，如果没有正当理由，应视同销售，征收营业税。
		开发商取得政府返还土地出让金用于拆迁的。	纳税人受托进行建筑物拆除、平整土地并代委托方向原土地使用权人支付拆迁补偿费的过程中，其提供建筑物拆除、平整土地劳务取得的收入应按照“建筑业”税目缴纳营业税；其代委托方向原土地使用权人支付拆迁补偿费的行为属于“服务业——代理业”	

续表

房地产企业流程环节	涉及税种	涉税业务	税务处理	会计与税法差异和税收提示
			行为，应以提供代理劳务取得的全部收入减去其代委托方支付的拆迁补偿费后的余额为营业额计算缴纳营业税。	
		开发商取得政府返还土地出让金用于开发项目相关的基础设施建设的。	(1) 如果协议约定返还款用于项目外城市道路、供水、排水、燃气、热力、防洪等基础设施工程所需要支出，按土地出让协议规定，是应该由政府承担的，并且基础设施工程建设完工后，移交给政府。 对此开发企业取得基础设施建设返还款业务，营业税处理如下：无论房地产开发企业是否具备建筑总承包资质，对房地产开发企业应认定为建筑业总承包方，按建筑业税目全额征收营业税，并开具建筑安装发票。 (2) 如果协议约定返还款用于项目内开发企业自行承担的城市道路、供水、排水、燃气、热力、防洪等基础设施工程支出，则应按企业取得政府补贴处理，不征收营业税。	
		开发商取得政府返还土地出让金用于开发项目相关的公共配套设施建设的。	由政府出资购买全部或部分公共配套设施，对房地产开发企业来说，属于向政府销售全部或部分公共配套设施的行为。此业务返还款应作为房地产开发企业取得销售不动产收入计算缴纳营业税。返还款如小于公共配套设施的成本的差额部分，不属于视同销售行为。这部分应取得的的经济利益，开发商已经通过设定房价，从销售给业主的房款中取得了相应的经济利益，并由销售商品房收入中实现并缴纳营业税。	

续表

房地产企业流程环节	涉及税种	涉税业务	税务处理	会计与税法差异和税收提示
		政府返还土地出让金给开发商的关联企业或个人的。	1. 根据《营业税暂行条例实施细则》的规定，房地产企业未取得收入，也未直接获得经济利益，不征收营业税。 2. 关联企业或个人取得政府奖励收入，但未发生营业税条例规定的劳务、有偿转让无形资产或者有偿转让不动产所有权的行为，因此也不征收营业税。	
		开发商取得土地出让金返还未约定任何事项，只是奖励或补助。	根据《营业税暂行条例实施细则》的规定，房地产企业取得政府奖励收入，但未发生营业税条例规定的劳务、有偿转让无形资产或者有偿转让不动产所有权的行为，因此不征收营业税。	
	土地增值税	开发商取得政府返还土地出让金认定为财政性资金，还是认定为经营性收入其税务处理也不尽相同，用于建设购买安置回迁房的。	1. 返还款相当于回迁房土地增值税确认收入的部分，房地产开发企业应按取得售房收入计算缴纳土地增值税；企业缴纳的土地出让金应全额计入开发成本中的土地征用及拆迁补偿费的金额。 2. 返还款大于回迁房土地增值税确认收入的部分，用于其他事项，可以按实际情况，进行土地增值税是否征收的判定。土地出让金返还协议如果没有约定返还款大于回迁房土地增值税确认收入的部分的特定用途，应抵减房地产开发成本中的土地征用及拆迁补偿费的金额。 3. 如果返还款小于回迁房土地增值税视同销售确认的收入，房地产开发企业应将取得的返还款全部计算售房收入计算缴纳土地增值税。	

续表

房地产企业流程环节	涉及税种	涉税业务	税务处理	会计与税法差异和税收提示
		开发商取得政府返还土地出让金用于拆迁的。	根据《土地增值税暂行条例》及其实施细则的规定，企业取得的返还款收入中，属于提供建筑物拆除、平整土地劳务取得的收入和代理服务取得的收入，不属于转让不动产收入，因此，不征收土地增值税。	
		开发商取得政府返还土地出让金用于开发项目相关的基础设施建设的。	根据《土地增值税暂行条例》及其实施细则的规定，企业取得的返还款属于提供基础设施建设劳务收入，不属于转让不动产收入，因此，不征收土地增值税。	
		开发商取得政府返还土地出让金用于开发项目相关的公共配套设施建设的。	1. 如可以认定为属于向政府销售全部或部分公共配套设施的行为，即为转让不动产收入，因此，应征收土地增值税。此收入应计算土地增值税清算收入。 2. 如不能认定为属于向政府销售全部或部分公共配套设施的行为，企业应将从政府部门取得的补偿款项，抵减房地产开发成本中的土地征用及拆迁补偿费的金额。	
		政府返还土地出让金给开发商的关联企业或个人的。	1. 房地产企业在实际缴纳土地出让金后，全额计入开发成本中的土地征用及拆迁补偿费，根据《土地增值税暂行条例》及其实施细则的规定，开发企业未取得的返还款，土地增值税清算时，不计收入，也不冲减开发成本。 2. 关联企业或个人取得政府奖励企业的收入，但未发生出售或者其他方式有偿转让房地产的行为，因此，不应征收土地增值税。	

续表

房地产企业流程环节	涉及税种	涉税业务	税务处理	会计与税法差异和税收提示
		开发商取得土地出让金返还未约定任何事项，只是奖励或补助。	房地产开发企业收到政府返还的土地出让金或政府给予的补偿返还款，虽然是政府对房地产开发企业的一种补助，是企业的一项营业外收入，但实质上是政府给予房地产开发企业的土地价款的折让，因此应扣减土地成本，实质上并不是“取得土地使用权所支付的金额”的范畴。因此，土地增值税清算时，企业取得的返还款，应抵减房地产开发成本中的土地征用及拆迁补偿费。	
	印花税	开发企业在取得土地时用于经济适用住房、商品住房项目中配套建造廉租住房的。	《关于廉租住房经济适用住房和住房租赁有关税收政策的通知》（财税〔2008〕24号）规定：开发商在经济适用住房、商品住房项目中配套建造廉租住房，在商品住房项目中配套建造经济适用住房，如能提供政府部门出具的相关材料，可按廉租住房、经济适用住房建筑面积占总建筑面积的比例免征开发商应缴纳的印花税。	
	城镇土地使用税	经济适用房、廉租房、安置住房用地面积免税。	财税〔2008〕24号文件规定：开发商在经济适用住房、商品住房项目中配套建造廉租住房，在商品住房项目中配套建造经济适用房，如能提供政府部门出具的相关材料，可按廉租住房、经济适用住房面积占总建筑面积的比例免征开发商应缴的城镇土地使用税。	【提示】如果纳税人在实践中非法占地开发，即土地使用权证明文件上的四至界线与实地四至界线不一致，应按实地四至界线计算土地面积。

3．前期准备阶段

前期准备工作包括项目的规划设计、征地拆迁、报建登记、各种许可证的办理等。

房地产流程环节	涉及税种	涉税业务	税务处理	会计与税法差异和税收提示
前期准备环节	营业税	转让已完成土地前期开发或正在进行土地前期开发，但尚未进入施工阶段的在建项目。	按“转让无形资产”税目中“转让土地使用权”项目征收营业税，计税依据为单位和个人转让其受让的土地使用权，以全部收入减去受让原价后的余额为营业额。	【提示】转让无形资产在一般情况下全额计税；但是转让受让或抵债所得的土地使用权，以差额计税。
		转让已经“七通一平”的土地使用权预收定金，纳税义务时间的确定。	纳税人转让土地使用权或销售不动产，采取预收款方式的，其纳税义务发生时间为收到预收款的当天，此项规定所称预收款，包括预收定金。	【提示】企业不要等到全部款项付清之后再按全额纳税。
		房地产企业在开发的过程中，往往要发生拆迁补偿行为，为了鼓励房产开发建设，当地政府往往会给房地产企业一定的拆迁补偿款，这些政府给予的拆迁补偿款涉及营业税的税务处理。	1. 如果房地产企业征地后自行负责拆迁，而不是受政府委托，其取得的政府补助收入，不属于营业税应税收入，不需要缴纳营业税。 2. 如果企业是受政府或其相关部门委托进行拆迁，取得的拆迁补偿收入，则属于营业税中的“服务业——代理业”收入，应就其差额收入缴纳营业额。	【提示】纳税人受托进行建筑物拆除、平整土地并代委托方向原土地使用权人支付拆迁补偿费的过程中，其提供建筑物拆除、平整土地劳务取得的收入应按照“建筑业”税目缴纳营业税；其代委托方向原土地使用权人支付拆迁补偿费的行为属于“服务业——代理业”行为，应以提供代理劳务取得的全部收入减去其代委托方支付的拆迁补偿费后的余额为营业额计算缴纳营业税。

续表

房地产流程环节	涉及税种	涉税业务	税务处理	会计与税法差异和税收提示
	企业所得税	关联企业利息费用的扣除。	1. 企业从其关联方接受的债权性投资与权益性投资的比例不超过规定标准而发生的利息支出，准予从应纳税所得额中扣除；超过的部分不得在发生当期和以后年度扣除。接受关联方债权性投资与其权益性投资比例标准为：金融企业5∶1，其他企业2∶1。 2. 企业如果能够按照税法及其实施条例的有关规定提供相关资料，并证明相关交易活动符合独立交易原则的；或者该企业的实际税负不高于境内关联方的，其实际支付给境内关联方的利息支出，在计算应纳税所得额时准予扣除。	【提示】 企业在从关联方取得债权性投资与权益性投资时，应注意使两者的比例保持在规定的比例之内，从而保证发生的利息支出在计算缴纳企业所得税时可以全额扣除；否则，超过比例的部分将无法扣除，增加企业的纳税成本。
		对于新项目的调研费用可以税前扣除。	对于新项目前期调研工作，发生了诸如规划设计费、咨询顾问费、勘察测绘费等相关费用，但不确定此项目最终能否成功获取。对于此类调研费用属于管理费用范畴，如果将上述费用资本化计入房地产项目开发成本，可能会导致后期无相应收入与之配比，应直接作为费用申报税前扣除。	
		工程前期处理的青苗等赔偿费在所得税前列支。	房地产开发前土地征用时发生的青苗补偿费应计入房地产开发成本，不能在发生当期税前扣除。	
	土地增值税	房地产开发企业获得的政府给予的拆迁补偿款。	根据《土地增值税暂行条例实施细则》第七条的规定，在计算土地增值税增值额时，具体的扣除项目为：开发土地和新建房及配套设施的成本，是指纳税人房地产开发项目实际发生的成本，包括土地征用及拆迁补偿费、前期	【提示】政府给予企业的拆迁补偿款不能计入土地增值税征税收入中，但是要冲减开发成本中的补偿支出，从而减少计算土地增值税时的扣除项目金额。

续表

房地产流程环节	涉及税种	涉税业务	税务处理	会计与税法差异和税收提示
			工程费、建筑安装工程费、基础设施费、公共配套设施费、开发间接费用。其中土地征用及拆迁补偿费的项目范围具体为：土地征用费，耕地占用税，劳动力安置费及有关地上、地下附着物拆迁补偿的净支出，安置动迁用房支出等。这里要特别注意的是作为开发成本中的房地产企业拆迁补偿费用全部支出是“净支出”，也就是全部补偿支出减除拆迁过程中的各种收入后的实际净支出，因此，政府给予企业的拆迁补偿款应从企业实际发生的拆迁补偿支出中扣除。	
	契税	对拆迁居民因拆迁重新购置住房的。	市、县级人民政府根据《国有土地上房屋征收与补偿条例》有关规定征收居民房屋，居民因个人房屋被征收而选择货币补偿用以重新购置房屋的，并且购房成交价格不超过货币补偿的，对新购房屋免征契税；购房成交价格超过货币补偿的，对差价部分按规定征收契税。居民因个人房屋被征收而选择房屋产权调换，并且不缴纳房屋产权调换差价的，对新换房屋免征契税；缴纳房屋产权调换差价的，对差价部分按规定征收契税。	

4．*房地产项目建设施工环节*

房地产项目开发环节是房地产开发的重要环节，在这一环节，房地产开发企业所发生的建筑施工成本及各项费用将直接影响到开发项目之后企业所得税计税成本的扣除以及土地增值税扣除项目金额的确定，对项目竣工后清算税收成本构成直接影响。

房地产流程环节	涉及税种	涉税业务	税务处理	会计与税法差异和税收提示
建设施工环节	营业税	房地产开发企业取得闲置资金利息应缴纳营业税。	非金融机构将资金提供给对方，并收取资金占用费，企业取得的这部分利息收入，作为应税收入，需要缴纳营业税。	
		接受境外建筑设计劳务。	企业发生对外支付建筑设计劳务款项时，要判断企业是否负有代扣代缴义务，应向发生业务的境外单位或者个人确认其境内是否存在经营机构或境内代理人，如果不存在，则确认自身负有代扣代缴义务。扣缴义务发生时间为纳税人营业税纳税义务发生的当天。纳税义务发生时间为纳税人提供应税劳务，并收讫营业收入款项或者取得索取营业收入款项凭据的当天。	
		转让已进入建筑业施工阶段的在建项目。其中在建项目是指立项建设但尚未完工的房地产项目或其他建设项目。	应按“销售不动产”税目征收营业税。计税依据规定：以全部收入减去在建项目的转让时的成本。使用税率为5%。	
		房地产开发企业为其他单位代建房屋，就收取的代建手续费。	房地产开发企业为其他单位代建房屋，就收取的代建手续费按“服务业——代理业”征收营业税。代建房行为同时符合以下条件： (1) 委托方自行立项； (2) 不发生土地使用权或产权转移；	

续表

房地产流程环节	涉及税种	涉税业务	税务处理	会计与税法差异和税收提示
			(3) 受托方不垫付资金，单独收取代建手续费（或管理费）； (4) 事先与委托方订有委托代建合同； (5) 施工企业将建筑业发票全额开具给委托建房单位。 如果不同时符合上述条件，应对房地产开发企业与委托建房单位的全额结算收入按“销售不动产”税目计征营业税。	
		房地产开发企业向施工单位收回代垫水电费。	房地产开发企业向施工单位收回代垫水电费，但并未向施工单位提供应税行为，不属于应并入营业额的价外收费，所以其代垫的水电费收入不缴纳营业税。	
	增值税	对非居民企业在中国境内取得工程作业和劳务的。	根据《企业所得税法实施条例》第三十八条“对非居民企业在中国境内取得工程作业和劳务所得应缴纳的所得税，税务机关可以指定工程价款或者劳务费的支付人为扣缴义务人”的规定，境内房地产企业还应履行扣缴义务代扣代缴该境外劳务的企业所得税。	
		房地产企业购入货物用于销售不动产和不动产在建工程或以建筑物或者建筑物为载体的附属设备和配套设施，并取得的增值税专用发票的。	根据《增值税暂行条例》规定，纳税人用于非增值应税项目的进项税额不得从销项税额中抵扣。销售不动产和不动产的在建工程均属于营业税的征税范围，非增值税应税项目，因此，前述取得的增值税专用发票中的进项税额不得从销项税额中抵扣。其中，附属设备和配套设施包括：给排水、采暖、卫生、通风、照明、通讯、煤气、消防、中央空调、电梯、电气、智能楼宇设备和配套设施。	【提示】对增值税不可抵扣进项税的理解是：购进货物之后，用于不动产和不动产在建工程等非增值税应税项目，不可能再有销售环节的销项税出现，导致增值税链条中断。

续表

房地产流程环节	涉及税种	涉税业务	税务处理	会计与税法差异和税收提示
	房产税	施工期间在施工地建造的临时性房屋。	凡是在基建工地为基建工地服务的各种工棚、材料棚、休息棚和办公室、食堂、茶炉房、汽车房等临时性房屋，不论是施工企业自行建造还是由基建单位出资建造交施工企业使用的，在施工期间，一律免征房产税。但是，基建工程结束以后，施工企业将这种临时性房屋交还或者估价转让给基建单位的，应当从基建单位接收的次月起，依照规定征收房产税。	【提示】施工期间不予征税的临时性建筑物必须同时满足两个条件：其一必须为基建工地服务，其二必须处于施工期间。如果基建工程结束，临时性建筑物归基建单位使用，则须从基建单位使用的次月起缴纳房产税。
	企业所得税	项目开发过程中发生允许扣除的费用。	项目开发过程中发生的各项建筑安装工程费、基础设施建设费、公共配套设施费等，包括开发项目建筑工程费、开发项目安装工程费、开发项目内道路、供水、供电、供气、排污、排洪、通讯、照明等社区管网工程费和环境卫生、园林绿化等园林环境工程费、开发项目内发生的、独立的、非营利性的，且产权属于全体业主的，或无偿赠与地方政府、政府公用事业单位的公共配套设施支出等，均可计入企业开发成本，在计算缴纳企业所得税时予以扣除。	
		项目开发过程中企业为直接组织和管理开发项目所发生的间接费用。	项目开发过程中企业为直接组织和管理开发项目所发生的，且不能将其归属于特定成本对象的各项间接费用，包括管理人员工资、职工福利费、折旧费、修理费、办公费、水电费、劳动保护费、工程管理费、周转房摊销以及项目营销设施建造费等，均可计入企业开发成本，在计算缴纳企业所得税时予以扣除。	

5. 房地产预售和销售环节

房地产开发项目的投资回报主要来源于开发产品的市场销售。通常情况下，房地产企业开发项目完工之前即已开始预售，在获得经济利益流入的同时，销售收入应当缴纳的营业税、城市维护建设税、教育费附加、企业所得税、土地增值税、印花税等也开始形成经济利益的流出。房地产开发项目完工后，开发产品应当核算计税成本和项目的实际毛利率，并集中汇算企业所得税，土地增值税也进入清算阶段。所以，此阶段是税务问题暴露比较集中的时期。

房地产流程环节	涉及税种	涉税业务	税务处理	会计与税法差异和税收提示
预售环节	营业税	已经收款但未办理过户的房产应缴纳营业税的纳税时间。	营业税的纳税义务发生时间，为纳税人收讫营业收入款项或者取得索取营业收入款项凭据的当天，因此房地产开发企业在转让房产并收取转让款时，就应该申报缴纳营业税，并非一定要等产权证完全过户后才申报缴纳营业税。	
		房地产开发企业代收的住房专项维修基金。	住房专项维修基金是属全体业主共同所有的一项代管基金，专项用于物业保修期满后物业共用部位、共用设施设备的维修和更新、改造。鉴于住房专项维修基金所有权及使用的特殊性，对房地产主管部门或其指定机构、公积金管理中心、开发企业以及物业管理单位代收的住房专项维修基金，不计征营业税。	
		房地产开发企业代收的燃气费、代办过户费、有线初装费以及装修款等费用的处理。	房地产开发企业在对外销售房屋时，代燃气公司向业主收取了每户几千元的煤气集资款（初装费），然后统一向燃气公司缴纳，房地产公司未收取任何的手续费，燃气公司全额向房地产公司开具发票。税局查账时要对代收的这部分集资款按价外费用征收营业税。	【提示】如果房地产公司转换一种法律形式，就可以将代收的燃气费不作为自己的价外费用，从而解决重复纳税的问题。房地产公司卖房时，由燃气公司给房地产公司出具代收燃气费委托书，

续表

房地产流程环节	涉及税种	涉税业务	税务处理	会计与税法差异和税收提示
				房地产公司代燃气公司对用户开具发票，这样收款人就转变为燃气公司，而不是房地产公司了，房地产开发企业代收的初装费就不是房地产公司的价外费用了。
	企业所得税	企业销售未完工开发产品的计税毛利率。	企业销售未完工开发产品的计税毛利率由各省、自治、直辖市国家税务局、地方税务局按下列规定进行确定： (1) 开发项目位于省、自治区、直辖市和计划单列市人民政府所在地城市城区和郊区的，不得低于15%； (2) 开发项目位于地及地级市城区及郊区的，不得低于10%； (3) 开发项目位于其他地区的，不得低于5%； (4) 属于经济适用房、限价房和危改房的，不得低于3%。	
		企业销售未完工开发产品取得的收入。	企业销售未完工开发产品取得的收入，应先按预计计税毛利率分季（或月）计算出预计毛利额，计入当期应纳税所得额。开发产品完工后，企业应及时结算其计税成本并计算此前销售收入的实际毛利额，同时将其实际毛利额与其对应的预计毛利额之间的差额，计入当年度企业本项目与其他项目合并计算的应纳税所得额。 在年度纳税申报时，企业须出具对该项开发产品实际毛利额与预计毛利额之间差异调整情况的报告以及税务机关需要的其他相关资料。例如差异调整的税务鉴证	

续表

房地产流程环节	涉及税种	涉税业务	税务处理	会计与税法差异和税收提示
			报告、开发项目的地理位置及概况、占地面积、开发用途、初始开发时间、完工时间、可售面积及已售面积、预售收入及其毛利额、实际销售收入及其毛利额、开发成本及其实际销售成本等。	
		预售收入相关的税金及附加税前扣除问题。	1. 在企业月度或季度申报企业所得税时，预售收入缴纳的营业税金及附加不能从当期利润额或所得额中扣除。 2. 在年度企业所得税汇算清缴时，与预计收入相匹配的税金、附加及相关费用应该予以扣除。	【会计与税法差异】 企业会计准则对预售业务不确认收入，而税法规定取得预收款项时应交所得税，从而产生可抵扣的暂时性差异。房地产企业应确认递延所得税资产，根据预收账款的账面价值和计税基础产生的可抵扣暂时性差异计算出递延所得税资产，借记“递延所得税资产”，贷记“所得税费用”，同时要调整该年度的应纳税额。
	印花税	在预售商品房时，如签订商品房销售合同或商品房预售合同的。	在预售商品房时，如签订商品房销售合同或商品房预售合同的，应在签订合同时，按产权转移书据所记载金额的万分之五计税贴花或按月汇总缴纳印花税。	
销售环节	营业税	异地设立分公司销售房产并签约收款的纳税问题。	根据《中华人民共和国营业税暂行条例》对营业税纳税地点的规定，纳税人销售、出租不动产的应当向不动产所在地的主管税务机关申报纳税。因此，即使在异地设立销售地点销售不动产，其销售收入也应在不动产的所在地缴纳营业税。	

续表

房地产流程环节	涉及税种	涉税业务	税务处理	会计与税法差异和税收提示
		房地产开发企业自建工程后销售。	(1) 单位或者个人自己新建（以下简称自建）建筑物后销售，其所发生的自建行为应按“建筑业”缴纳营业税，再按“销售不动产”征收营业税，纳税义务发生时间为销售自建建筑物的纳税义务发生时间。 (2) 自建行为的营业额根据同类工程的价格确定，无同类价格的，按组成计税价格：计税价格＝工程成本×(1＋成本利润率)÷(1－营业税税率)。建筑业按照3%的税率；销售不动产按照建筑物的销售额确定营业额，税率为5%。	【提示】自建自用建筑物行为不缴纳营业税，但自建建筑物后销售按建筑业和销售不动产缴纳两道营业税。这两道营业税的计税依据不同，建筑业劳务的营业额不等于建筑物的销售价格，无同类价格的，一般使用组价的方法确定；销售不动产按照建筑物的销售额确定营业额。
		房地产企业无偿赠与车库或车位。	根据《营业税暂行条例实施细则》，企业有下列情形之一的，应视同发生应税行为，计算缴纳营业税： (1) 单位或者个人将不动产或者土地使用权无偿赠送其他单位或者个人。 (2) 单位或者个人自己新建（以下简称自建）建筑物后销售，其所发生的自建行为。 (3) 财政部、国家税务总局规定的其他情形。 房地产开发企业确定相应的营业税应税收入，依法计算缴纳销售不动产营业税。	
		单位和个人销售房屋有折扣，营业税额的确定。	(1) 单位和个人在提供营业税应税劳务、转让无形资产、销售不动产时，如果将价款与折扣额在同一张发票上注明的，以折扣后的价款为营业额。 (2) 如果将折扣额另开发票的，不论其在财务上如何处理，均不得从营业额中扣除。	【提示】因此，为了能够使折扣额能够在税前扣除，从而减少营业税的计税基础，企业在折扣销售房屋时应尽量将折扣额与价款在同一张发票上注明。

续表

房地产流程环节	涉及税种	涉税业务	税务处理	会计与税法差异和税收提示
		出售房产价格偏低，如以成本价转让给房地产开发企业职工的。	出售房产价格偏低，如以成本价转让给房地产开发企业职工的，按照下列顺序核定营业额： (1) 按纳税人最近时期发生同类应税行为的平均价格核定。 (2) 按其他纳税人最近时期发生同类应税行为的平均价格核定。 (3) 按下列公式核定计税价格：计税价格＝营业成本或工程成本×(1＋成本利润率)÷(1－营业税税率)。 上述公式中的成本利润率，由省、自治区、直辖市人民政府所属税务机关确定。	
	城镇土地使用税	项目竣工后，房屋在预售阶段并非已经全部销售完毕。对于尚未销售的房屋，房地产企业应继续缴纳城镇土地使用税。已经销售的房屋，不再缴纳城镇土地使用税。	1. 未销售的房屋按照所分摊的土地使用面积缴纳城镇土地使用税。 2. 对于已经销售的房地产，应该在房屋交付使用之次月起停止缴纳相应的城镇土地使用税。	【提示】对房地产开发企业来说，每期开发项目建成进行预售或销售后，应纳城镇土地使用税应是逐渐减少的，直到销售完毕，纳税义务也就终止，同样道理，因小区公共设施用地、绿化用地和其他公共用地的土地归小区业主使用，不属房地产公司独有，因此，该部分土地也可以在适当时候逐期停止缴纳土地使用税。
	契税	分期付款购买与房屋有关的附属设施的。	《财政部、国家税务总局关于房屋附属设施有关契税政策的批复》(财税〔2004〕126号)规定： (1) 对于承受与房屋相关的附属设施（包括停车位、汽车库、自	【提示】契税的征税对象是境内转移的土地、房屋权属，因而对于不涉及土地使用权和房屋所有权转移变动的，不缴纳契税。

续表

房地产流程环节	涉及税种	涉税业务	税务处理	会计与税法差异和税收提示
			行车库、顶层阁楼以及储藏室，下同）所有权或土地使用权的行为，按照契税法律、法规的规定征收契税；对于不涉及土地使用权和房屋所有权转移变动的，不征收契税。 （2）采取分期付款方式购买房屋附属设施土地使用权、房屋所有权的，应按合同规定的总价款计征契税。 （3）承受的房屋附属设施权属如为单独计价的，按照当地确定的适用税率征收契税；如与房屋统一计价的，适用与房屋相同的契税税率。	
		在办理退房手续后，可以退还已缴纳的契税款。	根据国家税务总局《关于对办理期房退房手续后是否可以退契税的批复》（国税函〔2002〕622号）的规定，购房者应在签订房屋买卖合同后、办理房屋所有权变更登记之前缴纳契税。对交易双方已签订房屋买卖合同，但由于各种原因最终未能完成交易的，如购房者已按规定缴纳契税，在办理期房退房手续后，对其已纳契税款应予以退还。	
	企业所得税	商品房销售时手续费和佣金的税前扣除的处理。	根据《财政部、国家税务总局关于企业手续费及佣金支出税前扣除政策的通知》（财税〔2009〕29）第一条第二款规定：企业发生与生产经营有关的手续费及佣金支出，不超过以下规定计算限额以内的部分，准予扣除；超过部分，不得扣除。按与具有合法经营资格中介服务机构或个人（不含交易双方及其雇员、代理人和代表人等）所签订服务协议或合同确认的收入金额的5%计	【提示】除上述规定外，通知中还明确做出了以下规定： （1）企业应与具有合法经营资格中介服务企业或个人签订代办协议或合同，并按国家有关规定支付手续费及佣金。除委托个人代理外，企业以现金等非转账方式支付的手续费及佣金不得在

续表

房地产流程环节	涉及税种	涉税业务	税务处理	会计与税法差异和税收提示
			算限额。因此，房地产企业支付给代理机构或者个人的佣金不得超过服务协议或合同确认金额的5%，多支出部分不得在企业所得税前扣除。	税前扣除。 (2) 企业不得将手续费及佣金支出计入回扣、业务提成、返利、进场费等费用。 (3) 企业已计入固定资产、无形资产等相关资产的手续费及佣金支出，应当通过折旧、摊销等方式分期扣除，不得在发生当期直接扣除。 (4) 企业支付的手续费及佣金不得直接冲减服务协议或合同金额，并如实入账。 (5) 企业应当如实向当地主管税务机关提供当年手续费及佣金计算分配表和其他相关资料，并依法取得合法真实凭证。
		不同售房方式收入确认时间的确定。	1. 采取一次性全额收款方式销售开发产品的，应于实际收讫价款或取得索取价款凭据（权利）之日，确认收入的实现。 2. 采取分期收款方式销售开发产品的，应按销售合同或协议约定的价款和付款日确认收入的实现。付款方提前付款的，在实际付款日确认收入时实现。 3. 采取银行按揭方式销售开发产品的，应按销售合同或协议约定的价款确定收入额，其首付款应于实际收到日确认收入的实现，余款在银行按揭贷款办理转账之日确认收入的实现。 4. 采取委托方式销售开发产品的，应按以下原则确认收入的实现：	【提示】企业应根据实际经营情况及销售方式明确收入确认时间。

续表

房地产流程环节	涉及税种	涉税业务	税务处理	会计与税法差异和税收提示
			（1）采取支付手续费方式委托销售开发产品的，应按销售合同或协议中约定的价款于收到受托方已销开发产品清单之日确认收入的实现。 （2）采取视同买断方式委托销售开发产品的，属于企业与购买方签订销售合同或协议，或企业、受托方、购买方三方共同签订销售合同或协议的，如果销售合同或协议中约定的价格高于买断价格，则应按销售合同或协议中约定的价格计算的价款于收到受托方已销开发产品清单之日确认收入的实现；如果属于前两种情况中销售合同或协议中约定的价格低于买断价格，以及属于受托方与购买方签订销售合同或协议的，则应按买断价格计算的价款于收到受托方已销开发产品清单之日确认收入的实现。 （3）采取基价（保底价）并实行超基价双方分成方式委托销售开发产品的，属于由企业与购买方签订销售合同或协议，或企业、受托方、购买方三方共同签订销售合同或协议的，如果销售合同或协议中约定的价格高于基价，则应按销售合同或协议中约定的价格计算的价款于收到受托方已销开发产品清单之日确认收入的实现，企业按规定支付受托方的分成额，不得直接从销售收入中减除；如果销售合同或协议约定的价格低于基价的，则应按基价计算的价款于收到受托方已销开发产品清单之日确认收入的实现。属于由受托方与购买方直接签订销售合同的，则应按基价加	

续表

房地产流程环节	涉及税种	涉税业务	税务处理	会计与税法差异和税收提示
			上按规定取得的分成额于收到受托方已销开发产品清单之日确认收入的实现。 (4) 采取包销方式委托销售开发产品的，包销期内可根据包销合同的有关约定，参照上述（1）至（3）项规定确认收入的实现；包销期满后尚未出售的开发产品，企业应根据包销合同或协议约定的价款和付款方式确认收入的实现。 (5) 将开发产品先出租再出售的，应按以下原则确认收入的实现：从事房地产开发经营的外商投资企业以销售方式转让其生产、开发的房屋、建筑物等不动产，又通过租赁方式从买受人回租该资产，企业无论采取何种租赁方式，均应将售后回租业务分解为销售和租赁两项业务分别进行税务处理。企业销售或转让有关不动产所有权的收入与该被转让的不动产所有权相关的成本、费用的差额，应作为业务发生当期的损益，计入当期应纳税所得额。	
	个人所得税	房地产开发企业推出本单位职工优惠购房的政策，同时对外出售，对于职工购房的市场价与成本之间的差价收益。	根据《关于单位低价向职工售房有关个人所得税问题的通知》（财税〔2007〕13号）规定征收个人所得税： (1) 根据住房制度改革政策的有关规定，国家机关、企事业单位及其他组织（以下简称单位）在住房制度改革期间，按照所在地县级以上人民政府规定的房改成本价格向职工出售公有住房，职工因支付的房改成本价格低于房屋建造成本价格或市场价格而取得的差价收益，免征个人所得税。	

续表

房地产流程环节	涉及税种	涉税业务	税务处理	会计与税法差异和税收提示
			(2) 除本通知第一条规定情形外，根据《中华人民共和国个人所得税法》及其实施条例的有关规定，单位按低于购置或建造成本价格出售住房给职工，职工因此而少支出的差价部分，属于个人所得税应税所得，应按照“工资、薪金所得”项目缴纳个人所得税。前款所称差价部分，是指职工实际支付的购房价款低于该房屋的购置或建造成本价格的差额。 (3) 对职工取得的上述应税所得，比照《国家税务总局关于调整个人取得全年一次性奖金等计算征收个人所得税方法问题的通知》（国税发〔2005〕9号）规定的全年一次性奖金的征税办法，计算征收个人所得税，即先将全部所得数额除以12，按其商数并根据个人所得税法规定的税率表确定适用的税率和速算扣除数，再根据全部所得数额、适用的税率和速算扣除数，按照税法规定计算征税。 单位所建造的住宅楼既有对内销售价格又有对外销售价格的，显然不是公有住房，而是商品房，依据上述第二条规定：职工购买本单位的楼房所取得的低于建造成本的差价收益，不享受免征个人所得税优惠，属于征收个人所得税应税所得，应按照上述第二条“工资、薪金所得”项目缴纳个人所得税，并比照上述第三条个人取得全年一次性奖金有关规定计算缴纳个人所得税。	

续表

房地产流程环节	涉及税种	涉税业务	税务处理	会计与税法差异和税收提示
	土地增值税	一次性获取土地使用权，但分期分批开发，关于确定扣除项目中获取土地使用权的金额的问题。	根据《中华人民共和国土地增值税暂行条例实施细则》的规定：纳税人成片受让土地使用权后，分期分批开发、转让房地产的，其扣除项目金额的确定，可按转让土地使用权的面积占总面积的比例计算分摊，或按建筑面积计算分摊，也可按税务机关确认的其他方式计算分摊。	【提示】纳税人可以在上述几种计算分摊方式中选择最适合本企业的成本分摊方式。

6．房地产开发企业清算环节

房地产流程环节	涉及税种	涉税业务	税务处理	会计与税法差异和税收提示
清算环节	房产税	安装电梯、货梯以及消防设施等的纳税问题。	根据《关于进一步明确房屋附属设备和配套设施计征房产税有关问题的通知》（国税发〔2005〕173号）规定：为了维持和增加房屋的使用功能或使房屋满足设计要求，凡以房屋为载体，不可随意移动的附属设备和配套设施，如给排水、采暖、消防、中央空调、电气及智能化楼宇设备等，无论在会计核算中是否单独记账与核算，都应计入房产原值，计征房产税。因此，电梯、货梯以及消防设施等附属设备和配套设施，均应计入房产原值，计征房产税。	
	企业所得税	企业以本企业为主体联合其他企业、单位、个人合作或	1．凡开发合同或协议中约定向投资各方（即合作、合资方，下同）分配开发产品的，企业在首次分配开发产品时，如该项目已经结算计税成本，其应分配给投	

续表

房地产流程环节	涉及税种	涉税业务	税务处理	会计与税法差异和税收提示
		合资开发房地产项目，且该项目未成立独立法人公司的。	资方开发产品的计税成本与其投资额之间的差额计入当期应纳税所得额；如未结算计税成本，则将投资方的投资额视同销售收入进行相关的税务处理。 2. 凡开发合同或协议中约定分配项目利润的，应按以下规定进行处理： (1) 企业应将该项目形成的营业利润额并入当期应纳税所得额统一申报缴纳企业所得税，不得在税前分配该项目的利润。同时不能因接受投资方投资额而在成本中摊销或在税前扣除相关的利息支出 (2) 投资方取得该项目的营业利润应视同股息、红利进行相关的税务处理。	
		企业通过正式签订《房地产销售合同》或《房地产预售合同》所取得的收入。	企业通过正式签订《房地产销售合同》或《房地产预售合同》所取得的收入，不管产品是否完工，全部确认为收入，负有企业所得税纳税义务。具体销售方式收入的确认时间根据《关于印发〈房地产开发经营业务企业所得税处理办法〉的通知》（国税发〔2009〕31号）文件对收入的税务处理相关规定。	
		项目营销设施的处理： 1. 红线内主体内：利用开发完成或部分完成的开发项目内的商品房装修、装饰	1. (1) 出售时按照销售开发产品进行税务处理。售楼部、样板房内的资产，如空调、电视机等资产性购置支出不得在销售费用中列支。 (2) 若未来转为自用或出租，则不用缴纳企业所得税，其所发生的费用也不得扣除。 2. 作为售楼部、样板间使用的	2.【会计处理】开发小区内开发项目外的临时设施，其发生的建设成本及装修费在在建工程中核算。完工后，其成本从在建工程转入开发间接费用，如果非自用或出租，

续表

房地产流程环节	涉及税种	涉税业务	税务处理	会计与税法差异和税收提示
		后作为项目的营销设施使用，项目销售完毕，作为开发产品销售处理以及转为企业自用或出租。 2. 红线内主体外：利用开发小区内开发项目之外的明显位置建造临时设施（例如售楼部、样板间）作为营销设施使用。 3. 利用开发项目内规划配套设施（如会所、物业管理用房），发生的售楼部、样板间的设计、建造、装修等费用。 4. 红线外设置营销设施。	临时设施，其发生的建设成本及装修费用可以在企业所得税前扣除。 3.（1）建成后产权属于全体业主所有的，其成本、费用可以扣除。 （2）建成后无偿移交给政府、公用事业单位用于非营利性社会公共事业的，其成本、费用可以扣除。 （3）建成后有偿转让的，应计算收入，并准予扣除成本、费用。 （4）建成后自用的，其成本、费用不得扣除。 4.（1）从外部租借，其发生的建造、装修、装饰等费用应计入房地产开发费用中的销售费用，在计算缴纳土地增值税和企业所得税时准予扣除。 （2）若为自建自用，则不用缴纳土地增值税和企业所得税，其费用也不得扣除。	也可以直接计入开发间接费用核算。

续表

房地产流程环节	涉及税种	涉税业务	税务处理	会计与税法差异和税收提示
		房地产开发企业的开发项目确认为完工产品的三个条件。	房地产开发企业的开发项目确认为完工产品的三个条件： (1) 开发产品竣工证明材料已报房地产管理部门备案； (2) 开发产品已开始投入使用； (3) 开发产品已取得了初始产权证明。	【提示】纳税人应注意开发产品是否符合完工条件，如达到完工条件，应及时结算其计税成本并计算此前销售收入的实际毛利额，年度企业所得税汇算清缴时，实际毛利额与其对应的预计毛利额之间的差额作纳税调整。
		可以在企业所得税税前扣除的房地产开发企业的预提费用。	除以下几项预提（应付）费用外，计税成本均应为实际发生的成本。 (1) 出包工程未最终办理结算而未取得全额发票的，在证明资料充分的前提下，其发票不足金额可以预提，但最高不得超过合同总金额的10%。 (2) 公共配套设施尚未建造或尚未完工的，可按预算造价合理预提建造费用。此类公共配套设施必须符合已在售房合同、协议或广告、模型中明确承诺建造且不可撤销，或按照法律法规规定必须配套建造的条件。 (3) 应向政府上交但尚未上交的报批报建费用、物业完善费用可以按规定预提。物业完善费用是指按规定应由企业承担的物业管理基金、公建维修基金或其他专项基金。	【提示】以上费用可以在账务上处理预提，并且在企业所得税前扣除，但是土地增值税扣除必须有相应的票据。
	土地增值税	房地产企业收取的燃气初装费。	房地产企业收取的燃气初装费应计入销售房屋的收入额，计缴土地增值税。 《土地增值税暂行条例》及其实	【提示】依据上述规定，房地产开发企业无论采取何种方式，在销售不动产过

续表

房地产流程环节	涉及税种	涉税业务	税务处理	会计与税法差异和税收提示
			施细则规定：所称的收入，包括转让房地产的全部价款及有关的经济收益。 《关于印发〈土地增值税清算鉴证业务准则〉的通知》（国税发〔2007〕132号）第二十六条第（七）规定：审核纳税人在销售不动产过程中收取的价外费用，如天然气初装费、有线电视初装费等收益，是否按规定申报纳税。	程中收取的价外费用，如天然气初装费、有线电视初装费、均应并入销售房屋的收入额，计缴土地增值税。
		未开具发票或未全额开具发票，以及未签订合同时收入的界定。	根据《关于土地增值税清算有关问题的通知》（国税函〔2010〕220号）的规定：对于已全额开具商品房销售发票的，按照发票所载金额确认收入；未开具发票或未全额开具发票的，以交易双方签订的销售合同所载的售房金额及其他收益确认收入；对未全额开具发票，且未签订销售合同的，按本企业在同一地区、同一年度销售的同类房地产的平均价格确定。 对未开具发票，未签订销售合同的分两种情况：一种是未开具发票，未签订销售合同但实际已投入使用的，按本企业在同一地区、同一年度销售的同类房地产的平均价格确定；另一种是未开具发票，未签订销售合同但实际未投入使用的，应不确认收入的实现，待实际投入使用时再按上述办法确认收入。	
		已缴纳的印花税的处理。	允许扣除的印花税是指在转让房地产时缴纳的印花税。房地产开发企业缴纳的印花税列入管理费用已相应予以扣除，因此，缴纳土地增值税时不再单独扣除。	

续表

房地产流程环节	涉及税种	涉税业务	税务处理	会计与税法差异和税收提示
		建设工程分期项目的纳税与清算。	根据《土地增值税暂行条例实施细则》第九条规定：纳税人成片受让土地使用权后，分期分批开发，转让房地产的，其扣除项目金额的确定可按转让土地使用权的面积占总面积的比例计算分摊，或按建筑面积计算分摊，也可按税务机关确认的其他方式计算分摊。 根据《关于房地产开发企业土地增值税清算管理有关问题的通知》（国税发〔2006〕187号）的规定：土地增值税以国家有关部门审批的房地产开发项目为单位进行清算，对于分期开发的项目，以分期项目为单位清算。	【提示】土地增值税清算时，不能以企业自行划分的分期工程建设项目为单位进行清算，若要以分期项目为单位进行清算，需到有关部门进行审批备案。
		房地产企业如果出售的商品房进行了精装修，装修费是否可以加计扣除？如果附带橱柜等一体式家具是否可以加计扣除？	《国家税务总局关于房地产开发企业土地增值税清算管理有关问题的通知》（国税发〔2006〕187号）第四条第（四）款规定，房地产开发企业销售已装修的房屋，其装修费用可以计入房地产开发成本，作为土地增值税的扣除项目。 房地产开发企业将所建商品房装修后销售的，如果在计算转让收入时，向购房方收取的装修费用计入土地增值税的转让收入的，装修成本可以计入房地产开发成本，按规定扣除，并可作为计算加计扣除金额的基数。如果向购房方收取的装修费用不计入房地产转让收入，则装修费用不可以作为土地增值税的扣除项目。	【提示】既然规定装修费用可以计入开发成本，则应当允许土地增值税加计扣除；对于精装修部分，如果属于与房屋不可分离，且分离将会导致房屋结构、功能损坏的部分，应当允许土地增值税加计扣除。但是，对于电视机、壁式空调等可以分离的部分，不得作为房地产开发成本，且不得加计扣除。

续表

房地产流程环节	涉及税种	涉税业务	税务处理	会计与税法差异和税收提示
		土地增值税清算后，销售尾房的纳税处理。	房地产企业进行土地增值税清算后，销售剩余房屋收到的预收款，应根据《国家税务总局关于房地产开发企业土地增值税清算管理有关问题的通知》（国税发〔2006〕187号）的第八条规定：在土地增值税清算时未转让的房地产，清算后销售或有偿转让的，纳税人应按规定进行土地增值税的纳税申报，扣除项目金额按清算时的单位建筑面积成本费用乘以销售或转让面积计算（单位建筑面积成本费用＝清算时的扣除项目总金额÷清算的总建筑面积）。	【提示】纳税人已清算项目继续销售的，应在销售的当月进行清算，不再先预征后清算。
		房地产开发企业将开发的部分房地产转为企业自用或用于出租等商业用途的。	房地产开发企业将开发的部分房地产转为企业自用或用于出租等商业用途时，如果产权未发生转移，不征收土地增值税，在税款清算时不列收入，不扣除相应的成本和费用。	【提示】同样将公共配套设施等非可售建筑面积转为自用的，其房地产所有权未发生转移，不属于土地增值税视同销售的范围，因而不应确认转让收入。 对于该部分开发产品或者公共配套设施所应分担的土地成本、开发成本和开发费用不得计入扣除。
		将开发的房产无偿赠与他人的。	将开发的房产无偿赠与他人可以免缴土地增值税。房地产的赠与，仅指下列情况的赠与不属于土地增值税的征税范围： (1) 房屋所有人、土地使用权所有人将房屋产权、土地使用权赠与直系亲属或承担直接赡养义务人；	

续表

房地产流程环节	涉及税种	涉税业务	税务处理	会计与税法差异和税收提示
			（2）房产所有人、土地使用权所有人通过中国境内非营利的社会团体、国家机关将房屋产权、土地使用权赠与教育、民政和其他社会福利、公益事业的。 上述社会团体是指中国青少年发展基金会、希望工程基金会、宋庆龄基金会、减灾委员会、中国红十字会、中国残疾人联合会、全国老年基金会、老区促进会以及经民政部门批准成立的非营利的公益性组织。 因此房地产公司如果捐赠行为属于上述不征税范围的，可以不缴土地增值税。	
		在项目全部竣工结算前转让房地产取得的收入。	除普通标准住宅不实行预征外，对其他各类商品房，在项目全部竣工结算前转让房地产取得的收入，由于涉及成本确定或其他原因，而无法据以计算土地增值税的，可以预征土地增值税，待该项目全部竣工、办理结算后再进行清算，多退少补。具体办法由各省、自治区、直辖市地方税务局根据当地情况制定。 普通标准住宅是指由政府指定的房地产开发公司开发、按照当地政府部门规定的建筑标准建造、建成后的商品房实行国家定价或限价、为解决住房困难户住房困难、由政府指定销售对象的住宅。	【提示】预缴税款从性质上属于纳税人按照税务部门规定核定的应缴纳税款。没有按照规定申报缴纳预缴税款的，不认定为偷税行为，但一经税务部门发现，应该按照税法规定通知纳税人限期申报缴纳并可以按照规定加收滞纳金。
		项目营销设施的处理： （1）红线内主体内：利用开发完成	1．红线内主体内： （1）若未来随同商品房一并出售，其发生的设计、装饰、装修等费用，在计算土地增值税时，应计算收入，并准予扣除。	

续表

房地产流程环节	涉及税种	涉税业务	税务处理	会计与税法差异和税收提示
		或部分完成的开发项目内的商品房装修、装饰后作为项目的营销设施使用，项目销售完毕，作为开发产品销售处理以及转为企业自用或出租。 (2) 红线内主体外：利用开发小区内开发项目之外的明显位置建造临时设施（例如售楼部、样板间）作为营销设施使用。 (3) 利用开发项目内规划配套设施（如：会所、物业管理用房），发生的售楼部、样板间的设计、建造、装修等费用。 (4) 红线外设置营销设施。	(2) 若未来转为自用或出租，则不用缴纳土地增值税，其所发生的费用也不得扣除。 2. 在开发小区内、主体外修建临时性建筑物作为售楼部、样板房的，其发生的设计、建造、装修等费用，应计入房地产销售费用扣除；售楼部、样板房内的资产，如空调、电视机等资产性购置支出不得在销售费用中列支。 3. (1) 建成后产权属于全体业主所有的，其成本、费用可以扣除； (2) 建成后无偿交给政府、公共事业单位用于非营利性社会公共事业的，其成本、费用可以扣除； (3) 建成后有偿转让的，将转让收入计入所得额，并准予扣除成本、费用。 4. (1) 从外部租借，其发生的建造、装修、装饰等费用应计入房地产开发费用中的销售费用，在计算缴纳土地增值税和企业所得税时准予扣除。 (2) 若为自建自用，则不用缴纳土地增值税和企业所得税，其费用也不得扣除。	

续表

房地产流程环节	涉及税种	涉税业务	税务处理	会计与税法差异和税收提示
		房地产开发企业缴纳的土地闲置费及土地评估费在土地增值税税前扣除的规定。	《国家税务总局关于土地增值税清算有关问题的通知》明确规定，房地产开发企业逾期开发土地缴纳的土地闲置费不得扣除。除由政府、政府有关部门的行为造成动工开发延迟的情形外，未动工满一年的，按照土地出让或者划拨价款的20%征缴土地闲置费。未动工开发满两年的，无偿收回国有建设土地使用权。	【提示】按照企业所得税的处理规定，企业因国家无偿收回土地使用权而形成的损失，可作为财产损失按有关规定在税前扣除。这成为房地产企业所得税与土地增值税的一大区别。因此，房地产企业土地增值税清算切记不能按照企业所得税口径计算土地扣除成本。
		房地产开发企业缴纳的城镇土地使用税的税前扣除。	房地产开发企业缴纳的城镇土地使用税不能作为开发期间费用加计扣除，根据土地增值税暂行条例和实施细则的规定：计算土地增值税的扣除项目包括： （1）取得土地使用权所支付的金额； （2）房地产开发成本； （3）房地产开发费用； （4）与转让房地产有关的税金； （5）财政部规定的其他扣除项目。 由于城镇土地使用税在开发期间记入“管理费用”科目，因此不能作为（1）、（2）项规定计算的金额之和加计20%的扣除。	

7. 自持物业环节

房地产流程环节	涉及税种	涉税业务	税务处理	会计与税法差异和税收提示
自持物业环节	城镇土地使用税	房地产开发企业将自建的商品房用于出租、联营、自营的	房地产开发企业将自建的商品房用于出租、联营、自营的，由于房地产开发企业拥有土地使用权，所以在持有物业阶段，应该继续缴纳城镇土地使用税。	

续表

房地产流程环节	涉及税种	涉税业务	税务处理	会计与税法差异和税收提示
	营业税	自建房产转为自用的。	自建自用建筑物行为不缴纳营业税。	【提示】自建建筑物后销售按建筑业和销售不动产缴纳两道营业税。这里是指房地产开发企业本身就有建筑资质。
		出租房屋收取押金的纳税问题。	营业税的计税依据为营业额，营业额为纳税人提供应税劳务、转让无形资产或者销售不动产向对方收取的全部价款和价外费用。价外费用包括收取的手续费、补贴、基金、集资费、返还利润、奖励费、违约金、滞纳金、延期付款利息、赔偿金、代收款项、代垫款项、罚息及其他各种性质的价外收费。但不包括同时符合以下条件代为收取的政府性基金或者行政事业性收费： (1) 由国务院或者财政部批准设立的政府性基金，由国务院或者省级人民政府及其财政价格主管部门批准设立的行政事业性收费； (2) 收取时开具省级以上财政部门印制的财政票据； (3) 所收款项全额上缴财政。 出租房屋收取的押金不满足政府性基金或者行政事业性收费的条件，因此，应视作价外费用，并入营业额缴纳营业税。	【提示】押金在日后发生退还时，可以按上述文件规定从当期应纳营业税税额中减除。
		物业公司代收费用的纳税问题。	根据《关于营业税若干政策问题的通知》(财税〔2003〕16号)的规定：从事物业管理的单位，以与物业管理有关的全部收入减去代业主支付的水、电、燃气以及代承租者支付的水、电、燃气、房屋租金的价款后的余额为营业额。物业管理属于营业税——服务业——其他服务业税目范围。因此，对于物业管理公司代客户收取水、电等公共设施使用费，可以按差额征收营业税。	

续表

房地产流程环节	涉及税种	涉税业务	税务处理	会计与税法差异和税收提示
		对建筑物进行养护的工程作业的纳税处理。	根据《关于印发〈营业税税目注释（试行稿）的通知〉》（国税发〔1993〕149号）的规定：建筑业中修缮是指对建筑物、构筑物进行修补、加固、养护、改善，使之恢复原来的使用价值或延长其使用期限的工程作业。服务业是指利用设备、工具、场所、信息或技能为社会提供服务的业务。因此，凡对建筑物、构筑物进行清洁、洗刷使之美观、洁净的业务，属“服务业”的征税范围，但对除提供建筑物、构筑物清洗业务外，还将对建筑物、构筑物进行修补、养护等工程作业，所得的收入应按“建筑业”税目征收营业税。	
		一次性收取多年租金时的纳税处理。	根据《营业税暂行条例》的规定：纳税人提供建筑业或者租赁业劳务，采取预收款方式的，其纳税义务发生时间为收到预收款的当天。因此，若一次性收取多年租金，纳税义务时间应为一次性收取租金的当天，并应于次月起向主管税务机关进行申报纳税。	【会计与税法差异】会计上对于预收款的处理与税法不一样，在收到预收款时会计上记入“预收账款”科目，在会计上平均确认收入。税法在一次性收取租金时确认收入。
	企业所得税	自建房产转为自用时。	根据《关于企业处置资产所得税处理问题的通知》（国税函〔2008〕828号）第一条规定：企业发生下列情形的处置资产，除将资产转移至境外以外，由于资产所有权属在形式和实质上均不发生改变，可作为内部处置资产，不视同销售确认收入，相关资产的计税基础延续计算。自建房产转为自用时，房产的所有权	

续表

房地产流程环节	涉及税种	涉税业务	税务处理	会计与税法差异和税收提示
			属在形式和实质上均未发生变化，因此，不视同销售确认收入，也就不用计入应纳税所得额缴纳企业所得税。	
		房地产企业取得多年的租金收入的纳税处理。	根据《国家税务总局关于贯彻落实企业所得税法若干税收问题的通知》国税函〔2010〕79号）规定，根据《企业所得税法实施条例》第十九条的规定：企业提供固定资产、包装物或者其他有形资产的使用权取得的租金收入，应按交易合同或协议规定的承租人应付租金的日期确认收入的实现。其中，如果交易合同或协议中规定租赁期限跨年度，且租金提前一次性支付的，根据《企业所得税法实施条例》第九条规定的收入与费用配比原则，出租人可对上述已确认的收入，在租赁期内，分期均匀计入相关年度收入。 因此，若企业预收了多年的租金收入，不用全部在当年缴纳企业所得税，可以在租赁期内，分期均匀计入相关年度收入，并缴纳企业所得税。	
		房地产开发企业开发产品转为自用的，其实际使用时间累计未超过12个月又销售的。	根据《房地产开发经营业务企业所得税处理办法》（国税发〔2009〕31号）第二十四条规定，房地产开发企业开发产品转为自用的，其实际使用时间累积未超过12个月销售的，不得在税前扣除折旧费用。	

续表

房地产流程环节	涉及税种	涉税业务	税务处理	会计与税法差异和税收提示
		自建房产转为自有不动产的，即用于出租、联营、自营等方式的。	房产税的纳税人为房屋产权的所有人，自建房产转为自用时，企业仍为房屋产权的所有人，应按规定缴纳房产税。其计税依据是房产的计税价值或房产的租金收入。从价计征房产税依照房产原值一次减除10%～30%后的余值计算缴纳，税率为1.2%。从租计征房产税依照房屋产权所有人出租房产使用权所得的报酬，包括货币收入和实物收入，税率为12%。	
	房产税	年中将部分房产出租时的纳税问题。	根据《房产税暂行条例》规定：房产税按年计征，其计税依据是房产余值或房屋租金。若企业已按房产余值缴纳了全年房产税，年中又将房屋出租并按租金再次缴纳房产税，其出租部分的房产按房产余值缴纳的房产税可以办理退税。	
		房地产开发企业将已竣工的商品房转为自用的。	房地产开发企业将已竣工的商品房转为自用的应缴纳房产税： (1) 房地产开发企业建造的商品房在售出前不征收房产税；但对售出前房地产开发企业已使用或出租、出借的商品房应按规定征收房产税； (2) 房地产开发企业自用、出租、出借本企业建造的商品房用于经营的，自房屋或交付之次月起计征房产税和城镇土地使用税。	
	土地增值税	自建房产转为自用的。	根据《关于房地产开发企业土地增值税清算管理有关问题的通知》（国税发〔2006〕187号）的规定，房地产开发企业将开发的部分房地产转为企业自用或用	

续表

房地产流程环节	涉及税种	涉税业务	税务处理	会计与税法差异和税收提示
			于出租等商业用途时，如果产权未发生转移，不征收土地增值税，在税款清算时不列收入，不扣除相应的成本和费用。因此，对于将开发的商品房转为自用或出租等，不论是否办理产权，只要产权没有发生转移，不征收土地增值税。	
		物业启动费的处理。	纳税人在房地产开发时实际发生的开发土地和新建房及配套设施的成本允许在计算土地增值税时扣除，具体包括土地征用及拆迁补偿费、前期工程费、建筑安装工程费、基础设施费、公共配套设施费、开发间接费用。物业启动费既不属于前五项可以扣除的项目，也不是直接组织、管理开发项目发生的费用，即不属于开发间接费，因此，不能作为扣除项目在计算土地增值税时扣除。	
	契税	自建房产转为自用的。	根据《契税暂行条例》及其实施细则规定，在中华人民共和国境内转移土地、房屋权属，承受的单位和个人为契税的纳税人。房地产企业开发的商品房留作自用时，产权并未发生转移，因此，不用缴纳契税。	
	印花税	一次性签订三年房屋租赁合同的纳税处理。	根据《印花税暂行条例》的规定：财产租赁合同应当在合同签订时，按租赁金额1‰贴花。因此，一次性签订三年租赁合同的，应按三年租金的1‰一次性缴纳印花税。	

附录二

企业提供的资料清单及相关材料一览表

序号	名称	备注
1	《中华人民共和国企业所得税年度纳税申报表》（复印件）（2009年、2010年）	
2	国家税务局稽查局《税务事项通知书》（复印件）〔2010〕50号	
3	《国家税务局稽查局〈税务事项通知书〉的回复》（复印件）	
4	《关于税务稽查事项通知的陈述说明》（复印件）	
5	《税务审计报告》（2009年）（复印件）	
6	《凤凰城置业公司会计报表》（复印件）（2010年度）	
7	《凤凰城项目分析》（复印件）	
8	成本明细表（复印件）	
9	凤凰城一期和二期的台账（复印件）	
10	访谈记录及疑难问题	

附录三

财税政策与法规一览

1．国家税务总局关于企业处置资产所得税处理问题的通知（国税函〔2008〕828号　2008-10-09）

2．国家税务总局关于印发《房地产开发经营业务企业所得税处理办法》的通知（国税发〔2009〕31号　2009-03-06）

3．中华人民共和国土地增值税暂行条例（国务院令第138号发布　1993-12-13）

4．中华人民共和国土地增值税暂行条例实施细则（财法字〔1995〕006号）

5．财政部、国家税务总局关于土地增值税若干问题的通知（财税〔2006〕21号　2006-03-02）

6．财政部、国家税务总局关于土地增值税一些具体问题规定的通知（财税字〔1995〕048号　1995-05-25）

7．国家税务总局关于房地产开发企业土地增值税清算管理有关问题的通知（国税发〔2006〕187号　2006-12-28）

8．北京市地方税务局关于印发《房地产开发企业土地增值税清算管理办法》的通知（京地税地〔2007〕134号　2007-05-21）

9．国家税务总局关于印发《土地增值税清算鉴证业务准则》的通知（国税发〔2007〕132号　2007-12-29）

10. 国家税务总局关于印发《土地增值税清算管理规程》的通知（国税发〔2009〕91号　2009-05-12）

11. 国家税务总局关于关于土地增值税清算有关问题的通知（国税函〔2010〕220号　2010-05-19）

12. 国家税务总局关于加强土地增值税征管工作的通知（国税发〔2010〕53号　2010-05-25）

13. 中华人民共和国国务院令第587号（中华人民共和国发票管理办法　2010-12-20）

14. 中华人民共和国发票管理办法实施细则（国家税务总局令〔2011〕25号　2011-02-14）

15. 关于查增应纳税所得额弥补以前年度亏损处理问题的公告（国家税务总局公告〔2010〕20号　2010-10-27）

16. 关于房地产开发企业注销前有关企业所得税处理问题的公告（国家税务总局公告〔2010〕29号　2010-12-24）

附录四

房地产开发全程法律程序、相关税费一览表

步骤	流程	法律程序	相关税费
第一步	房地产开发公司的设立	一、内资房地产综合开发公司 1. 公司设立准备 2. 申请资质等级审批 3. 申请办理企业名称预先核准 4. 办理工商注册登记 5. 办理税务登记 二、外资房地产开发公司 6. 申请批准项目建议书 7. 办理企业名称登记 8. 送审合资或合作合同、章程 9. 申领外商投资企业批准证书 10. 办理企业登记	1. 企业法人开业登记费 2. 企业法人变更登记费 3. 企业法人年度检验费 4. 补、换、领证照费
第二步	房地产开发项目的立项和可行性研究	1. 选定项目，签订合作意向书 2. 初步确定开发方案 3. 申报规划要点 4. 申报、审批项目建议书 5. 编制项目可行性研究报告 6. 申报、审批项目可行性研究报告	1. 可行性研究费 2. 建设工程规划许可证执照费

续表

步骤	流程	法律程序	相关税费
第三步	房地产开发项目的规划设计和市政配套	一、房地产开发项目的规划设计 1. 申报选址定点 2. 申报规划设计条件 3. 委托作出规划设计方案 4. 办理人防审核 5. 办理消防审核 6. 审定规划设计方案 7. 住宅设计方案的专家组审查 8. 落实环保"三废"治理方案 9. 委托环境影响评价并报批 10. 建设工程勘察招、投标 11. 委托地质勘探 12. 委托初步设计 13. 申报、审定初步设计 二、房地产开发项目的市政配套 14. 征求主管部门审查意见 15. 落实市政公用设施配套方案 16. 报审市政配套方案 17. 市政各管理部门提出市政配套意见 18. 市政管线综合	1. 工程勘察（测量）费 2. 工程设计费 3. 建设工程规划许可证执照费 4. 竣工档案保证金 5. 临时用地费 6. 临时建设工程费 7. 建设工程勘察招标管理费 8. 勘察设计监督管理费 9. 古建园林工程设计费
第四步	房地产开发项目土地使用权的取得	一、国有土地使用权的出让 1. 办理建设用地规划许可证 2. 办理建设用地委托钉桩 3. 办理国有土地使用权出让申请 4. 主管部门实地勘察 5. 土地估价报告的预审 6. 委托地价评估 7. 办理核定地价手续 8. 办理土地出让审批 9. 签订国有土地使用权出让合同 10. 领取临时国有土地使用证 11. 领取正式国有土地使用证 12. 国有土地使用权出让金的返还	1. 地价款（土地出让金） 2. 资金占用费 3. 滞纳金 4. 土地使用费 5. 外商投资企业土地使用费 6. 防洪工程建设维护管理费 7. 土地闲置费 8. 土地权属调查、地籍测绘费 9. 城镇土地使用税 10. 地价评估费 11. 出让土地预订金 12. 征地管理费 13. 土地补偿费

续表

步骤	流程	法律程序	相关税费
		二、国有土地使用权的划拨 13. 国有土地使用权划拨用地申请 14. 主管部门现场勘察 15. 划拨用地申请的审核、报批 16. 取得划拨用地批准	14. 青苗及树木补偿费 15. 地上物补偿费 16. 劳动力安置费 17. 超转人员安置费 18. 新菜田开发建设基金 19. 耕地占用税
		三、集体土地的征用 17. 征用集体土地用地申请 18. 到拟征地所在区（县）房地局立案 19. 签订征地协议 20. 签订补偿安置协议 21. 确定劳动力安置方案 22. 区（县）房地局审核各项协议 23. 市政府下文征地 24. 缴纳菜田基金、耕地占用税等税费 25. 办理批地文件、批地图 26. 办理冻结户口 27. 调查户口核实劳动力 28. 办理农转工工作 29. 办理农转居工作 30. 办理超转人员安置工作 31. 地上物作价补偿工作 32. 征地结案	
第五步	房地产开发项目的拆迁安置	1. 委托进行拆迁工作 2. 办理拆迁申请 3. 审批、领取拆迁许可证 4. 签订房屋拆迁责任书 5. 办理拆迁公告与通知 6. 办理户口冻结 7. 暂停办理相关事项 8. 确定拆迁安置方案 9. 签订拆迁补偿书面协议 10. 召开拆迁动员会，进行拆迁安置 11. 发放运作拆迁补偿款 12. 拆迁施工现场防尘污染管理 13. 移交拆迁档案资料 14. 房屋拆迁纠纷的裁决 15. 强制拆迁	1. 房屋拆迁补偿费 2. 搬家补助费 3. 提前搬家奖励费 4. 临时安置补助费（周转费） 5. 清理费 6. 停产停业综合补助费 7. 对从城区位置较好的地区迁往位置较差的地区或远郊区县的居民的补助费 8. 一次性异地安置补助费 9. 房屋拆迁管理费 10. 房屋拆迁服务费

续表

步骤	流程	法律程序	相关税费
第六步	房地产开发项目的开工、建设、竣工阶段	一、房地产开发项目开工前准备工作 1. 领取房地产开发项目手册 2. 项目转入正式计划 3. 缴纳煤气（天然气）厂建设费 4. 缴纳自来水厂建设费 5. 缴纳污水处理厂建设费 6. 缴纳供热厂建设费 7. 缴纳供电贴费及电源建设集资费 8. 土地有偿出让项目办理“四源”接用手续 9. 设计单位出报批图 10. 出施工图 11. 编制、报送工程档案资料，缴纳档案保证金 12. 办理消防审核意见表 13. 审批人防工程、办理人防许可证 14. 核发建设工程规划许可证 15. 领取开工审批表，办理开工登记 二、房地产开发项目的工程建设招投标 16. 办理招标登记、招标申请 17. 招标准备 18. 招标通告 19. 编制招标文件并核准 20. 编制招标工程标底 21. 标底送审合同预算审查处确认 22. 标底送市招标办核准，正式申请招标 23. 投标单位资格审批 24. 编制投标书并送达 25. 召开招标会，勘察现场 26. 召开开标会议，进行开标 27. 评标、决标 28. 发中标通知书 29. 签订工程承包合同 30. 工程承包合同的审查	1. 三通一平费 2. 自来水厂建设费 3. 污水处理厂建设费 4. 供热厂建设费 5. 煤气厂建设费 6. 地下水资源养蓄基金 7. 地下热水资源费 8. 市政、公用设施建设费（大市政费） 9. 开发管理费 10. 城建综合开发项目管理费 11. 建筑行业管理费 12. 绿化建设费 13. 公园建设费 14. 绿化补偿费 15. 路灯维护费 16. 环卫设施费 17. 生活服务设施配套建设费（小区配套费） 18. 电源建设集资费（用电权费） 19. 外部供电工程贴费（电贴费） 20. 建安工程费 21. 建设工程招投标管理费 22. 合同预算审查工本费 23. 质量管理监督费 24. 竣工图费 25. 建材发展补充基金 26. 实心黏土砖限制使用费 27. 工程监理费 28. 工程标底编制管理费 29. 机电设备委托招标服务费 30. 超计划用水加价 31. 夜间施工噪声扰民补偿费 32. 占道费

续表

步骤	流程	法律程序	相关税费
		三、房地产开发项目开工手续的办理 31. 办理质量监督注册登记手续 32. 建设工程监理 33. 办理开工统计登记 34. 缴纳实心黏土砖限制使用费 35. 办理开工前审计 36. 领取固定资产投资许可证 37. 报装施工用水、电、路 38. 协调街道环卫部门 39. 协调交通管理部门 40. 缴纳绿化建设费，签订绿化协议 41. 领取建设工程开工证	
		四、房地产开发项目的工程施工 42. 施工场地的“三通一平” 43. 施工单位进场和施工暂设 44. 工程的基础、结构施工与设备安装 45. 施工过程中的工程质量监督	
		五、房地产开发项目的竣工验收 46. 办理单项工程验收手续 47. 办理开发项目的综合验收，领取《工程质量竣工核验证书》 48. 商品住宅性能认定 49. 竣工统计登记 50. 办理竣工房屋测绘 51. 办理产权登记	
第七步	房地产开发项目的经营阶段	一、外销商品房的销售 1. 办理《外销商品房预（销）售许可证》 2. 选定中介代理机构和律师事务所 3. 与购房者签订认购书 4. 签订正式买卖契约 5. 办理签约公证 6. 办理外销商品房预售契约公证 7. 办理外销商品房的预售登记 8. 外销商品房转让登记 9. 外销商品房抵押登记 10. 楼宇交付入住手续 11. 办理产权过户手续	1. 营业税 2. 城市维护建设税 3. 教育费附加 4. 印花税 5. 契税 6. 土地增值税 7. 企业所得税 8. 个人所得税 9. 房产税 10. 城市房地产税 11. 房屋产权登记费 12. 房屋所有权证工本费

续表

步骤	流程	法律程序	相关税费
		二、内销商品房的销售 12. 提交完成建设项目投资证明 13. 签署预售内销商品房预售款监管协议 14. 办理《内销商品房预（销）售许可证》 15. 销售项目备案 16. 委托中介代理机构进行销售 17. 与购房者签订认购书 18. 与购房者签订买卖契约 19. 办理预售登记 20. 办理转让登记 21. 办理房地产抵押登记手续 22. 楼宇交付入住 23. 质量保证书和使用说明书 24. 办理产权立契过户手续	13. 房产共有权执照费 14. 房屋他项权利执照费 15. 房屋买卖登记费 16. 房屋买卖手续费 17. 房屋租赁审核备案手续费 18. 向来京人员租赁房屋审核备案手续费 19. 租赁私房合同登记备案手续费 20. 房屋租赁登记费 21. 房屋估价手续费 22. 房屋公证估价手续费 23. 房地产价格评估费 24. 房地产中介服务费
		三、房地产出租的综合管理 25. 房屋出租权的确认 26. 申请房屋租赁许可证 27. 出租人与承租人签订书面承租协议 28. 租赁当事人办理租赁登记手续 29. 租赁房屋的转租 30. 房屋租赁关系的终止	
		四、房地产出租的专项管理 31. 房屋出租权的确认 32. 出租人办理房屋租赁许可证 33. 出租人办理《房屋租赁安全合格证》 34. 签订书面租赁协议 35. 租赁双方办理租赁登记备案手续	
		五、房地产的抵押 36. 抵押权的设定 37. 签订抵押合同 38. 办理房地产抵押登记 39. 抵押房地产的占管 40. 抵押房地产的处分	

续表

步骤	流程	法律程序	相关税费
第八步	房地产开发项目的物业管理阶段	1. 物业管理单位经营资质审批 2. 签署物业管理委托合同 3. 居住小区的物业接管综合验收 4. 物业使用、管理、维修公约的核准 5. 安排签订管理公约 6. 制定、提供质量保证书和使用说明书 7. 物业管理服务基本要求 8. 物业管理委员会的设立	1. 居住小区物业管理启动经费 2. 共用部位共用设施设备维修基金 3. 普通居住小区物业管理费 4. 高档住宅物业管理费 5. 经济适用住房小区物业管理费 6. 供暖费

附录五

税务咨询基本流程

税务咨询是一种专业型、知识型的税务服务，一般由具有专业技能的税务中介机构（税务师事务所、税收研究所、管理顾问机构等）开展，税务咨询项目的基本流程如下：

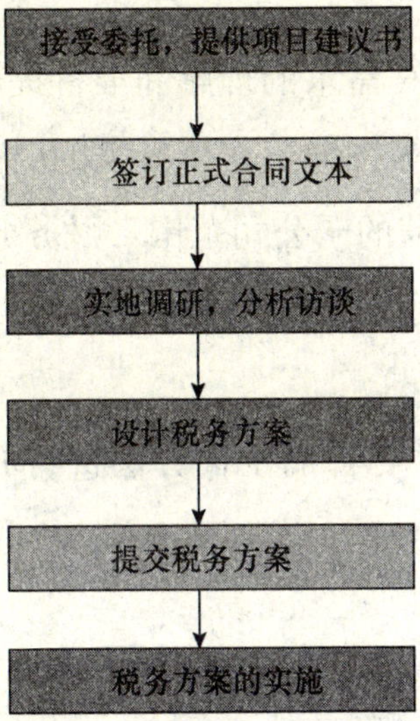

一、项目建议书和业务约定书阶段

这一阶段的主要工作包括与客户初步接触、拟定项目建议书、明确税务咨询工作的范围、签订业务约定书。

（一）与客户初步接触

1. 了解客户的基本情况

了解客户所处行业、企业规模、人员结构、企业历史、行业地位等。如有可能，应该取得客户的会计报表、纳税信息等财务税收资料，做出初步的分析。

2. 初步了解客户的需求

在这一阶段，要全面准确理解客户需求，往往有一定困难，但项目负责人可以确定客户需求的方向，为起草项目建议书奠定基础。

3. 组建税务咨询团队

在客户需求的基础上，评估税务中介机构的专业能力并初步确定团队构成和人员分工，评估可能的知识缺口，指定相应的专业人员进行知识准备。必要的话，还应该确定外援技术人员。

（二）拟定项目建议书

拟定项目建议书表示税务中介机构有能力接受税务咨询业务委托，并愿意认真、敬业地提供税务咨询业务。项目建议书主要包括以下内容：

1. 税务咨询工作范围

说明税务咨询人员对客户需求的理解和准备提供税务咨询工作的范围。如审慎性调查、内部控制评估等咨询工作所涵盖的时间范围、预算管理、会计核算办法起草等咨询业务所涵盖的子公司范围，财务分析所涵盖的指标范围等等。对工作范围进行细化可避免咨询工作开展后，咨询人员与客户产生冲突。

2. 税务咨询工作方法

对咨询人员拟采取的主要咨询工作方法进行介绍。常见的咨询工作方法包括现场访谈、资料收集与研究、现场观察、会议研讨以及其他在审计中运用的获取审计证据的方法。

3. 咨询工作成果

对咨询项目最终成果进行介绍。咨询工作成果一般包括两部分：一是书面的咨询工作报告；二是非书面的咨询项目成果，如员工培训、公司相关领导培训。

4. 咨询工作计划

主要包括为完成咨询项目所准备投入的人力、时间及项目的阶段性工作成果。

5. 项目团队介绍

主要是对税务咨询团队及组员的专业背景、工作经验等方面的介绍。

6. 项目收费

主要介绍咨询项目收费的依据和本咨询项目的具体收费标准。

（三）签订业务约定书

项目建议书起草完毕之后，应尽快递交客户，并与客户不断沟通并最终确定项目建议书，在此基础上，就可以签订业务约定书。一般来说，业务约定书的主要内容，就是项目建议书的核心内容。

二、现场调研阶段

现场调研阶段的工作，是决定咨询项目成败的关键因素。这一阶段的重点是准确把握客户的特点和实际需求。现场调研阶段的主要工作内容和程序包括：

（一）调研访谈

和客户及相关公司领导、部门负责人及相关岗位工作人员进行访谈。了解客户实际情况，介绍咨询工作的范围、目的、程序及成果表达方式。掌握客户相关人员对咨询工作的需求和建议。推广税务中介机构有关理念、方法和实施的意见和建议。

（二）收集资料

根据咨询工作的范围、目的以及事先提交客户的资料清单，收集有关的资料，包括各种文件、会议记录、会计报表、财务分析、各种单据等。

（三）观察流程

根据项目需要测试和记录客户的相关工作流程，包括观察工作场所、检查操作过程、查看产出结果等等。一般来说，税务中介机构执行咨询业务所关注的工作流程，主要是财务会计及纳税流程。

三、方案设计阶段

方案设计阶段的主要工作是根据现场调研阶段的成果，按照业务约定书的要求，编制咨询工作成果，咨询成果一般称为《税收筹划方案报告书》、《纳税评估报告》、《财税优化方案》等。方案设计过程一般应遵守如下原则：

（一）专业性

专业性是税务咨询项目成果的首要要求，也就是要求咨询成果符合一般公认的会计原则、相关会计规范和税务政策法规。

（二）符合客户实际情况

判断税务咨询项目成果是否符合客户的实际情况。符合客户的实际情况并不一定是和客户的现状保持一致。更多的时候，需要在和客户充分沟通的基础上，确保税务咨询成果与国家产业政策及税务政策法规保持一致。

（三）可操作性

可操作性是指税务咨询成果在客户高层的全力推动和中、基层的密切配合下，能够运用于企业财税实践。需要指出的是，咨询项目成果是否具有可操作性，不仅仅取决于咨询项目本身，而且还取决于客户组织执行咨询项目的决心和能力。咨询项目成果还应该逻辑清晰、表达清楚、层次分明，向客户不同级别人员报送的成果应深浅有度、繁简有别。

四、方案实施阶段

实施阶段，就是对客户的相关人员进行业务指导和培训，使其理解项目成果。对于在项目实施阶段碰到的困难和问题，需要加以识别。

（一）解决认知矛盾

由于税务咨询成果对客户现有的工作流程、操作方式有所改变，出于旧习惯的原因或内部利益调整的原因，客户分部可能会有不同意见。对于这种情况，一方面需要耐心解释，另一方面要以适当的方式报告客户的管理当局，以便协助解决。

（二）完善基础工作

由于客户的相关基础工作不到位，使得税务咨询工作成果难以实施。在这种情况下，应该作解决相关的关键问题或要求客户自行改善相关基础工作。